도전하는
현대의 세계관 2

### 도전하는 현대의 세계관 2

지은이 | 최용준
펴낸이 | 원성삼
표지 디자인 | 한영애
펴낸곳 | 예영커뮤니케이션
초판 1쇄 발행 | 2024년 3월 8일
등록일 | 1992년 3월 1일 제 2-1349호
주소 | 03128 서울특별시 종로구 대학로3길 29, 313호(연지동, 한국교회100주년기념관)
전화 | (02) 766-8931
팩스 | (02) 766-8934
이메일 | jeyoung@chol.com
ISBN 979-11-89887-77-3 (93210)

본 저작물은 저작권법에 의하여 한국 내에서 보호를 받는 저작물이므로
무단 전재와 무단 복제를 금합니다.

값 19,000원

모든 인간은 하나님의 형상을 닮은 존귀한 존재입니다. 사람은 인종, 민족, 피부색, 문화, 언어에 관계없이 모두 다 존귀합니다. 예영커뮤니케이션은 이러한 정신에 근거해 모든 인간이 존귀한 삶을 사는 데 필요한 지식과 문화를 예수 그리스도의 사랑으로 보급함으로써 우리가 속한 사회에 기여하고자 합니다.

그리스도인의 정체성에 도전하는 현대의 세계관에 대한 고찰

# 도전하는 현대의 세계관 2

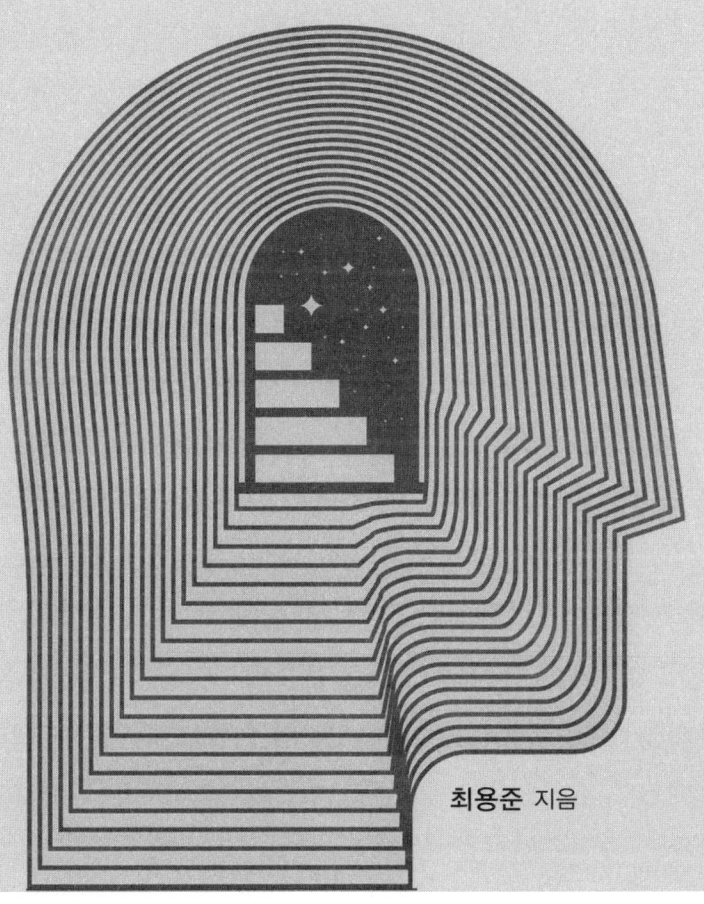

최용준 지음

종말과 혼돈의 시대를 살아가는 우리는 더욱 경성하여 올바른 성경적 분별력을 키워 이 시대를 바로 보고 영적인 싸움에서 당당히 하나님 나라의 백성답게 살아가야 합니다.

예영

# 목차

머리말 … 6

1장 | 샤머니즘(Shamanism) … 9
2장 | 공리주의(Utilitarianism) … 37
3장 | 실용주의(Pragmatism) … 67
4장 | 실증주의(Positivism) … 99
5장 | 인본주의(Humanism) … 127
6장 | 사이언톨로지(Scientology) … 155
7장 | 사회진화론(Social Darwinism) … 189
8장 | 주체사상(主體思想) … 217
9장 | 도가사상(道家思想) … 253

참고문헌 … 283

## 머리말

우리가 사는 이 시대에는 다양한 세계관들이 있다. 이 세계관들은 우리가 의식하든, 그렇지 못하든 간에 우리의 삶에 많은 영향을 주고 있다. 특별히 기독교 세계관에 바탕을 두고 살아가는 그리스도인들에게 현대의 다양한 세계관들은 그리스도인의 정체성에 많은 도전을 주고 있다. 가령 LGBT 이슈 및 신천지 이단의 포교활동 등으로 젊은이들에게 적지 않은 피해를 주고 있으며 나아가 한국 및 국제 사회에서도 포스트모더니즘, 뉴에이지 등 다양한 시대정신(Zeitgeist)이 그리스도인들을 위협하고 있다. 이러한 영적 전쟁에서 지피지기(知彼知己)면 백전백승(百戰百勝)이라는 말처럼 기독교 세계관을 바로 알고 이에 도전하는 세속적인 세계관들을 올바르게 분석, 비판하고 대안을 제시하는 것은 기독학자로서 매우 중요한 사명이며 책임이라고 할 수 있다.

이를 위해 지난 2020년에 『도전하는 현대의 세계관』이라는 제목의 책을 출판하면서 먼저 세계관이 무엇인지에 대해 간략히 설명한 후 기독교 세계관을 진술하고 나서 근대 및 현대 서양의 대표적인 세계관들인 이신론, 자연주의, 허무주의, 실존주의, 마르크스주의, 포스트모더니즘, 뉴에이지 등을 살펴보았고 동양의 대표적인 세계관으로 이슬람, 힌두교, 불교 및 유교를 고찰한 후 마지막으로 현대 한국 사회에 큰 논쟁거리가 되는 신천지와 하나님의 교회에 대해 평가하였다. 이를 위해 각 세계관의 내용을 살펴보고 대표적인 사상가(들)를 언급한 후 그 세계관이 가지고 있는 장·단점들을 비판적으로 분석, 평가한 후 단점들에 대해 기독교 세계관적 대안을 제시하여 그리스도인들에게 올바른 성경적 분별력을 키울 수 있도록 돕고자 하였다.

본서는 그 후속편으로 동서양을 아우르면서도 오래된 샤머니즘, 서양의 중요한 세계관들인 공리주의, 실용주의, 실증주의, 인본주의, 사이언톨로지 및 사회진화론을 다룬 후 북한을 지배하고 있는 주체사상과 동양의 중요한 세계관인 도가사상에 관해 다루고자 한다. 구체적인 방법은 이미 출판한 책과 동일하게 적용하였다.

본서는 한동대에서 필자가 수년간 '기독교와 현대사상'이라는 과

목으로 강의한 경험을 바탕으로 온라인 강좌인 K-MOOC(Korea Massive Open Online Course)에서 '현대 세계관의 이해'(www.kmooc.kr/courses/course-v1:HGUk+HKG06+2020_T1/about)라는 과목의 교재로 1차 개발된 후 다른 세계관들을 추가한 것이다.

바라기는 본서가 종말과 혼돈의 시대를 살아가는 그리스도인들이 더욱 경성하여 이 시대를 분별하면서 영적인 싸움에서 "궤변을 무찌르고, 하나님을 아는 지식을 가로막는 모든 교만을 쳐부수고, 모든 생각을 사로잡아서, 그리스도께 복종"시켜(고린도후서 10:4-5) 하나님 나라의 백성답게 살아가는 데 도움이 될 수 있기를 바란다.

한동대학교 캠퍼스에서
저자

1장

# 샤머니즘
(Shamanism)

# I. 서론

샤머니즘(Shamanism)은 신적인 존재를 불러들이는 무당(巫堂), 곧 샤먼(shaman)을 중심으로 한 세계관이다. 샤먼은 무아지경 또는 엑스터시(ecstasy)와 같은 이상 심리상태에서 굿이라고 불리는 의례를 통해 신령이나 정령 등 초자연적 존재와 직접 접촉하고 교류하면서 도움을 받아 예언, 복점, 치병, 제의 등을 행한다(Singh, 2018). "무속"으로 불리기도 하는 이 샤머니즘은 전 세계적으로 전통적인 삶의 방식을 유지해 온 토착민들 사이에서 보편적으로 발견된다. 따라서 이러한 신념과 관습은 인류학자, 고고학자, 역사가, 종교 연구 학자, 철학자 및 심리학자를 포함한 다양한 학자들의 관심을 끌어 이 주제에 관해 수많은 책과 학술 논문이 출간되었고 지금도 다양한 연구가 이루어지고 있다.

샤머니즘은 지역과 문화에 따라 기원과 형태가 다르다. 예를 들어, '샤먼(shaman)'이라는 단어는 시베리아의 퉁구스(Tungus)어에서 북을 치고 노래를 부르며 특별한 의상과 가면을 착용하는 주술사를 의미하는 '사만(Saman, saman)'에서 유래한다는 설이 유력하다. 그 외에 사문(沙門)을 의미하는 산스크리트어의 시라마나(Sramana)나 팔리어의 사마나(samana)로부터 차용한 단어라든지, 페르시아어의 우상을 뜻하는 셰멘(shemen) 또는 한자에서 사당을 의미하는 사(祠)로부터 전화된 어휘라는 설도 있으며 중국에서는 무(巫, 여성) 및 격(覡, 남성)이라는 단어를 사용한다. 한국에서는 여성의 경우 '무당', 남성의 경우 한자어가 없이 '박수'라고 부른다. 일부 아메리카 원주민은 치유, 점술 또는 조상 숭배와 같은 목적으로 행하는 이 샤머니즘을 의학 또는 치유라고 부르며 약초, 노래, 춤, 환상을 사용하여 신체적 및 영적 질병을 치료한다. 샤머니즘은 역사적 전통일 뿐만 아니라 지금도 시행되는 현상이며 많은 사람이 여전히 이 샤머니즘을 실천하거나 그 사상에 영향을 받는다. 어떤 사람들은 개인적 또는 사회적 문제에 대해 주술적 치유나 안내를 구하지만, 다른 사람들은 영적 경로의 일부로 이 주술적 세계관이나 기술을 채택한다.

지금도 샤머니즘은 큰 영향을 미치고 있는데 해외에서 이 주제를 다룬 문헌은 다수 있고(Hoppál, 2005; Alberts, 2015 등), 국내에서도 이에 관해 출판한 학자는 있으며(유동식, 1984; 이부영, 2012; 오문석, 2013; 윤이흠, 2016; 신성임, 2020), "만신(萬神)"이라는 영화도 만들어졌으나 기독교 세계관으로 이를 다룬 학자는 전호진 외에는 거의 없다(전호진, 1992: 106-148). 따라서 이 장에서는 기독교 세계관으로 샤머니즘을 깊이 고찰하되 먼저 그 내용을 분석한 후 이 세계관의 장점들이 무엇인지 생각해봄과 동시에 이 사상이 자체적으로 드러내는 내적 모순이나 단점들은 없는지 살펴보겠다. 그 후 이 단점들에 대해 기독교 세계관은 어떤 대안을 제시할 수 있는지 언급한 후 결론을 맺겠다.

## II. 샤머니즘에 대한 기독교 세계관적 고찰

### 1. 샤머니즘의 내용

샤머니즘 세계관에는 우주론, 창조론, 종말론이 없고 다만 자연을 신격화하는데 주로 천계(天界), 지계(地界) 그리고 하계(下界)로 나누지만, 유교, 도교 및 불교의 영향으로 혼합되었다(전호진, 1992: 119). 김태곤은 한국 샤머니즘의 신들을 '자연신'과 '인간신'으로 대별하지만 외국 학자들은 더 세분화한다(Kim, 1972: 19-21). 샤머니즘에서는 샤먼이 춤·노래·주문 등을 반복하면서 엑스터시와 같은 이상심리 상태로 몰입하여 초자연적 신령계(神靈界)에서 나오는 정보를 전달하거나 길흉을 점치고, 귀신을 제거하며 병을 고친다. 여기서 샤먼은 초자연력을 가진 인물이거나 아니면 신령과 직접적인 관련이 있는 사람으로 여겨지며, 신자들은 그 힘을 빌려 수렵의 풍요, 가족의 안전, 전쟁의 승리 등을 기원한다. 나아가 샤먼은 질병의 치료사와 마술사의 역할도 한다. 이러한 세계관은 6세기 중엽 알타이 산맥 부근에서 몽골 및 중앙아시아에 대제국을 건설한 터키계 유목국가인 돌궐(突厥)이나 퉁구스족, 몽골족, 여진족, 거란족 등으로 대표되는 만주나 시베리아의 샤머니즘부터 시작하여 아메리카 원주민, 아프리카 원주민까지 다양하게 분포된 것을 확인할 수 있다. 독일 뤼벡(Lübeck)의 상인이었던 아담 브란트(Adam Brand, ?-1746)는 1698년에 중국 주재 러시아 대사관에 대한 설명을 출판했는데 같은 해에 출판된 그의 책의 번역본은 영어 사용자에게 '샤먼'이라는 단어를 소개했다(Brand, 1698). 인류학자이자 고고학자인 실비아 토마스코바(Silvia Tomaskova)는 1600년대 중반까지 많은 유럽인이 아랍어 '악마'를 의미하는 '샤이탄'이라는 용어를 우랄산맥 너머 원주민들의 비기독교 관습과 믿음에 적용했다고 주장하면서 '샤먼'은 이 용어의 타락으로 다양한 퉁구스 방언에 들어갔을 수 있으며, 그 후 수 세기 동안 사람들과 접촉이 증가한 기독교 선교사, 탐험가, 군인 및 식민 행정관에게 전해졌을 것으로 추측한다(Tomaskova, 2013. 76-78, 104-105).

한국에서는 샤머니즘을 무속 신앙(巫俗 信仰)이라고 말하며, 그 역사는 매우 오래되어 고조선을 창건한 단군 또한 샤먼인 동시에 왕이라고 생각되며『삼국지위서동이전(三國志魏書東夷傳)』에 보면 고대 조선의 부족국가에서 추수 후에는 하늘에 감사하는 제천의식(祭天儀式)이 시행되었다는 기록을 볼 수 있다. 그만큼 고대 한반도에서 무속은 국가종교의 위치를 차지하였으며, 제정일치(祭政一治)의 특징이 있었던 것으로 보인다. 그 후 삼국시대 신라에 불교가 이차돈에 의해 소개되기 전까지 샤머니즘은 한반도에 가장 지배적인 세계관이었으며 불교와 유교가 전래된 이후에도 계속해서 남아 있어 지금까지 내려오고 있다(Choi, 2006). 삼국유사에 보면 신라의 임금들을 '차차웅'이라고 불렀는데 여기서 '웅'은 무당을 의미한다(전호진, 1992: 114). 고구려의 유리왕은 샤면을 통하여 병이 회복되었다는 기록이 있으며, 백제의 의자왕은 샤면을 불러 국가의 운명을 물었다고 한다(Vos, 1977: 66-67). 고려 시대에 불교가 채용된 이후 무속은 점차로 억압을 받았지만, 국가적 행사인 기우제(祈雨祭)나 팔관회(八關會)는 무격이 사제였다. 조선 시대에는 유교를 매우 중시하며 무속을 더욱 억압한 결과, 무당들은 천민계급으로 규정되었으나, 조상신을 섬기는 등의 무속적 문화는 계속 남아 한국 문화에 큰 영향을 주고 있다. 또한, 이 세계관에는 영혼 불멸, 개인의 심판 그리고 지옥이라는 사상은 있음을 볼 수 있다(전호진, 1992: 122).

이처럼 샤머니즘은 초자연적 존재와 직접 매개함으로써 해당 민족의 사회통합 역할도 수행했는데, 문명사회에서도 강력한 카리스마로 사람들을 규합하고 집단을 형성하는 것을 신종교 집단의 예에서 볼 수 있으며 전통적인 정치 및 사회체제가 붕괴과정에 있을 때, 강력한 카리스마적 인물이 체제를 재편성하기에 이르는 예도 자주 볼 수 있는데, 그런 종류의 인물은 대부분 샤면적이고 종교문화의 주요한 구성요소인 애니미즘, 사령·조령숭배, 신비주의 등의 유지와 존속에 공헌하기도 한다(종교학대사전, 1998).

"샤머니즘"이라는 용어는 퉁구스어를 사용하는 민족뿐만 아니라 투르크와 몽골의 고대 종교에 대한 외부 관찰자로서 서양 인류학자에 의해 처음 적용되었으나 전 세계에서 더 많은 종교적 전통을 관찰하며 연구하던 일부 서양 인류학자들도 이 용어를 넓은 의미로 사용하기 시작했다. 그 결과 이 용어는 아시아, 아프리카, 호주의 다른 지역과 아메리카 대륙의 민족 종교 내에서 발견되는 주술 종교 관습을 설명하는 데에도 사용되었는데 이는 그들이 이러한 관행은 서로 유사하다고 믿었기 때문이다(Alberts, 2015: 73-79).

루마니아 종교사가이자 시카고 대학교 교수였던 미르체아 엘리아데(Mircea Eliade, 1907-1986)는 샤머니즘을 '종교적 엑스터시의 기술'이라고 정의한다(Eliade, 1972: 3-7). 샤머니즘은 샤먼이 인간 세계와 영혼의 세계를 넘나들며 영혼을 고침으로써 질병을 치료한다고 한다. 영혼이나 정신에 영향을 미치는 트라우마를 완화하면 개인의 육체가 균형과 온전함으로 회복된다고 믿는 것이다. 샤먼은 또한 공동체를 괴롭히는 문제에 대한 해결책을 얻기 위해 초자연적인 영역이나 차원에 들어간다고 그는 본다. 주술사는 잘못 인도된 영혼을 인도하고 외부 요소로 인한 인간 영혼의 질병을 개선하기 위해 다른 세계나 차원을 방문한다고 그는 주장한다. 샤먼은 주로 영적 세계 내에서 활동하며, 영적 세계가 인간 세계에 영향을 미친다고 믿는다. 따라서 영적인 균형이 회복되면 질병은 제거된다는 것이다(Eliade, 1972: 3-7). 나아가 최근에는 토착민들이 전통적인 영성을 실천할 수 있는 능력을 제한한 식민주의와 제국주의의 구조적 억압에도 불구하고 많은 공동체가 자기 결정과 역동적인 전통의 회복을 통해 부활하고 있다(Oosten, Laugrand, Remie, 2006: 445-447).

전 세계적으로 다양한 샤머니즘이 있지만 모든 형태의 샤머니즘이 공유하는 몇 가지 공통된 믿음이 있다. 엘리아데가 확인한 일반적인 믿음은 다음과 같다. 영혼은 존재하며 개인의 삶과 인간사회 모두에서 중요한 역할을 한다. 샤먼은 영혼의 세계와 소통할 수 있다. 영혼은 이롭거나 악의적일 수 있다. 주술사는 악령으로 인한 질병을 치료할 수 있다. 샤먼은 황홀경을 불러일으키는 기술을 사용하여 환상적인 황홀경을 불러일으키고 비전을 볼 수 있다. 무당의 영혼은 답을 찾기 위해 몸을 떠나 초자연적 세계로 들어갈 수 있다. 샤먼은 동물 이미지를 정신 인도자, 전조, 메시지 전달자로 불러일으킨다. 샤먼은 다른 다양한 형태의 점술, 뼈나 룬 문자를 던지고 때때로 미래의 사건을 예언할 수 있다(Eliade, 1972: 3-7).

샤머니즘은 눈에 보이는 세계에 사는 사람의 삶에 영향을 미치는 보이지 않는 힘이나 영혼이 퍼져있다는 전제에 근거한다. 가령 질병의 원인은 악령의 영에 이끌려 나타나므로 영과 육의 방법을 모두 사용하여 치료해야 한다고 본다. 그래서 무당은 환자의 '몸에 들어가' 영적 병약함과 맞서고 전염성 악령을 추방하여 치유한다는 것이다. 또한, 많은 무당은 그들의 지역에 자생하는 약초에 대한 전문적인 지식을 가지고 있으며, 따라서 종종 약초 처방도 이루어진다. 어떤 무당은 내주하는 귀신이나 수호신의 허가를 받은 후 식물의 효과와 치유 속성을 활용하기 위해 식물에서 직접 배우기도 한다. 다른 사회에서는 샤먼이 치료와 살인 둘 다 가능한 힘을 가지고 있다고 주장한다. 무속 지식을 가진 사람들은 일반적으로 큰 권력과 명성을 누리지만, 다른 사람들에게 잠재적으로 해를 끼치는 의심스럽거나 두려운 존재로 간주될 수도 있다(Wilbert, 2004). 그런데 무속 식물 재료가 잘못 사용되면 독성이 있거나 치명적일 수 있으므로 무당은 작업에 참여함으로써 상당한 개인적 위험에 노출된다. 주문은 일반적으로 이러한 위험으로부터 보호하기 위해 사용되며 더 위험한 식물의 사용은 종종 매우 의식화된다. 영혼은 일반적으로 샤머니즘에서 겉으로 보기에는 관련이 없어 보이는 현상을 더 많이 설명할 수 있다(Hoppál, 2005: 27, 30, 36).

영혼은 무당만이 볼 수 있는 보이지 않는 존재다. 그들은 인간이나 동물의 몸을 취할 수 있는 사람으로 간주되며 독수리, 뱀, 재규어, 쥐의 경우와 같은 물리적 형태의 일부 동물은 정령으로도 간주된다(Swancutt, & Mazard, 2018: 102). 영혼과 관련된 믿음은 많은 다른 현상을 설명할 수 있는데 가령, 스토리텔링이나 가수 연기의 중요성은 전체 신념체계를 검토하면 더 잘 이해할 수 있으며 긴 가사나 노래를 외울 수 있고 악기를 연주할 수 있는 사람은 정령과의 접촉의 수혜자로 간주될 수 있다(Alberts, 2015). 샤머니즘은 다양한 문화권에서 관련된 음악과 노래가 많이 있다. 여러 경우에 샤머니즘과 관련된 노래는 의성어를 통해 자연의 소리를 모방하는 때도 있고 이것은 다른 기능을 제공할 수도 있는데 가령 사냥에서 사냥감을 유인하는 것과 같은 실용적인 목표나 엔터테인먼트일 수도 있다(Nattiez, 5).

무당은 종종 꿈이나 징조를 통해 부름을 받았다고 주장한다. 그러나 어떤 이들은 그들의 힘이 유전된다고 말한다. 그래서 부모가 무당이어서 자녀가 자연스럽게 무당이 되면 '세습무(世襲巫)'라고 한다. 전통 사회에서 무속 훈련은 기간이 다양하지만, 일반적으로 수년이 걸리는데 이처럼 배워서 무당이 되는 경우를 학습무(學習巫)라고 하며 신이 내려 무당이 되는 경우 강신무(降神巫)라고 부른다. 후자의 경우 갑자기 몸이 아픈데 병원에 가도 별 증상이 없는 경우 무당이 되어야 낫는 방식으로 진행되기도 한다. 터너와 동료는 샤먼이 될 사람이 되기 위한 통과 의례인 '샤머니즘적 입문 위기'라는 현상을 언급하며 일반적으로 신체적 질병이나 심리적 위기를 수반한다(Turner et al., 1995: 440). 무당을 부를 때 초기 질병의 중요한 역할은 중국 동북부 퉁구스족 중 마지막 무당 중 한 명인 추온나수안(Chuonnasuan)의 사례에서도 찾을 수 있다(Noll & Shi, 2004).

　무당의 질병은 주술적 시련과 여정의 원형이다. 이 과정은 젊은 무당에게 중요한데 그들은 보통 죽음 직전에 이르게 하는 심한 질병에 시달리며 결국 지하 세계로 넘어간다. 이것은 주술사가 환자와 부족을 위한 중요한 정보를 가져오기 위해 깊은 곳까지 모험할 수 있도록 하기 위한 것이다. 즉 무당이 병을 이해하려면 병이 나야 한다. 샤먼이 자신의 질병을 극복하면 고통받는 모든 사람을 치료할 수 있는 치료법을 갖게 될 것이라고 믿는 것이다(Halifax, 1982).

　샤먼은 영적 세계 또는 차원에서 치유할 수 있는 지식과 힘을 얻을 수 있는 자로 여겨지며 특정 메시지를 전달하는 꿈이나 환상도 가지고 있고 영적 세계에서 여행을 안내하고 지시한다고 믿는 많은 영적 가이드를 가지고 있거나 획득했다고 주장한다. 이 영적 가이드는 항상 샤먼 안에 존재하는 것으로 생각되지만 어떤 사람들은 샤먼이 최면 상태에 있을 때만 그들을 만난다고 주장한다. 영적 인도자는 샤먼에게 활력을 주어 그들이 영적 차원으로 들어갈 수 있도록 하며 샤먼은 그들이 갔던 곳에서 인간 영혼의 잃어버린 부분을 돌려줌으로써 공동체와 영적 차원 내에서 치유한다고 주장한다. 주술사는 또한 영혼을 혼란스럽게 하거나 오염시키는 것으로 알려진 과도한 부정적인 에너지를 정화한다고 주장한다. 샤먼은 그들의 문화에서 중재자 역할도 하는데 고인의 영혼을 포함하여 공동체를 대신하여 영혼과 소통한다고 주장한다. 샤먼은 불안과 해결되지 않은 문제를 완화하고 영들에게 선물을 전달하기 위해 살아있는 사람과 죽은 사람 사이에 소통할 수 있다고 주장한다(Hoppál, 2005: 45).

## 2. 대표적인 샤머니즘 사상가들

샤머니즘을 대변하는 사상가는 먼저 앞서 언급한 엘리아데가 있다. 그는 『샤머니즘: 환희의 고대 기술(Shamanism, Archaic Techniques of Ecstasy)』을 저술하여 1951년 프랑스어로, 1964년 영어로 출판했다. 여기서 그는 샤머니즘이 구석기 시대에 시작된 보편적인 현상으로 모든 종교의 근원이라고 주장하면서 무속 입문, 무속 여행, 무속 치유 등 무속의 공통적인 특징과 기능에 관해서도 설명했다. 그는 오늘날까지 지속되는 연구의 패러다임을 확립한 종교 경험의 선도적 해석가였다. 이외에도 그는 다양한 영역의 샤머니즘 관행에

미르체아 엘리아데
www.centrostudilaruna.it/appunti-sulla-narrativa-fantastica-di-mircea-eliade.html

관해 연구했다. 1967년에 출판한 그의 『신화, 꿈 및 신비(Myths, Dreams and Mysteries)』 또한 샤머니즘을 자세히 다루고 있다.

『샤머니즘』에서 그는 샤먼이라는 단어의 제한적 사용을 주장하며 모든 마술사나 주술사에게 적용되어서는 안 된다고 주장한다. 동시에 그는 이 용어를 시베리아와 중앙아시아의 성스러운 수행자들에게만 제한하는 것도 반대한다고 강조한다. 그러면서 그는 샤먼이란 "모든 의사와 마찬가지로 치료하고 모든 마술사처럼 기적을 수행한다고 믿어진다 … 그러나 그 이상으로 그는 정신병자이며 성직자, 신비주의자 및 시인일 수도 있다"고 주장한다(Eliade, 1972: 4). 우리가 샤머니즘을 이런 식으로 정의한다면, 우리는 그 용어가 공통적이고 독특한 '구조'와 '역사'를 공유하는 현상들의 집합을 포괄한다는 것을 알게 된다고 그는 주장한다.

나아가 그에 따르면 가장 일반적인 샤머니즘 주제 중 하나는 샤먼의 가정된 죽음과 부활인데 여러 면에서 이것은 샤먼이 인간의 본성을 뛰어넘는 것을 나타낸다. 첫째, 샤먼은 말 그대로 인간의 본성을 넘어서기 위해 죽는다. 초기 영들에 의해 그가 절단된 후, 그들은 종종 그의 오래된 기관을 새롭고 마법적인 것으로 교체한다. 즉 샤먼은 새롭고 성화된 존재로 다시 일어날 수 있도록 그의 불경한 자아에 대해 죽는 것이다(Eliade, 1972: 43). 둘째, 뼈로 축소됨으로써 샤먼은 더 상징적인 수준에서 재생을 경험한다. 많은 사냥과 목축 사회에서 뼈는 생명의 근원을 나타내므로 뼈로 축소되는 것은 "이 몸의 자궁에 다시 들어가는 것과 같으며 원초적 삶, 즉 완전한 갱신과 신비로운 재탄생"을 의미한다(Eliade, 1972: 63). 엘리아데는 이 생명의 근원으로 돌아가는 것은 본질적으로 영원회귀와 같다고 생각한다(Eliade, 1967: 84). 셋째, 죽음과 부활이 반복되는 샤머니즘적 현상도 다른 의미로의 변모를 나타낸다. 즉, 샤먼은 한 번이 아니라 여러 번 죽으며 입문 중에 죽었다가 새로운 힘으로 다시 살아난 샤먼은 심부름을 위해 자신의 몸에서 영혼을 보낼 수 있다. 따라서 그의 전체 경력은 반복되는 죽음과 부활로 구성된다. 죽고 다시 살아날 수 있는 샤먼의 능력은 그가 더는 속된 시간의 법칙, 특히 죽음의 법칙에 구속되지 않는다는 것을 보여준다(Eliade, 1967: 102). 이처럼 인간의 조건을 초월한 샤먼은 역사의 흐름에 얽매이지 않으므로 많은 신화에서 동물과도 대화할 수 있다고 그는 주장한다(Eliade, 1967: 63). 나아가 샤먼은 종종 세계수, 우주 기둥, 신성한 사다리를 오르면서 지하 세계로 내려가거나 종종 높은 신과 대화하기 위해 하늘로 올라간다고 그는 주장했다(Eliade, 1967: 64).

두 번째로 중요한 샤머니즘 사상가로는 미국의 인류학자이자 샤머니즘 연구 재단(Foundation for Shamanic Studies)의 창립자였던 마이클 하너(Michael Harner, 1929-2018)이다. 그는 남미의 다양한 원주민, 특히 에콰도르의 지바로족을 대상으로 현지 조사를 했다. 그는 모

마이클 하너
commons.wikimedia.org/wiki/
File:Michael_Harner_Cave_and_
Cosmos.jpg

든 샤머니즘 전통에 공통적이며 누구나 배우고 실행할 수 있다고 주장하는 일련의 방법과 기술인 '핵심 샤머니즘(Core Shamanism)'의 개념을 개발했다. 이는 모든 샤머니즘 전통에 공통으로 있는 방법과 기법들로 이루어져 있으며, 누구나 배우고 실천할 수 있다고 주장한 것이다. 그는 또한 변화된 의식 상태를 유발하는 소리 방법들, 예를 들면 북치기, 노래 부르기 등을 널리 알리기도 하였다. 그는 아마존으로 여행한 후 단조로운 드럼 연주를 실험하기 시작하여 1970년대 초 코네티컷의 소그룹에 훈련 워크숍을 제공하기 시작했다. 그 후 1980년에 출간한 그의 저서 『샤먼의 길: 능력과 치유의 가이드(The Way of the Shaman: a Guide to Power and Healing)』는 핵심 샤머니즘의 발전과 대중화에 기초가 되었다(Noel, 1997).

그는 '샤먼'이라는 용어를, 이 단어를 사용하지 않는 문화의 다양한 영적 및 의식적 지도자에게 광범위하게 적용했으며, 자신도 북미에서 '샤먼'과 함께 공부했다고 주장했다. 그는 이들이 윈투(Wintu), 포모(Pomo), 코스트 샐리쉬(Coast Salish) 및 라코타(Lakota) 사람들이라고 썼지만, 개인이나 특정 커뮤니티의 이름을 지정하지는 않았다(Wallis, 2003). 그는 자신이 한 번도 만난 적이 없는 문화에서도 전 세계 원주민 사이에서 발견되는 '무속 수행'의 공통 요소를 설명하고 있다고 주장했으며, 현대 서양의 영적 구도자들이 접근할 수 있도록 특정 문화 콘텐츠의 요소를 제거했다. 그가 인용한 영향에는 시베리아 샤머니즘, 멕시코 및 과테말라 문화, 호주 전통뿐만 아니라 형이상학적 작업에서 오컬티스트(occultist)를 돕는 것으로 알려진 유럽 오컬티즘(occultism)의 친숙한 영혼도 포함된다(Harner, 1980). 그러나 그의 관행은 이러한 문화의 종교적 관행이나 신념과 유사하지 않으며 그의 '핵심 샤머니즘'은 그가 출처로 인용한 문화로부터 반발과 비판을 받았다(Aldred, 2000: 329-352).

세 번째로 중요한 샤머니즘 학자로 피어스 비테브스키(Piers Vitebsky, 1950- )는 영국의 인류학자이자 캠브리지 대학교 스콧 폴라(Scott Polar) 연구소의 소장으로, 1988년부터 시베리아 에베니족의 샤머니즘을 연구해 왔다. 1995년에 출판한 그의 책, 『샤먼: 영혼의 여정 - 시베리아에서 아마존까지 트랜스, 엑스터시 및 치유(The Shaman: Voyages of the Soul - Trance, Ecstasy and Healing from Siberia to the Amazon)』 그리고 2017년에 출간한 『망자 없는 삶: 정글 우주 속에서의 상실과 구속(Living without the Dead: Loss and Redemption in a Jungle Cosmos)』은 샤머니즘 심리학으로 유명하다. 그는 또한 현대성, 세계화, 환경 변화가 무속 관습과 신념에 미치는 영향을 탐구했다.

피어스 비테브스키
www.spri.cam.ac.uk/people/vitebsky/

## 3. 샤머니즘의 장점들

그렇다면 샤머니즘은 어떤 장점이 있는지 알아보겠다. 먼저 샤머니즘은 전체적이고 자연스러운 치유 방법을 추구하는 세계관이다. 샤머니즘은 사람의 신체, 정신, 감정, 영혼의 모든 측면을 다루며, 생명력이나 영혼의 일부가 상실되거나 침입당한 것이 병이나 불균형의 원인이라고 인식한다. 따라서 영적 세계와의 조화와 연결을 회복함으로써 치유를 이룰 수 있다고 믿는다.

둘째로 샤머니즘은 보편적이고 적응력이 강한 세계관이라고 할 수 있다. 샤머니즘은 세계 각지에 있는 다양한 문화와 전통에서 발견될 수 있다. 이 세계관은 특정한 교리나 신조에 의존하지 않고, 샤먼과 영들과의 개인적인 경험과 관계에 기반을 둔다. 샤머니즘은 또한 여러 가지 기법과 도구들을 사용할 수 있다. 예를 들면 북치기, 노래 부르기, 춤추기, 꿈꾸기, 여행하기, 식물, 동물 등이 있다.

셋째로 샤머니즘은 지혜와 안내의 원천을 제공하는 세계관이다. 샤머니즘은 사람들이 인생의 도전과 난관을 극복하고, 자신의 목적과 잠재력을 찾는 데 도움이 될 수 있으며 일상 의식이나 합리적 사고로는 접근할 수 없는 통찰력과 해결책을 제공할 수 있다. 나아가 이 세계관은 사람들이 자신의 치유와 복지에 대한 책임을 지고, 영들과 함께 자신의 현실을 공동 창조할 수 있도록 해준다.

마지막으로 샤머니즘은 자연과 모든 존재와 조화롭게 사는 방법을 제공하는 세계관이다. 샤머니즘은 모든 생명의 신성함과 상호 연결성을 인정하고, 모든 것에 영들의 존재와 영향력을 인식하며, 따라서 지구와 그 주민들에 대한 감사와 자비 그리고 보호 의식을 갖도록 한다. 나아가 이 세계관은 또한 인간 문화와 표현의 다양성과 아름다움도 보여준다고 말할 수 있다. 이런 의미에서 아직도 상당히 많은 사람이 의식적으로 또는 무의식적으로 이 세계관의 영향을 받고 있다고 볼 수 있다.

## 4. 샤머니즘의 단점들

그렇다면 샤머니즘의 단점들은 무엇인지 살펴보겠다. 무엇보다 먼저 샤머니즘은 피조물을 숭배하는 어리석음을 범한다. 샤머니즘 중 일부라고 할 수 있는 애니미즘(animism) 즉, 정령숭배 사상은 샤먼이 큰 나무나 바위 또는 바다에도 신이 있다고 생각하고 그 앞에서 제사를 지내면서 절도 하고 굿도 하면서 축복을 기원하는 행위인데 이는 피조물을 우상으로 착각하는 잘못이다. 특히 한국의 전통적인 세계관에는 산에는 산신령(山神靈)이 있다고 생각했으며 바다에도 용왕(龍王)이 있다고 믿었다. 나아가 큰 나무가 있는 곳 근처에 성황당(城隍堂)을 만들어 그곳에 여러 신을 모시면서 제사를 지냈고 그 신들이 마을을 보호해 준다고 믿었다. 이 모든 풍습은 자연을 신격화하여 우상화하는 오류를 범한 것이다. 이러한 세계관은 인간의 희망을 자연의 힘에 투사하여 그 힘의 도움을 받고자 하는 어리석은 생각에 불과하다.

둘째로 샤머니즘은 신비로운 마술과 주술을 통해 세속적인 행운을 추구한다. 다시 말해 이 세계관은 어떤 궁극적인 축복이나 영원한 행복보다는 이 세상에서 필요한 요행을 더 중요하게 본다는 점에서 일시적인 문제 해결에 집중하며 지속적이고 장기적인 관점이 부족하다. 실용주의적 사상과 신앙 체계로서 한국의 무속인들은 복을 얻고 액운을 피하기 위한 수단으로 주술과 점술을 믿는다. 따라서 무당의 굿은 주술적 의식과 황홀경의 신비적 체험이 결합된 것이며, 마술은 사실 직간접적으로 관련이 있는 사람들을 위한 일종의 투사 정신 체계이며, 점술은 영혼을 부르는 기술이다. 그것 없이 샤먼은 백성의 복종을 명령하는 권위를 행사할 수 없다. 나아가 점술은 한민족이 위기에 처했을 때 인도와 위안을 얻기 위해 사용하는 중요한 도구였다. 이처럼 주술과 점술은 어느 정도 위로를 줄 수는 있으나 사고의 합리화와 이론적이고 과학적인 생각을 형성하는 데는 방해가 된다. 따라서 샤머니즘을 따르는 위대한 철학자나 과학자는 나오기 어렵다.

셋째로 샤머니즘은 운명론적 체념주의와 결정론을 낳을 수 있다. 무당이 굿을 통해 어떤 질병을 고치거나 문제를 해결하며 미래를 예측하기도 하지만 그것이 제대로 이루어지지 않을 경우, 본인의 팔자로 돌리고 비관적인 운명을 탓하며 체념할 수 있다. 이것은 미래를 향해 노력하는 보다 개척적이고 진취적인 사고를 억제할 수 있다. 축복과 재산을 요구하는 것은 다른 사람이나 다른 세력에 달려 있으며 스스로 결정을 내리지 못하고 샤먼에게 재난이나 재앙을 없애는 일을 위탁한다. 자신의 삶이자 운명인데도 전적인 책임을 지지 않고 정령이나 마녀 등 타인에게 의지하는 것이다. 그것은 주관성의 완전한 상실과 단순한 숙명론에 의해 자신이 지배받도록 허용하는 것을 의미한다. 이것은 그것을 따르는 사람들의 마음에 포기, 보수주의 및 나태함을 낳을 수 있다. 따라서 샤머니즘은 객관적이고 논리적인 사고방식에 기반한 과학과 기술의 발전을 성취하지 못한다.

넷째로 샤머니즘은 단순히 지상의 축복을 구하는 데 관심이 있다. 죽음 이후와 영원한 세계에 대해서는 거의 관심이 없다. 나에게 당장 닥친 문제를 해결하는 것이 가장 중요하며 이것만 해결하면 된다고 생각한다. 따라서 세속적이고 물질적이며 단기적인 축복에 더 초점이 맞추어질 수밖에 없다. 이러한 숙명론은 단기적이고 즉각적인 만족과 세속적 소망의 실현을 가져올 수는 있지만 스스로 미래를 계획하고 준비하기보다는 삶의 매 순간을 즐기고 행운을 기다리는 데에만 관심을 둔다. 이러한 쾌락주의적 자세를 기복이라고 하며, 세속적 욕망의 성취를 기원한다. 윤이흠이 올바르게 지적한 바와 같이, "한국의 샤머니즘은 수천 년 동안 신비적 태도와 세속적 태도를 혼합해 왔으며 이러한 신비적-세속적 태도를 한국 사회에서 유지하고 전파하는 데 중심적인 역할을 해왔다."(Yoon, 1996: 190)

다섯째로 샤머니즘은 역사나 문화의식이 약하다. 이 세계관에 의하면, 존재하는 것은 항상 순환적 성격을 띤다. 따라서 이 사상의 역사관은 직선적이지 않고 순환적이며 모든 관심과 욕망은 지금 여기로 집중된다. 예를 들어 조상 숭배인 제사도 비록 그것이 유교와 혼합되었지만 이러한 맥락에서 이해할 수 있다. 제사의 수행은 항상 현세의 축복을 받는 현재의 가정을 중심으로 무속신앙체계의 맥락에서 행해져 왔다. 한국 무속인들은 인간 존재의 심오한 뿌리에 관심이 없고 미래에 대한 계획도 없다. 따라서 한국의 샤머니즘은 음악, 춤, 복식, 무속적 서사 등 모든 상징이 결합된 굿을 제외하고는 주목할 만한 문화적 유산이나 역사적으로 보존할 만한 서적 등이 없다. 따라서 샤머니즘을 기초로 하는 학교도 세워질 수 없고 기념할만한 건축물이나 예술품도 거의 없다. 다시 말해 이 사상은 인간의 문화 형성에 큰 공헌을 하지 못하는 다소 저급한 수준에 머문다고 할 수 있다.

여섯째로 샤머니즘은 적절한 윤리의식이 없다. 이 세계관은 일관성이 있고 설득력이 있는 도덕적 규범이 존재하지 않으며 그때마다 적절히 요행을 통해 화만 피하면 된다고 생각한다. 따라서 이러한 세계관은 자녀들에게 교육할 체계적인 내용이 없다. 오히려 고대 근동 사회에서는 어린 자녀를 제물로 바치면 신이 만족하여 축복해 준다는 매우 잘못된 세계관이 있었고 실제로 그러한 풍습이 매우 흔히 행해졌다. 따라서 이 사상에는 행복을 가져다주는 선한 신과 재앙을 불러오는 악령을 믿으면서도 도덕률이 없다. 무속인이 관심을 두는 선과 악은 어떠한 윤리적 규범과도 관련이 없으며 단지 경제적 또는 물질적 이득, 건강, 사업의 성공, 이 땅에서의 행복한 장수와 관련된 것이다. 따라서 죄나 정의라는 개념에 거의 관심을 두지 않는다. 그래서 샤머니스트는 자신의 문제를 자신의 책임으로 인정하기를 거부하고 오히려 다른 영이나 조상에게 반복적으로 전가한다. "모든 일이 잘되면 내 탓이고, 그 반대라면 조상 탓"이라는 한국의 속담이 이것을 잘 표현한다. 이러한 태도는 무책임감과 어려운 상황에서 수동적인 사고방식을 낳는다. 요컨대 샤머니즘은 철저하게 현세 지향적 세계관이다.

마지막으로 이 세계관은 오히려 우리의 정신 건강에 악영향을 줄 수 있다. 샤머니즘은 변화된 의식 상태를 통해 영적 세계와 소통하려고 하지만, 자칫하면 이는 정신병, 정신분열 등의 정신 장애와 유사한 증상을 유발할 수 있으며 더 나아가 악몽이나 공포증을 일으킬 수도 있고 심리적 안정성과 현실감각을 잃을 수 있는 위험을 안고 있다. 이것은 특히 영들과의 갈등을 통해 나타날 수 있다. 이 세계관은 영들과의 관계를 중요하게 여기지만, 이는 항상 긍정적이거나 평화로운 것은 아니며 때로는 영들과의 싸움이나 경쟁에 휘말릴 수 있고, 이는 인간에게 해로운 영향을 미칠 수 있으며 나아가 영들의 요구나 명령에 복종하거나 의존하게 되어, 자신의 의지나 판단력을 잃을 수도 있다.

## 5. 샤머니즘의 단점들에 대한 기독교 세계관적 대안

그렇다면 이러한 샤머니즘의 단점들에 대해 기독교 세계관은 어떤 대안들을 제시할 수 있는가? 먼저 자연에 있는 산, 나무, 바위 또는 바다는 결코 신이 될 수 없으며 단지 피조물에 불과함을 분명히 밝히고 있다. 출애굽기 20장 3-5절에 보면 다른 신들을 섬겨서는 안 되며 위로 하늘에 있는 것이나, 아래로 땅에 있는 것이나, 땅 아래 물속에 있는 어떤 것이든지, 그 모양을 본떠서 우상을 만들어도 안 되고 그것에게 절하거나, 그것들을 섬겨서는 안 됨을 분명히 말씀한다. 기타 여러 군데서 가나안 땅에 살던 원주민들의 그러한 행위를 하면서 심지어 음행까지 하던 습관을 모방한 이스라엘 백성들을 질책하는 선지자들의 글을 볼 수 있다(신명기 12:2; 열왕기하 16:4; 역대하 28:4; 예레미야 2:20, 3:6; 에스겔 6:13). 샤머니즘은 종종 애니미즘, 조상 숭배, 토테미즘 또는 자연 숭배와 같은 다른 문화와 전통의 요소를 통합하지만, 이것들은 구원에 이르는 유일한 길인 복음의 유일성과 진리를 타협하는 혼합주의와 상대주의의 형태로 간주된다(요한복음 14:6; 사도행전 4:12). 기독교 세계관은 만물을 창조하시고 유지하시는 하나님의 말씀과 그의 아들 예수 그리스도를 통해 자신을 계시하시는 유일하신 최고 하나님의 존재를 인정한다. 성경은 하나님만이 우주의 모든 영과 권세를 다스리는 주권자이시며 오직 그분만이 경배와 순종을 받으시기에 합당하다고 말한다(이사야 45:5-6; 요한계시록 4:11).

둘째로 샤머니즘은 신비로운 마술과 주술을 통해 세속적인 행운을 추구하지만, 성경적 세계관은 그러한 생각과 행동을 엄격히 금하고 있다. 가령 출애굽기 22장 18절에 보면 마술을 부리는 여자는 살려 두어서는 안 된다고 말씀한다. 레위기 19장 31절에도 혼백을 불러내는 여자에게 가거나 점쟁이를 찾아다니지 말 것을 명령하면서 그 이유는 그들이 하나님의 백성을 더럽히기 때문이라고 말씀한다. 레위기 20장 6절에도 누가 혼백을 불러내는 여자와 마법을 쓰는 사람에게 다니면서, 그들을 따라 음란한 짓을 하면, 주님께서 바로 그 사람에게 진노하여 백성에게서 끊어지게 하겠다고 경고한다. 나아가 레위기 20장 27절에는 혼백을 불러내는 사람이나 마법을 쓰는 사람은, 남자이든지 여자이든지, 모두 돌로 쳐서 반드시 사형시켜야 하는데 그들은 자기 죄값으로 죽는 것이라고 설명한다. 신명기 18:9-14에도 이스라엘 백성들이 가나안 땅에 들어가면, 그곳에 사는 민족들이 하는 역겨운 일들을 본받지 말아야 하는데 가령 자기 아들이나 딸을 불 가운데로 지나가게 하거나 점쟁이와 복술가와 요술객과 무당과 주문을 외우는 사람과 귀신을 불러 물어보는 사람과 박수와 혼백에게 물어보는 사람은 모두 주님께서 미워하시고 용납하지 않으시며 그 결과 그들을 그 땅에서 몰아내시는 것임을 말한다. 사무엘상 28장 3절에 보면 사울 왕은 그 나라 안에서 무당과 박수를 모두 쫓아내었지만, 사무엘상 28장 7-20절에 보면 자신이 위급한 상황이 되자 자기의 신하들에게 명령하여 망령을 불러올리는 여자 무당을 한 사람 찾아 보라고 한다. 그러자 신하들이 엔돌에 무당이 한 사람 있음을 보고하였고 사울은 다른 옷으로 갈아입고 변장한 다음에, 두 신하를 데리고 가서 밤에 그 여인에게 이르러 망령을 부르는 술법으로, 사무엘을 불러올려 달라고 한다. 처음에는 그 여인이 거절했으나 결국, 사울 왕을 알아보고 사무엘을 불러내자 사울은 자신이 처한 상황을 설명하면서 도움을 요청했으나 오히려 하나님의 심판이 임할 것을 듣게 되자 너무 두려워 갑자기 그 자리에 쓰러지는 것을 볼 수 있다. 또한, 열왕기하 21장 6절과 역대하 33장 6절에도 보면 히스기야의 아들 므낫세는 자기의 아들들을 불에 살라 바치는 일도 하고, 점쟁이를 불러 점을 치게도 하고, 마술사를 시켜 마법을 부리게도 하고, 악령과 귀신을 불러내어 물어보기도 하여 주님의 진노를 받았다. 나아가 이사야 8장 19절에도 신접한 자와 무당에게 물어보는 사람은 결코 동트는 것을 못 볼 것이라고 경고한다.

셋째로 샤머니즘은 운명론적 체념주의를 낳을 수도 있지만, 기독교 세계관은 인간의 한계를 초월하여 역사하시는 하나님의 섭리를 신뢰함으로 그분이 모든 것을 합력하여 선을 이루시는 것을 체험할 수 있다(로마서 8:28). 나아가 기독교 세계관은 하나님의 능력을 체험하기 위해 인간의 기술이나 방법에 의존하지 않고 오히려 그분의 은혜와 자비에 의존한다. 성경적 세계관은 하나님께서 이미 인간의 죄값을 지불하셔서 하나님과 화목하게 하신 예수 그리스도의 죽음과 부활을 통해 하나님과 개인적인 관계를 맺을 수 있는 길을 마련하셨다고 말한다(로마서 5:8-11; 에베소서 2:8-9). 나아가 그 전능하신 하나님께서 그리스도인 안에 거하시고 그들을 모든 진리와 의로 인도하시는 그의 성령을 주셨으므로 그분의 능력을 체험하며 살 수 있다고 말한다(요한복음 16:13; 갈라디아서 5:22-23).

넷째로 샤머니즘은 오직 이 땅의 축복만을 기대하지만, 성경적 세계관은 영원한 하늘나라의 축복이 더 중요함을 가르쳐 준다. 이 땅에서 누리는 재물은 일시적이며 건강도 오래 가지 못하지만, 하늘나라에 보화를 쌓는 삶은 영원한 가치가 있기 때문이다(마태복음 6:19-20).

다섯째로 샤머니즘은 역사나 문화의식이 약하지만, 기독교적 세계관은 분명한 역사관과 문화의식을 가지고 있다. 창조로 시작된 세상은 타락과 구속을 거쳐 완성으로 나아가며, 따라서 주님은 알파와 오메가이며 처음과 나중이요 시작과 끝이시다(요한계시록 1:8; 21:6; 22:13). 나아가 하나님의 창조 세계에 담겨 있는 다양한 잠재적 가능성을 개현하여 기독교적 문화를 건설해나가야 함을 강조한다. 기독교 세계관은 핵심 교리와 가치에 모순되는 다른 종교나 문화의 요소를 통합하지 않고 오히려 복음의 능력으로 변화시킨다. 기독교 세계관은 하나님이 모든 사람을 그의 형상대로 창조하셨으므로 민족적 또는 문화적 배경에 상관없이 그들을 동등하게 사랑하시며(창세기 1:27; 요한복음 3:16) 모든 문화권에서 예수 그리스도의 제자로 삼아 모든 나라와 민족에게 그의 사랑과 진리를 나눌 수 있게 해주셨다고 강조한다(마태복음 28:18-20; 요한계시록 7:9-10).

여섯째로 샤머니즘은 적절한 윤리의식이 없지만, 성경적 세계관은 십계명과 같은 분명한 신적 명령을 모든 윤리와 도덕의 기준으로 제시한다. 나아가 예수 그리스도는 이를 하나님 사랑과 이웃 사랑이라는 두 계명으로 잘 요약하여 가르쳐주셨다.

마지막으로 이 샤머니즘은 오히려 우리의 정신 건강에 악영향을 줄 수 있지만, 기독교적 세계관은 오히려 이런 영들의 세력으로부터 진정한 자유를 제시한다. 예수 그리스도께서도 군대 귀신들인 청년을 온전히 회복시켜 주신 것을 볼 수 있다(마태복음 8:32; 마가복음 5:9; 누가복음 8:30). 이처럼 샤머니즘은 하나의 최고 신을 인정하지 않고 오히려 여러 가지 목적을 위해 샤먼에 의해 조종될 수 있는 다양한 영을 인정하는 세계관에 기반을 두고 있다. 이것은 다른 신들을 두지 말라는 첫 번째 계명(출애굽기 20:3)을 명백히 위반하는 일종의 우상 숭배와 다신교이므로 엄격히 금지된다. 나아가 샤머니즘은 변화된 의식 상태를 유도하고 영혼의 세계에 접근하기 위해 드럼 연주, 노래 부르기, 춤, 금식, 환각 물질 또는 동물 희생과 같은 다양한 기술의 사용에 의존하지만 이러한 것들은 사람들을 하나님에게서 멀어지게 하는 가증한 행위로 성경은 주술과 주술의 한 형태로 엄격히 금한다(갈라디아서 5:19-21).

## III. 결론

이 장에서는 샤머니즘에 대해 기독교 세계관적으로 고찰해 보았다. 먼저 이 사상은 샤먼이 춤·노래·주문 등을 반복하면서 엑스터시와 같은 이상심리 상태로 몰입하여 초자연적 신령계(神靈界)에서 나오는 정보를 전달하거나 길흉을 점치고, 귀신을 제거하며 병을 고치는 것이 핵심이며 거의 전 세계에 퍼져있다. 대표적인 사상가로는 엘리아데, 하너 그리고 비테브스키가 있음을 보았다.

이 샤머니즘의 장점에 대해서는 먼저 전체적이고 자연스러운 치유 방법을 추구하며, 둘째로 이 세계관은 보편적이고 적응력이 강하다. 셋째로 샤머니즘은 나름대로 지혜와 안내의 원천을 제공하며, 마지막으로는 자연과 모든 존재와 조화롭게 사는 방법을 제공하는 세계관임을 고찰해 보았다. 하지만 이 사상의 단점들에 대해서는 먼저 피조물을 신격화하여 숭배하는 점, 둘째로는 신비로운 마술과 주술을 통해 세속적인 행운을 추구하는 점, 셋째로 운명론적 체념주의와 결정론을 낳을 수 있는 점, 넷째로 오직 지상의 축복을 구하는 데만 관심이 있다는 점, 다섯째로 역사나 문화의식이 약한 점, 여섯째로는 적절한 윤리의식이 없다는 점 그리고 마지막으로 우리의 정신 건강에 악영향을 줄 수 있다는 점을 언급했다.

이러한 샤머니즘의 약점들에 대해 기독교 세계관은 먼저 자연 세계는 결코 신이 될 수 없으며 단지 피조물에 불과함을 분명히 밝히고, 둘째로 신비로운 마술과 주술을 엄격히 금하고 있으며 셋째로 운명론적 체념주의에 빠지지 않고 오히려 인간의 한계를 초월하여 역사하시는 하나님의 섭리를 신뢰함으로 모든 것을 합력하여 선을 이루시는 것을 체험할 수 있음을 언급했다. 넷째로 이 땅의 축복보다 영원한 하늘나라의 축복이 더 중요함을 강조하며, 다섯째로 분명한 역사관과 문화의식을 가지고 있음을 밝혔고 여섯째로는 적절한 윤리적 기준으로 십계명과 같은 분명한 신적 명령을 제시한다. 그리고 마지막으로는 우리의 정신 건강에 악영향을 주는 악령들의 세력으로부터 진정한 자유를 제시함을 지적했다.

하지만 이 샤머니즘은 현대 사회에 여전히 많은 사람에게 적지 않은 영향을 미치고 있다. 특별히 기독교에도 샤머니즘적 요소가 침투하여 교회에 여러 부정적 영향을 미치는 데 예를 들면 일부 왜곡된 신유 집회, 지나치게 방언만을 강조하거나, 축귀 등 불건전한 신비주의 신앙 등이 있다. 이에 대해 그리스도인들은 창조주 하나님을 바로 전하며, 마귀의 권세를 물리치고 질병의 궁극적인 치유자가 되시는 예수 그리스도를 전하고, 무당이 아닌 하나님과 인간의 참 중보자로서 예수 그리스도를 전하면서 귀신의 능력을 능가하는 성령의 사역을 강조하고, 새벽기도, 여전도사 제도, 추도 예배 등이 자칫 샤머니즘의 토착화가 되지 않도록 신중해야 한다(전호진, 1992: 143-48). 따라서 그리스도인들은 계속해서 이 세계관에 대해 예의주시하면서 올바로 대응해 나가야 할 것이다.

2장

# 공리주의
(Utilitarianism)

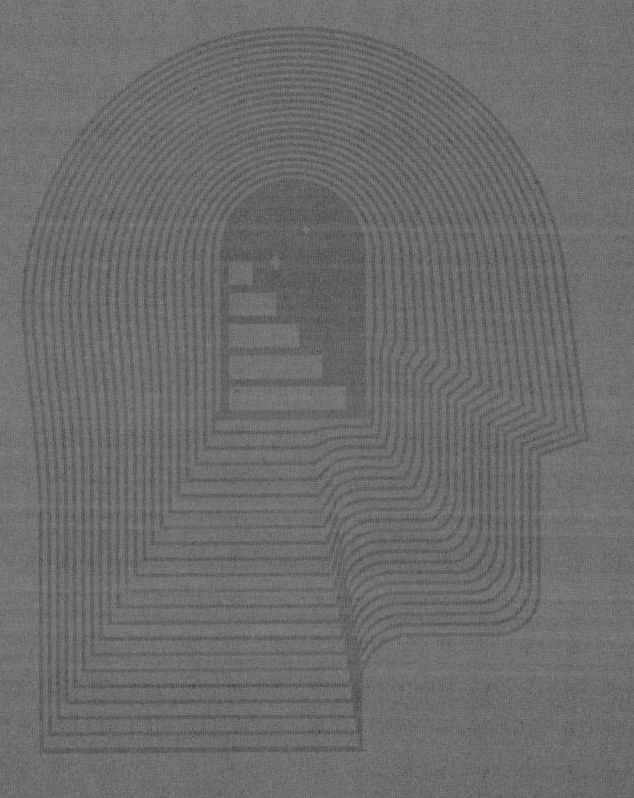

## I. 서론

미국 하버드대 교수 마이클 샌델(Michael J. Sandel)은 그의 유명한 저서 『정의란 무엇인가(Justice: What's the Right Thing to Do?)』에서 이런 질문을 던진다. 즉 당신은 전차 기관사이고, 시속 100km로 철로를 달리고 있다고 가정한다. 기관차 앞의 선로 위에 인부 다섯 명이 있고 기차는 브레이크가 고장 나서 이대로 가면 이 다섯 명이 죽게 된다. 그런데 그 옆에는 비상 철로가 있다. 그곳에도 인부 한 명이 있다. 그대로 진행하면 다섯 명이 죽게 되고, 방향을 돌리면 한 명이 죽는 대신 다섯 인부는 살 수 있다. 이때 당신은 어떻게 하겠느냐는 것이다(Sandel, 이창신 역, 2011: 36-37). 이러한 딜레마에 대해 공리주의(功利主義, Utilitarianism)는 도덕적으로 바른 판단은 '최대 다수에게 최대 행복(the greatest happiness of the greatest number)'을 가져다주는 것이라고 본다. 다시 말해 공리주의는 공리의 원칙(Principle of Utility)을 가치판단의 기준으로 하는 세계관으로 어떤 행위의 옳고

트롤리 딜레마
namu.wiki/w/트롤리%20딜레마

그름은 그 행위가 인간의 이익과 행복을 늘리는 데 얼마나 공헌하는가 하는 유용성과 결과에 따라 결정된다는 것이다.

이 공리주의는 19세기 이래 영국을 중심으로 발달한 사회 윤리적 세계관으로 인간이란 쾌락 또는 행복을 추구하고 고통을 회피하는 본성이 있음을 전제로 하므로 인간의 행복을 증진하는 것이 선이고 최대 다수의 행복 증진이 곧 사회적 행복을 낳는다고 본다. 즉, 인간 행위의 윤리적 기초를 개인의 이익과 쾌락의 추구에 두고, 무엇이 이익인가를 결정하는 기준은 개인 그리고 최대 다수의 최대 행복이라고 주장한다. 이 사상은 근대 시민사회의 윤리적 기준이 되었을 뿐만 아니라 영국 고전 경제학의 사상적 기초와 자본주의 질서 구축의 토대가 되었고 오늘날 정부가 어떤 정책을 결정할 때 가장 많은 영향을 미치고 있다고 볼 수 있다.

지금도 공리주의는 큰 영향을 미치고 있는데 해외에서 이 주제를 다룬 문헌은 다수 있으며(Burke, 2008; Kelly, 1990 등), 국내에서도 이러한 주제로 출판한 학자는 있으나(강준호, 2011; 류지한, 2010), 기독교 세계관으로 이를 다룬 학자는 손봉호 교수(1986: 57-62)와 이재율(1999: 103-128) 외에는 별로 없다. 따라서 이 장에서는 기독교 세계관으로 공리주의를 더 깊이 고찰하되 먼저 그 내용을 구체적으로 분석한 후 이 세계관의 장점들이 무엇인지 생각해봄과 동시에 이 사상이 자체적으로 드러내는 내적 모순이나 단점들은 없는지 살펴보겠다. 그 후 이 단점들에 대해 기독교 세계관은 어떤 대안을 제시할 수 있는지 언급한 후 결론을 맺겠다.

## II. 공리주의에 대한 기독교 세계관적 고찰

### 1. 공리주의의 내용

이 공리주의의 사상적 배경을 살펴보면 고대 서양 철학자 중 에피쿠로스(Ἐπίκουρος, 기원전 341-270)와 아리스토텔레스(Ἀριστοτέλης, 기원전 384-322)가 인간은 행복(εὐδαιμονία)을 위해 살고 있으므로 이것이 인간의 지고선(至高善)이라고 하였다. 특히 에피쿠로스학파는 이 행복에 대한 추구야말로 아타락시아(ἀταραξία), 즉 마음의 평정을 얻는 길이라고 보았다. 아리스토텔레스도 인간의 본성은 이성이고 이것이 최대로 발휘되는 상태를 최고의 선으로 간주하면서 이를 궁극적으로 추구해야 할 것을 강조했다.

이어 영국의 산업혁명 시대에는 근대 과학이 발전하고 자본주의 시장 경제도 발달하면서 부의 축적이 이루어졌다. 이때에는 인간의 이성에 대한 신뢰가 매우 강하였으며 사회의 이익과 개인 이익의 조화를 시도하였다. 공리주의는 이런 욕구들의 절충점으로 영국의 제레미 벤담(Jeremy Bentham, 1748-1832)과 존 스튜어트 밀(John Stuart Mill, 1806-1873)에 의해 주장되었는데 행동의 결과가 그 행위의 선악을 결정한다고 보므로 이를 결과주의(consequentialism)라고 한다. 따라서 이 세계관은 수단보다 목적을 더 강조하므로 목적을 위해 잘못된 수단도 정당화될 수 있는 여지가 있다. 가령 거짓말을 하거나 물건을 훔쳐도 그것이 행복을 증진한다면 그렇게 해야 할 것이다. 이 공리주의는 18세기 유럽 사회에서 매우 보편화된 세계관으로 다른 세계관들처럼 특정한 우주관이나 역사관은 없고 주로 사회 윤리적 내용을 담고 있다. 그 근거는 신성이나 초월적인 어떤 것이 아니라 우리가 일상적으로 느끼고 생각하는 과정에서 발생하는 물리적 감각(쾌락과 고통)에서 찾고 있다. 이는 유럽 사상사에서 처음으로 종교와 무관한 윤리이론이 제창된 것이라고 볼 수 있다.

둘째로 공리주의는 쾌락주의(hedonism)인데 공리 또는 효용(utility)이란 한 행동이 얼마나 쾌락을 낳는가 하는 정도이다. 쾌락주의는 우리가 행복을 추구하는 것이 선하며, 따라서 그렇게 해야 한다고 주장한다. 이 사상은 인간을 언제나 쾌락(pleasure) 또는 행복을 추구하고 고통(pain)이나 불행을 피하려 하는 본성을 지닌 존재로 파악한다. 따라서 인간 행동에 대한 윤리적 판단 기준도 이러한 인간관에 기초하여 인간의 쾌락과 행복을 늘리는 데 이바지하는 것은 선한 행위이지만, 고통과 불행을 크게 하는 것은 악한 행위로 본다. 가령 한 사람이 노인을 도와 도로를 건너도록 도와주었다면 그것은 선한 행동이지만 그가 넘어져 노인을 돕지 못했고 그 노인이 자동차에 치였다면 그 행동은 나쁜 행동이 되는 것이다.

셋째로 공리주의는 최대주의(maximalism)라고 할 수 있는데 올바른 행동은 선한 결과를 극대화하고 악한 결과를 최소화시키는 것으로 사회의 행복을 최대로 하려면 되도록 많은 사람이 가능한 한 많은 행복을 받을 수 있도록 하는 것이 필요하다고 본다. 따라서 공리주의의 목표는 최대 다수의 최대 행복을 실현하는 것이며 행위의 선악을 행복의 기준으로 정하는 이 원리를 '공리의 원리(principle of utility)'라고 한다.

마지막으로 공리주의는 보편주의(universalism)인데 결과는 그 효용의 영향을 받는 사람들이 공평하면서도 얼마나 많은가에 달려 있다고 본다. 가령 당신이 군대 지휘관으로 전장에서 80명의 군인을 데리고 진격하여 수백 명의 적군을 사살했다면 비록 80명을 모두 잃더라도 이 행동은 선한 것으로 간주하는 것이다.

이러한 공리주의에는 두 가지 형태가 있다. 하나는 양적 공리주의(quantitative utilitarianism)이며 다른 하나는 질적 공리주의(qualitative utilitarianism)이다. 전자는 벤담이 주장한 것으로 올바른 행동은 오직 최대 다수의 최대 행복이 고통보다 커야 하며 이것을 수량화할 수 있다고 주장하였으며 이를 행위(act) 공리주의라고도 한다. 후자는 밀이 주장한 것으로 하나의 행복은 양적인 것이 아니라 질적인 것으로 한 행동이 옳다는 것은 그 주체가 최대 다수의 최대 행복 및 최소의 고통을 낳는 규칙을 준수해야 한다는 것으로 규정(rule) 공리주의라고도 한다.

## 2. 대표적인 공리주의자들

공리주의를 대변하는 사상가는 앞서 언급한 바와 같이 벤담과 밀이다. 공리주의의 아버지라 불리는 벤담은 영국의 법학자이자 철학자로서 도덕적 선악의 기준을 외부적인 규범이 아니라 인간의 본성에서 찾았다. 그에 따르면 인간에게는 두 개의 스승이 있는데 하나는 행복 또는 쾌락이고 다른 하나는 고통이다. 삶의 목적은 행복을 추구하는 것이고 행복은 고통을 피하고 쾌락을 얻는 데 있다고 그는 말했다. 따라서 행복을 증진하는 행동은 선이며 고통을 증가시키는 것은 악이라는 것이다. 그런데 무엇이 쾌락이며 무엇이 고통인지를 판단하는 주체는 행복을 추구하는 개인이며, 사회의 행복은 개인의 행복을 합친 것이고 입법의 목적은 사회 전체의 행복을 증진하는 것이라고 보았다. 이러한 생각은 '최대 다수의 최대 행복'이라는 표현으로 집약된다. 그는 이 표현을 영국의 자연 철학자였던 프리스틀리

제레미 벤담
commons.wikimedia.org/wiki/
File:Jeremy_Bentham_by_Henry_
William_Pickersgill_detail.jpg

(Joseph Priestley, 1733-1804)의 글에서 빌렸다고 말했다(Priestley, 1771: 17; Bentham, 1821: 24).

특히 벤담은 1780년에 출간된 그의 저서『도덕과 입법의 원칙에 대한 서론(An Introduction to the Principles of Morals and Legislation)』에서 공리주의 사상의 핵심 원리들을 체계화하여 공리주의를 대표하는 사상가가 되었다(강준호 역, 2013). 그는 쾌락을 추구하고 고통을 피하려는 인간의 자연적 본성에 따라 행동하는 것이 개인은 물론 사회에도 최대의 행복을 가져다준다고 보면서 쾌락의 질적인 차이를 인정하지 않고 계량 가능한 것으로 파악하여 강도(intensity), 계속성(duration), 확실성(certainty), 원근성(proximity), 생산성(productiveness), 순수성(purity) 및 연장성(extent)이라는 7가지 척도로 그것을 계산하려 했다. 그리하여 '최대 다수의 최대 행복'을 도덕과 입법의 원리로 제시하였다(Bentham, 1780; 강준호 역, 2013). 따라서 그의 이론을 '양적 공리주의'라고 부른다. 그는 공리의 크고 작음을 입법 및 도덕의 유일한 기준으로 생각하여 쾌락은 선이고 고통은 악이라고 보았다. 나아가 그는 각자가 자기 공리의 최대를 구할 때 그 총계로서 사회 전체의 공리도 최대화된다고 주장하였다. 이러한 공리주의 사상에 따라, 그는 법률을 비롯한 사회과학의 모든 분야에서 '최대 다수의 최대 행복'이라는 기준에 따라 역사적이고 전통적인 제도와 사상을 검토하고 구체적인 개혁안을 제시했다. 가령 감시를 통해 사람들을 통제하는 방법을 알았던 그는 자신의 원칙에 따라 원형 교도소, 즉 파놉티콘(panopticon)을 제안했는데 이것은 감시와 경제성을 연결해야 하는 거의 모든 시설에 적용되어 그가 예로 제시한 병원, 병영, 학교, 공장 등의 근대의 모든 시설이 파놉티콘을 모형으로 하고 있다.

존 스튜어트 밀
commons.wikimedia.org/wiki/
File:John_Stuart_Mill_by_London_
Stereoscopic_Company,_c1870.jpg

하지만 산업혁명 후 빈익빈 부익부라는 자본주의의 모순에 직면하자 벤담의 제자였던 제임스 밀(James Mill, 1773-1836)의 아들 존 스튜어트 밀은 양심을 인간의 동기로 인식하지 못한 벤담의 인간 본성을 날카롭게 비판했다. 밀은 벤담이 매우 심각한 악을 행했고 또 행하고 있다고 주장하면서 벤담주의는 국가 정책 목표에 대해 자유주의적 개념의 주요 요소가 되었다고 지적했다(Mill, 1897: 401-404). 그 대신 그의 책 『공리주의(Utilitarianism)』에서 밀은 쾌락의 질적 차이를 인정하는 '질적 공리주의'를 강조하면서 "만족한 돼지가 되는 것보다는 불만족한 인간이 좋고, 만족한 바보보다는 불만족한 소크라테스가 좋다"는 유명한 말을 남겼다(Mill, 1863; 이종인 역, 2021). 그는 인간이 동물적인 본성 이상의 능력을 갖추고 있으므로 질적으로 높고 고상한 쾌락을 추구한다고 보았다. 이런 의미에서 밀은 상위 쾌락(higher pleasures)과 하위 쾌락(lower pleasures)을 구별하여 전자는 정신적, 도덕적, 미적 쾌락으로 정의하고 후자는 더 감각적이라고 정의한다. 그는 더 높은 쾌락이 더 높은 미덕을 가지고 있으므로 더 낮은 쾌락보다 더 나은 것으로 여겨져야 한다고 믿었다. 가령 그는 활동에서 얻은 즐거움이 수동적으로 얻은 즐거움보다 질적으로 더 낫다고 주장했다. 그리고 법률에 따른 정치적 제재를 중시하며 종교를 배척한 벤담과는 달리, 양심의 내부적인 제재로서 인간이 가지는 인류애를 더 중시하였다. 따라서 그는 신약 성경에 나오는 예수 그리스도의 황금률인 '대접을 받고자 하는 데로 남을 대접하는' 것과(마태복음 7:12) '이웃을 네 몸처럼 사랑'하는 것이(마태복음 22:39; 마가복음 12:31; 누가복음 10:27) 공리주의적 도덕의 이상적 완성형이라고 보았다.

그 이후에도 다른 공리주의자들이 등장했는데 간략히 언급한다면 먼저 영국의 헨리 시즈윅(Henry Sidgwick, 1838-1900)이 있다. 그는 1874년에 출판한 공리주의적 논문인 『윤리의 방법(The Methods of Ethics)』으로 철학계에서 잘 알려져 있다. 그는 벤담의 '심리적 쾌락주의'와 밀의 '윤리적 쾌락주의' 간의 불일치에 대한 불만 때문에 자신의 이론을 발전시켰는데 '심리적 쾌락주의'는 모든 사람이 항상 자신의 이익에 부합하는 일을 할 것이라고 주장하는 반면, "윤리적 쾌락주의"는 모든 사람이 공익에 부합하는 일을 해야 한다고 주장하기 때문이다. 그는 벤담과 밀 모두 누군가가 자신의 이익을 위해 타인의 이익을 희생해야 한다는 주장이 실제로 모든 사람이 항상 자신

헨리 시즈윅
commons.wikimedia.org/wiki/
File:Portrait_of_Henry_Sidgwick.jpg

의 이익을 추구할 것이라는 주장과 결합했을 때 어떤 효력을 가질 수 있는지에 대해 적절한 답을 가지고 있지 않다고 주장했다.

그러면서 그는 윤리학적 방법의 가능한 모든 시도는 이기적 쾌락주의(egoistic hedonism), 보편적 쾌락주의(universal hedonism) 또는 공리주의(utilitarianism) 및 직관주의(intuitionism)의 세 가지 접근법으로 요약될 수 있다고 하였다. 이기적 쾌락주의는 행위자가 생산하는 행복의 관점에서 행동을 정당화하는 이론을 말하며 보편적 쾌락주의 또는 공리주의는 그 행위에 영향을 받는 모든 사람의 행복에 이바지하고자 하는 것이고 직관주의는 행복을 촉진하는 것 이외의 지침이 목적에 적합한 수단일 수 있음을 나타낸다고 그는 보았다. 그러면서 그는 이기적 쾌락주의나 직관주의는 이성적인 행동을 위한 적절한 기반을 제공할 수 없다고 강조하면서 자아의 즐거움과 타인의 즐거움 사이의 명백한 갈등을 조화시키려는 보편적 쾌락주의를 그 대안으로 제시했다. 이와 동시에 그는 독일의 철학자 칸트(Immanuel Kant, 1724-1804)와 같이 사후 세계에서 행위자를 보상하고 처벌하는 인격적인 신의 존재를 가정해야 이기주의와 공리주의를 조화시킬 수 있다고 주장했다.

다음에 언급할 학자는 리처드 헤어(Richard Mervyn Hare, 1919-2002)인데 그는 영국 옥스퍼드 대학교에서 도덕철학 교수로 재직한 도덕철학자이며 이후 미국의 플로리다 대학에서도 수년간 가르쳤다. 그의 메타-윤리학 이론(meta-ethical theory)은 20세기 후반에 많은 영향을 미쳤는데 규범주의(prescriptivism)를 발전시킨 것으로 잘 알려져 있

리처드 헤어
utilitarianism.net/img/thinkers/Richard-M-Hare.jpg

으며, 도덕 담론의 형식적 특징을 분석하여 선호 공리주의(preference utilitarianism)를 정당화하였다.

그의 책들, 특히 『도덕의 언어(The Language of Morals, 1952)』, 『자유와 이성(Freedom and Reason, 1963)』 그리고 『도덕적 사고(Moral Thinking, 1981)』에서 헤어는 보편적 규범주의라고 부르는 이론을 구체화했다. 이에 따르면 '좋은', '당당한', '올바른'과 같은 도덕적 용어는 보편화 가능성과 처방성이라는 두 가지 논리적 또는 의미적 속성을 갖는다. 전자에 의해 그는 도덕적 판단이 한정된 기술이 아니라 고유명사를 제외한 유한한 보편적 용어 집합에 따라 기술하는 상황을 식별해야 한다는 것을 의미했다. 후자에 의해 그는 도덕적 행위자가 육체적으로나 심리적으로 그렇게 할 수 있을 때마다 수행해야 할 의무가 있다고 생각하는 행위를 수행해야 한다는 것을 의미했다. 즉, 누군가가 진심으로 "나는 무엇을 해야 한다"고 말한 다음 그것을 수행하지 못하는 것은 말이 안 된다는 것이다. 하지만 이것은 의지의 약함을 고려하지 않는 것처럼 보였기 때문에, 이는 그의 철학 체계의 약점으로 지적되었다.

마지막으로 언급할 학자는 피터 싱어(Peter Albert David Singer, AC, 1946- )인데 그는 오스트레일리아 출신의 철학자로 현재 미국 프린스턴대학교의 생명윤리학과의 교수로 재직 중이다. 그의 전공 분야는 응용윤리학이며, 쾌락 공리주의와 무신론의 관점을 가지고 윤리적 문제에 접근하여 그의 경력 대부분 동안 그는 헤어와 같은 선호 공리주의자였지만 폴란드의 공리주의 철학자인 카타르지나 드 라자리-라덱(Katarzyna de Lazari-Radek)과 공동 집필하여 2014년에 출간한 『우주의 관점(The Point of View of the Universe)』에서 자신이 쾌락

피터 싱어
commons.wikimedia.org/wiki/
File:Peter_Singer_2017_(cropped).jpg

주의적 공리주의자가 되었음을 밝혔다. 이외에도 그는 『동물 해방(Animal Liberation, 1975)』으로 잘 알려져 있는데 이 책은 동물의 권리운동을 하는 사람의 지침서로 알려져 있다. 이 책이 담고 있는 관점과 생명윤리학에 대한 새로운 관점은 많은 관심을 받았으며 논란의 대상이 되기도 한다.

### 3. 공리주의의 장점들

그렇다면 공리주의는 어떤 장점이 있는지 알아보겠다. 먼저 공리주의는 인간의 행복과 복지를 증진하고, 고통을 경감시킨다는 측면에서 상식적이면서도 구체적인 지침을 제공한다. 공리주의는 행복이나 쾌락을 윤리의 최고 목표로 삼으며, 행위의 옳고 그름을 그 행위가 가져다주는 결과로 판단한다. 이렇게 하면 인간의 본성에 부

합하고 실용적인 도덕을 구축할 수 있다고 주장한다. 따라서 이 사상은 논리적이면서 확실한 기준을 제시한다고 말할 수 있다. 즉 행복 제일주의인 이 사상은 잠재적으로 모든 도덕적 상황에 대한 답을 제공할 수 있는 단일 원칙이며 그래서 따라 하기도 쉽고 행복이나 즐거움을 극대화하려는 바람직한 목적이 있다. 이 세계관은 도덕성의 본질을 가지고 있으며 임의의 규칙이나 명령에 근거한 것이 아니라 행복이나 쾌락에 대한 인간의 자연스러운 욕구에 근거하며 행복이나 즐거움은 좋고 불행이나 고통은 나쁘다는 상식과 직관에 호소한다.

둘째로 이 공리주의는 '다수결의 원리'에 기초한 민주주의 의회정치 제도의 발전에 공헌했다. 개인적 공리의 추구가 반드시 사회적 공리로 나타나지는 않으므로 사회적 공리를 실현하기 위해 법은 개인의 행위를 규율하고 조정해야 하며 위정자의 부정한 이익이나 독재도 배제해야 한다. 여기에서 민주주의적 의회 제도가 요구된다. 각자 의견은 동등한 가치를 지니므로, 의견이 한쪽으로 기운다면 그 의견을 선택하고 이는 공공의 선을 실현하는 것으로 현재 민주주의 다수결의 원칙과 비슷하다. 19세기 초반 벤담을 중심으로 이루어진 '철학적 급진파(philosophical radicals)'는 보통, 비밀선거에 의한 의회개혁 운동에 나섰고, 1832년의 영국 선거제도의 개정에 커다란 역할을 했다.

셋째로 공리주의는 쾌락과 행복을 추구하는 것을 전제로 하므로 경제적 자유주의를 뒷받침한다. 실제로 공리주의는 19세기 초 영국에서 곡물조례의 폐지와 자유 무역을 주장한 자유주의적 경제 개혁의 이데올로기로 나타났다. 이러한 공리주의의 관점에서는 사회적 공리의 증대에 도움이 된다면, 정부의 간섭과 분배를 위한 사회적 입법도 정당화된다. 특히 쾌락의 질적 차이를 인정하며 벤담의 양적 공리주의에 근본적인 수정을 가한 밀은 노동입법이나 단결권의 보호, 지대(地代) 공유 주장 등을 통해 영국 사회의 개량 및 발전 방향을 제시했다.

넷째로 공리주의는 민주주의적 정치 제도와 사유재산 보호의 틀 안에서 공정하고 중립적이며 보편적이고도 점진적인 분배의 평등을 강조하는 복지 사상의 발달에도 큰 영향을 끼쳤다. 벤담은 모든 인간은 행복을 추구한다는 점에서 같다고 주장했다. 나아가 경제학에서 제번스(William Stanley Jevons, 1835-1882)나 에지워스(Francis Ysidro Edgeworth, 1845-1926) 등의 한계효용설의 성립에도 커다란 영향을 끼쳤다. 이 세계관은 지위, 인종, 성별 또는 직업과 관계없이 모든 국민의 이익을 동등하게 고려하며 특정 집단이나 개인을 다른 집단보다 편애하지 않고 최대 다수를 위한 최대 선을 목표로 한다. 이 사상은 개인의 일반적인 선택에서부터 정부의 다양한 정책 및 제도까지 아우르는 이론으로 정부가 사회 복지, 교육 확대, 인권 확대 등의 실제 정책을 입안하여 실행할 때 가장 많이 반영되는 세계관이라고 할 수 있다.

다섯째로 공리주의는 상황에 맞게 결정을 내릴 수 있도록 도와준다. 즉, 개인이나 집단 간의 이익갈등이 있을 때, 행복의 양을 대비한 결정을 내리게 도와준다는 것이다. 나아가 문화적, 시기적 상황 차이에도 유연하고 적응력이 있다. 다양한 유형의 쾌락과 고통, 이를 측정하고 비교하는 여러 방법, 다양한 경우에 원리를 적용하는 여러 가지 방법을 수용할 수 있다.

마지막으로 이 공리주의는 만물을 존중한다. 심지어 동물까지도 고통을 느끼는 존재로 인정하면서 고통이 같다면 누구의 것이든 동등하게 생각한다. 즉 지위나 나이 등에 상관없이 쾌락이라는 것으로 기준이 동일화되어 있다는 것이다. 이런 의미에서 이 세계관은 매우 적절하고 실용적으로 보인다. 즉 정치, 사회 정의, 경제, 세계 빈곤, 동물윤리, 실존적 위험 등 다양한 분야와 이슈에 적용할 수 있다.

### 4. 공리주의의 단점들

그렇다면 공리주의의 단점들은 무엇인지 살펴보겠다. 먼저 공리주의는 윤리 및 선악 판단의 명확한 근거와 기준을 제시하지 못했다. 개개인의 사익추구가 공익의 보장과 직결되는 것은 아니며 오히려 배치될 수도 있다. 이 세계관은 옳음과 좋음, 좋음과 쾌락을 동일시함으로써 도덕 판단과 사실판단을 혼동시킬 수 있다. 다시 말해 쾌락의 극대화를 추구하는 것이 무조건 옳다고 할 수 없다는 것이다. 이는 정의의 문제로 개인이 고통을 회피하고 쾌락을 추구하는 성향은 인정하나, 쾌락 추구가 무조건 선한 것이며 옳은 것이라고 할 수는 없기 때문이다. 더 큰 이득이 반드시 정의라고는 할 수 없다. 또한, 최대 행복과 최대 다수가 어긋날 때도 무엇이 옳은지 제시할 수 없다. 즉 최대 다수의 최고 행복도 구호에 불과할 수 있다. 왜냐하면, 도덕의 최고 원리가 개인의 쾌락인데, 이는 사회적 공익과 충돌할 수 있기 때문이다. 개인의 이익과 공리의 우선적 추구가 사회적 공공적 복지를 담보하기는커녕 파괴한다는 것을 역사가 증명했다. 가령 약육강식의 자유 방임적 초기 자본주의가 개인의 사익추구는 공익을 저절로 보장한다고 주장했지만, 결과는 극심한 빈부격차와 사회 구조적인 모순을 낳아 결국 수정 자본주의를 낳게 된 것이다. 그런데도 이에 대한 비판적 반성이나 보완 없이 계속해서 쾌락과 개인적 이익만을 우선적 원칙으로 고수하는 것은 설득력이 떨어진다.

밀이 벤담과는 상당히 다른 모습을 보여주면서 양적 쾌락에서 질적으로의 쾌락을 주장한 것은 돋보이는 점이다. 그러나 쾌락을 정신적 쾌락으로 대체했다는 점을 제외하면 특별히 새로운 것이 없으며, 정신적 쾌락이 비정신적, 양적 쾌락보다 우월한 가치를 가진다는 논리도 입증하기 어렵다. 물질적 쾌락이 어느 정도 충족되지 않는 상황에서는 어떤 정신적 가치도 무용지물이 될 수 있고, 현실적으로 정신적 가치에 만족하며 살 수 있는 사람도 극히 제한적일 수밖에 없기 때문이다. 무엇보다 공리주의의 결함인 사익의 추구와 사회적 공익의 조화를 어떻게 이룰 것인가에 대한 적절한 대답이 없다는 것이 밀의 치명적 한계이다. 개인을 교양하고 계몽한다고 해서 될 것이 아니고, 사회적 존재로서 인간의 속성상 구조적 변화와 변혁이 필요한데 밀은 이에 대한 언급이 없다. 따라서 공리주의는 윤리적인 선악 판단의 근거와 기준을 제시하는 데 성공하지 못했다고 말할 수 있다.

둘째로는 소수자 억압의 가능성이 있다. 왜냐하면, 다수의 행복을 실현하기 위해 소수의 행복을 침해하는 것을 정당화하기 때문이다. 따라서 소수의 의견은 무시 될 수 있으며 결과가 과정을 정당화할 수 있다. 가령 서두에서 언급한 샌델 교수의 사례에서 철로 위에 누워 있는 다섯 명의 인부는 모르는 사람이지만 다른 철로에 누워 있는 한 인부가 기관사의 가족이라면 문제는 전혀 달라질 것이며 쉽게 선로를 바꾸지 못할 것이다. 이처럼 행복은 주관적이면서 상대적일 수 있기에 공리주의의 기준을 완전히 객관적으로 정하기는 쉽지 않다. 또한, 인간의 판단도 부정확하므로 현재 선이라고 간주하여 공공으로 추구되는 것이 객관적 선이라고 판단하기 어려울 때도 있다. 왜냐하면, 현재의 행복이 미래에 고통으로 바뀔 수도 있기 때문이다. 절대적 기준이 없으므로 시대 상황이나 문화 또는 다수 계층의 성향에 따라 쾌락의 기준이 계속 달라질 수밖에 없고, 이는 다수와 권력을 가진 개인이나 집단에 의해 오용될 수도 있다.

셋째로 공리주의는 결과를 중시하고 과정을 무시하므로 도덕적 소외 또는 인격적 통합성에 관한 우려를 낳는다. 공리주의자는 개인적 결단이 필요한 순간에 항상 공익을 우선시해야 한다. 그런데 이러한 공익 우선 결정이 때로는 개인에게 치명적인 인격적 훼손을 요구한다는 것이다. 예를 들어 자신의 지식으로 무기를 만드는 데 사용하고 싶지 않은 과학자가 공익을 위해 화학무기를 생산하는 과정에 참여해야 하는 경우가 발생할 수 있다. 물론 당사자가 그러한 희생을 기꺼이 감내하는 때도 있지만, 설령 그러한 희생을 감내하지 않으려 한다고 해서 그를 도덕적으로 비난할 수는 없다면, 공리주의는 지나치게 엄격한, 그래서 오히려 도덕으로부터 인간을 소외시키는 결과를 낳을 수도 있다.

넷째로 공리주의가 말하는 최대 다수의 최대 행복을 완벽하게 수량화하여 측정할 수 없다. 쾌락은 숫자를 세 듯 셀 수 없으며, 쾌락의 질 또한 계산하기 어려운데 모든 가치는 공통된 하나의 단위로 평가될 수 없기 때문이다. 가령 50명에게 100의 행복을 주지만 100명에게 50만큼의 행복이 제공될 경우 이를 계량화했을 때 5,000 대 5,000이 되므로 어느 선택이 옳다고 결정할 수 없을 것이다. 또한, 최대 다수 최대 행복에 도달하기까지의 과정에 대한 설명이 부재한 것도 결과만 강조하는 공리주의의 약점이라고 볼 수 있다.

나아가 최대 다수라고 지칭하는 대상 역시 모호하다. 일반적으로 최대 다수는 시민을 말하지만, 시민이라는 단어가 반드시 대중을 뜻하지 않는다. 고대에서의 시민은 대다수 노예를 뺀 소수의 자유민을 뜻했고 근대의 시민도 소수의 부르주아를 뜻했다. 이 표어에서의 대다수 역시 대중이 아니고 귀족에 비해서만 다수인, 사실상의 소수 부르주아를 뜻한다고 해석될 수 있는데 왜냐하면 당시 벤담 시대의 대다수 노동자 농민은 주권도 없었기 때문이다. '최대 다

2장 공리주의(Utilitarianism)

수의 최대 행복'이라는 표어는 벤담의 공리주의를 상징적으로 잘 보여주지만, 이 표어의 의미를 확실하게 밝혀주는 일치된 학설은 존재하지 않는다. 일반적으로 이 표어는 모든 사람의 행복을 보장한다고 해석된다. 벤담은 쾌락을 수량화할 수 있고 측정 가능한 것으로 보는 철저한 양적 공리주의자이지만 사람마다 쾌락이 다르므로 개별적인 쾌락을 수량화하기는 쉽지 않다. 결국, 벤담의 관심은 행복과 쾌락의 총량이지 이의 합리적 분배나 평등이 아니었다. 벤담은 모든 사람의 행복 보장, 즉 평등을 추구하는 사회주의가 아니라 그 반대 위치에 있는 자유방임적 보수주의자였다. 따라서 이 명제는 말 그대로 최대 대중이 아니라 최대 수량을 중시한 양적 공리주의를 뜻한다고 보는 것이 타당하다.

다섯째로 공리주의는 기본적으로 인간에 대한 낙관론을 바탕으로 하고 있으므로 인간의 타락한 측면을 간과한다. 고급 쾌락을 따라야 할 사람이 때로는 저급 쾌락을 선택할 수도 있다. 나아가 쾌락 추구가 옳다는 것을 인정하더라도 이를 윤리적으로 강제하기는 어려운 부분이 있는데 이는 인간에 대한 의무론적, 낙관적 이해를 바탕으로 보기 때문이다. 즉, 인간은 쾌락을 추구하며 선을 추구하는 존재라고만 보기에 인간의 이기심에 대한 이해가 부족하다고 말할 수 있다. 공리주의는 행복과 쾌락만을 윤리의 원리로 삼는데 사실 행복이 무엇이냐는 것부터가 문제라고 할 수 있다. 물론 공리주의는 그것이 쾌락이라고 단언하지만, 쾌락을 정의하는 것도 간단치 않다. 왜냐하면, 쾌락은 주관적이기 때문이다. 고통이 없는 상태를 쾌락이라고 정의하지만, 그럴수록 더 미궁으로 빠져든다. 고통이 없는 진정한 쾌락이란 없을뿐더러 고통을 통과할 때라야 오히려 쾌락이 배가될 수도 있기 때문이다. 따라서 쾌락을 유일한 도덕의 기초로 삼은 것은 다소 섣부른 판단이라고 말할 수 있으며 공리주의자들도 이에 대해 충분히 이해할만한 설명을 하지 않고 있다. 공리주의의 쾌락이 윤리의 한 척도는 될 수 있을지라도 결코 선악을 판단하는 최고의 절대 원리는 될 수 없을 것이다.

마지막으로 공리주의는 사실상 자유방임적 자본주의의 논리를 윤리화한 것이다. 그것은 다양한 대상이 인간에게 주는 기쁨을 같은 기준으로 환원할 수 있다고 하는 전제에 입각해 있다. 가령 시와 빵은 본래 다른 기쁨을 주며 어느 쪽이 공리가 큰가는 기준이 다르다. 그러나 공리주의는 그것을 잴 수 있다고 생각하는 것이며 나아가 모든 인간이 같은 기준에 따라 생각한다고 본다. 이것은 상품 경제를 그대로 윤리화한 것이며 자본주의 사회에서는 시나 빵도 일정한 가격으로 팔린다. 사람들은 그 가격에 의해 그것이 인간에 대하여 갖는 가치를 측정하는 것이다. 결국, 공리주의란 가격을 쾌락과 고통이라고 하는 인간적 기준으로 대체한 것에 불과한 것이다. 공산주의 이론가인 마르크스(Karl Marx, 1818-1883)는 최대 다수의 최대 행복이라는 공리주의적 인간관은 지지했으나 그것이 내포한 자본주의 원칙에 대해선 비판했다. 그는 자본주의 시장 사회에서 자유롭게 이루어지는 거래에 참여한 사람은 서로 상대적 쾌락을 느꼈지만, 그것은 한정된 것이고, 절대적이고 무한한 쾌락은 결국 노동으로 인해 파급된 상품의 양과 그것을 사용할 수 있는 능력에 따라 주어진다고 보았다. 그러나 자본주의 사회에서는 다수의 노동자가 자신이 노동한 만큼 상품의 양을 분배받지 못하며, 잉여가치를 뽑아내는 용도로 착취당한다. 이런 상태가 계속되면 쾌락은 한 개인에게 쏠리게 되어있고 '생산품의 총량' 그 자체는 인류의 쾌락 증진에 도움을 주지 못한다. 따라서 마르크스는 자본주의 사회에서 잉여가치 독식에 대해 이해하지 않는 공리주의자들은 치명적 오류를 가지며 공리주의가 최대 다수의 행복을 주장하면서도 사실은 자본주의 법칙을 절대화하는 결함을 갖고 있다고 비판했다.

## 5. 공리주의의 단점들에 대한 기독교 세계관의 대안

그렇다면 이러한 공리주의의 단점들에 대해 기독교 세계관은 어떤 대안들을 제시할 수 있는가? 먼저 성경적 세계관은 무엇이 옳고 선한 것인지 분명한 기준을 제시하며 이를 실천할 것도 강조하고 있다. 즉 그것은 인간의 이성이나 상황이 아닌 절대적인 신적 명령(divine command)이라는 것이다. 가령 십계명이 그 대표적인 예가 될 수 있다. 나아가 기독교 세계관은 개인의 행복이나 쾌락보다도 하나님의 나라와 그 의를 먼저 구하는 것을 강조한다. 그리하면 하나님께서 우리에게 필요한 모든 것을 채워주신다고 약속하기 때문이다(마태복음 6:33). 나아가 하나님을 사랑하고 이웃을 자신과 같이 사랑해야 한다고 강조한다. 심지어 자신의 행복을 희생하면서 어려움을

당한 이웃을 도와주는 것이 더 귀중한 가치가 있다고 말한다. 그 대표적인 경우가 강도 만난 사람을 도와준 사마리아 사람의 이야기이다(누가복음 10:30-37). 나아가 사회 공동체도 집단 이기주의에 빠져서는 안 되며 오히려 고아와 과부 같은 사회적 약자들을 돌보아 주어야 함을 강조한다. 가령 초대 예루살렘 교회 성도들은 모든 것을 공동으로 소유하면서 자신의 재산과 소유물을 팔아서, 모든 사람에게 필요한 대로 나누어주는 사랑의 공동체로서의 모습을 보여주었다(사도행전 2:44-45). 나아가 이 땅에서 현세적인 행복만 추구하는 것이 아니라 영원한 가치를 더 중요하게 생각해야 한다고 기독교 세계관은 분명히 말한다. 따라서 공리주의가 주장하는 '최대 다수의 최대 행복'을 기독교 세계관은 하나님의 사랑과 그 사랑이 제공하는 행복으로 대체할 수 있을 것이다.

둘째로 기독교 세계관은 소수를 억압하지 않고 오히려 더 귀중히 여긴다. 예수 그리스도의 비유는 이 점을 잘 보여준다. 즉, 어떤 사람에게 양 백 마리가 있는데, 그 가운데 한 마리가 길을 잃었다고 하면, 그는 아흔아홉 마리를 산에다 남겨 두고서, 길을 잃은 그 양을 찾아 나서며 그가 그 양을 찾으면, 길을 잃지 않은 아흔아홉 마리 양보다, 오히려 그 한 마리 양을 두고 더 기뻐하는 것처럼 이 작은 사람들 가운데서 하나라도 망하는 것은, 하늘에 계신 아버지의 뜻이 아니라는 것이다(마태복음 18:12-14). 나아가 사도 바울도 교회 공동체는 한 몸이지만 그 안에 여러 지체가 있으며 몸의 지체 가운데서 비교적 더 약하게 보이는 지체들이 오히려 더 요긴하고 덜 명

2장 공리주의(Utilitarianism)

예스러운 것으로 여기는 지체에 더욱 풍성한 명예를 덧입히며 볼품 없는 지체들을 더욱더 아름답게 꾸며 주는데 이처럼 하나님께서는 몸을 골고루 짜 맞추셔서 모자라는 지체에 더 풍성한 명예를 주셨고 그 결과 몸에 분열이 생기지 않게 하시고, 지체들이 서로 같이 걱정하게 하셨다고 말한다(고린도전서 12:22-25).

셋째로 성경적 세계관은 결과와 함께 과정도 중요하게 생각한다. 성경에서 말하는 진리는 원인과 결과가 일치한다는 의미가 있다. 사과나무를 심으면 사과를 얻고 배나무를 심으면 배를 거두는 것이 진리라는 말이다. 가시나무에서 포도를 딸 수 없고, 엉겅퀴에서 무화과를 얻을 수 없다. 이처럼, 좋은 나무는 좋은 열매를 맺고, 나쁜 나무는 나쁜 열매를 맺기 마련이다. 좋은 나무가 나쁜 열매를 맺을 수 없고, 나쁜 나무가 좋은 열매를 맺을 수는 없다고 말한다(마태복음 7:16-18). 따라서 진정한 행복은 수단과 과정 그리고 결과가 모두 일관성이 있을 때 얻을 수 있다. 잘못된 방법을 사용하여 좋은 결과를 잠시 얻을 수 있을지 모르나 그것은 위선이며 진정한 행복이라고 말할 수 없다. 반대로 올바른 동기와 방법을 사용하여 좋지 않은 결과를 낳는다고 하더라도 최선을 다한 만큼 하나님과 사람 앞에서 결국은 인정받게 될 것이다.

넷째로 기독교 세계관은 최대 다수의 최대 행복을 양적으로만 생각하지 않는다. 만약 인간이 쾌락을 추구하고 고통을 피하려고만 한다면 예수 그리스도의 십자가 고난은 아무런 의미가 없을 것이며 수많은 박해를 견뎌낸 초대교회의 그리스도인들이 받았던 말로

다 할 수 없는 고통도 공리주의자에게는 부정적일 수밖에 없을 것이다. 하지만 성경에서 고난은 역설적 의미가 있다. 메시아의 고난과 죽음으로 인류에게는 구속의 축복이 주어졌고 그리스도인의 고통도 합력하여 더 큰 선을 이루는 경우가 많음을 볼 수 있다. 그러므로 쾌락은 좋은 것이고 고통은 나쁜 것이며 최대 다수의 최대 행복은 무조건 선이라고 하는 이분법적 사고는 매우 일차원적이고 유치한 발상이라고 하지 않을 수 없다.

다섯째로 성경적 세계관은 인간의 선한 면과 타락한 면을 동시에 균형 있게 설명하면서 죄성을 극복하는 방법까지도 제시한다. 즉 아담과 하와는 원래 하나님의 형상으로 아름답고 책임 있는 존재이며 선한 성품을 가지고 있었으나 선악과를 먹고 타락함으로 원죄를 가지게 되었고 그 자손으로 태어나는 사람은 모두 죄성을 가진 존재임을 인정한다. 그 결과 죄의 권세에서 벗어나지 못하고 계속해서 죄를 지을 수밖에 없는 상태이지만 예수 그리스도의 죽음과 부활의 구속 사역을 통해 구원받고 해방되어 하나님의 형상을 다시금 회복할 수 있다고 본다. 이처럼 아담 한 사람이 순종하지 아니함으로 많은 사람이 죄인 된 것 같이, 제2의 아담인 예수 그리스도 한 분이 순종하심으로 많은 사람이 의인이 되는 것이다(로마서 5:19).

마지막으로 기독교 세계관은 자유방임적 자본주의 논리에 빠지지 않고 책임의식을 가진 청지기의 삶을 강조한다. 즉 하나님 나라의 백성들은 서로 돌아보면서 자신의 이익만 추구하는 것이 아니라 전체 공동체를 늘 먼저 생각해야 한다는 것이다. 심지어 메시아로 오신 예수 그리스도 자신이 바로 이 공리주의의 희생양이 되지만 더 크신 하나님의 뜻을 이루심을 볼 수 있다. 가령 요한복음 11장에 보면 나사로가 죽은 지 나흘 만에 예수께서 다시 살리신 소문이 퍼져 나가자 많은 사람이 예수를 믿게 되었다. 그러자 그 가운데 몇몇 사람은 바리새파 사람들에게 가서, 예수가 하신 일을 그들에게 알렸고 대제사장들과 바리새파 사람들은 공의회를 소집하여 서로 이렇게 말하였다. "이 사람이 표징을 많이 행하고 있으니, 어떻게 하면 좋겠습니까? 이 사람을 그대로 두면 모두 그를 믿게 될 것이요, 그렇게 되면 로마 사람들이 와서 우리의 땅과 민족을 약탈할 것입니다."(요한복음 11:47-48) 그러자 그 해의 대제사장인 가야바가 그들에게 말하였다. "당신들은 아무것도 모르오. 한 사람이 백성을 위하여 죽어서 민족 전체가 망하지 않는 것이, 당신들에게 유익하다는 것을 생각하지 못하고 있소."(요한복음 11:49-50) 이것은 분명히 공리주의적 발상이 아닐 수 없다. 하지만 놀라운 것은 사도 요한은 이러한 인간의 계획까지도 넘어 역사하는 하나님의 섭리를 다음과 같이 설명한다. "이 말은, 가야바가 자기 생각으로 한 것이 아니라, 그해의 대제사장으로서, 예수가 민족을 위하여 죽으실 것을 예언한 것이니, 민족을 위할 뿐만 아니라, 흩어져 있는 하나님의 자녀를 한데 모아서 하나가 되게 하려고 죽으실 것을 예언한 것이다."(요한복음 11:51-52) 이처럼 이 세상의 논리는 공리주의가 지배하지만 하나님의 섭리는 그것까지도 초월하여 당신의 뜻을 이루심을 알 수 있다. 하나님 나라의 경제 원리는 집단 이기주의에 의한 빈익빈 부익부의 불평등이 확대되는 것이 아니라 사랑과 정의가 입 맞추는 사회적 연대를 더 귀한 가치로 여긴다. 이에 대한 구체적인 예로 미국의 정치경제학자 헨리 조지(Henry George, 1839-1897)는 조지주의(Georgism) 또는 지공주의(地公主義)라고 불리는 경제학파 형성에 영향을 끼쳤다. 그는 19세기 후반에 마르크스와의 논쟁에서 자본과 토지를 구

헨리 조지
commons.wikimedia.org/wiki/
File:Henry_George_c1885_retouched.jpg

분하지 않는 그를 비판하였다. 지공주의의 주된 내용을 살펴보면, 개인은 자신의 노동생산물을 사적으로 소유할 권리가 있지만, 사람이 창조하지 아니한 것 즉, 자연에 의해 주어지는 것(대표적으로 토지, 넓게 볼 때 환경 포함)은 모든 사람에게 공평하게 귀속된다는 것이다. 그가 1879년에 출간한 대표적 저서 『진보와 빈곤(*Progress and Poverty*)』은 산업화한 경제에서 나타나는 경기변동의 본질과 빈부격차의 원인 그리고 그에 대한 처방으로서 토지 가치세를 제시하고 있다.

## III. 결론

이 장에서는 공리주의라고 하는 세계관에 대해 기독교 세계관적으로 고찰해 보았다. 먼저 이 사상은 공리의 원칙(Principle of Utility)을 가치판단의 기준으로 하는 세계관으로 어떤 행위의 옳고 그름은

그 행위가 인간의 이익과 행복을 늘리는 데 얼마나 공헌하는가 하는 유용성과 결과에 따라 결정됨을 보았다. 이것은 영국에서 산업혁명이 일어나면서 자본주의가 발전하여 새로운 산업사회에서 윤리적 기준을 어떻게 정할 것인가에 대해 벤담은 양적 공리주의를 그리고 밀은 질적 공리주의를 주장했음을 살펴보았다.

나아가 이 공리주의 세계관의 장점에 대해서는 먼저 이러한 공리의 원리는 인간의 행복과 복지를 증진하고, 고통을 경감시킨다는 측면에서 상식적이면서도 구체적인 지침을 제공하며 입법이나 정치 등 모든 개인적 및 사회적 행위를 규율하게 된다. 둘째로 이 공리주의는 '다수결의 원리'에 기초한 민주주의 의회정치 제도의 발전에 공헌했다. 셋째로 공리주의는 쾌락과 행복을 추구하는 것을 전제로 하므로 경제적 자유주의를 뒷받침한다. 넷째로 공리주의는 민주주의적 정치 제도와 사유재산 보호의 틀 안에서 공정하고 중립적이며 보편적이고도 점진적인 분배의 평등을 강조하는 복지 사상의 발달에도 큰 영향을 끼쳤다. 다섯째로 공리주의는 상황에 맞게 결정을 내릴 수 있도록 도와준다. 마지막으로 이 공리주의는 만물을 존중한다. 따라서 개인의 일반 선택에서부터 정부 제도까지 아우르는 이론으로 이 공리주의는 정부가 사회 복지, 교육 확대, 인권 확대 등의 실제 정책을 입안하여 실행할 때 가장 많이 반영되고 있는 세계관이라고 할 수 있다.

하지만 이 사상의 단점들에 대해 먼저 윤리 및 선악 판단의 명확한 근거와 기준을 제시하지 못했고 둘째로는 소수자 억압의 가능성이 있으며 셋째로 공리주의는 결과를 중시하고 과정을 무시하므로 도덕적 소외 또는 인격적 통합성에 관한 우려를 낳는다. 넷째로 공리주의는, 최대 다수의 최대 행복이라는 것을 완벽하게 수량화하여 측정할 수 없으며 최대 다수가 지칭하는 대상 역시 모호하고 다섯째로 공리주의는 기본적으로 인간에 대한 낙관론을 바탕으로 하고 있으므로 인간의 타락한 측면을 간과한다. 마지막으로 공리주의는 사실상 자유방임적 자본주의의 논리를 윤리화한 것이다.

　이러한 공리주의의 약점들에 대해 기독교 세계관은 이론적이면서도 실제적인 대안을 제시할 수 있음을 논증하였다. 먼저 성경적 세계관은 무엇이 옳고 선한 것인지 분명한 기준을 제시하며 이를 실천할 것도 강조하는데 그것은 인간의 이성이나 상황이 아닌 십계명과 같은 절대적인 신적 명령이라는 것이다. 둘째로 기독교 세계관은 소수를 억압하지 않고 오히려 더 귀중히 여기며, 셋째로 성경적 세계관은 결과와 함께 과정도 중요하게 생각한다. 넷째로 기독교 세계관은 최대 다수의 최대 행복을 양적으로만 생각하지 않으며 고통이 오히려 축복의 근원이 될 수도 있음을 강조한다. 다섯째로 성경적 세계관은 인간의 선한 면과 타락한 면을 동시에 균형 있게 설명하면서 죄성을 극복하는 방법까지도 제시한다. 마지막으로 기독교 세계관은 자유방임적 자본주의 논리에 빠지지 않고 책임의식을 가진 청지기의 삶을 강조한다. 즉 하나님 나라의 백성들은 서로 돌아보면서 자신의 이익만 추구하는 것이 아니라 전체 공동체를 늘 먼저 생각해야 한다는 것이다.

하지만 이 공리주의적 세계관은 현대 사회에 여전히 많은 사람에게 적지 않은 영향을 미치고 있다. 대부분 정부가 어떤 정책을 세워 집행할 때에도 대부분 이 공리주의를 원칙으로 삼는다. 특히 새로운 복지 제도를 제공할 때 가능한 많은 국민에게 혜택이 돌아가도록 나름대로 노력하고 있다. 하지만 여전히 그러한 복지 정책에도 사각지대가 존재한다. 이런 소외된 이웃을 교회가 특별히 사랑으로 섬길 때 그들은 진정으로 감사하게 될 것이다. 동시에 그리스도인들은 계속해서 이 세계관에 대해 예의주시하면서 올바로 대응해 나가야 할 것이다.

3장

# 실용주의
(Pragmatism)

I. 서론

실용주의(實用主義, Pragmatism)는 1870년 무렵 미국에서 서부개척이라고 하는 프런티어 시대를 배경으로 시작된 세계관으로 생각이란 설명이나 재현 또는 실재의 반영 등과 같은 것이 아니라, 예측 및 문제 해결 그리고 행동과 같은 실천을 위한 수단에 불과하므로, 어떤 철학적 생각이든, 그 가치는 그것을 행동으로 옮겼을 때 나타나는 결과의 유용성으로 판단해야 한다고 보는 사상이다. 따라서 이 세계관은 지식의 본질이나 언어, 개념이나 의미 및 과학과 같은 주제 모두가 그 나름의 특정한 유용성과 성과를 기준으로 볼 때 가장 잘 드러낼 수 있다고 주장한다. 그래서 이 실용주의는 세계를 불변한 것으로 파악하는 것이 아니라 세계를 변화시키는 결과를 강조하여 영국의 공리주의처럼 결과주의(consequentialism)라고도 부른다.

이런 실용주의를 주장한 대표적 사상가들로는 찰스 퍼스(Charles Sanders Peirce, 1839-1914), 윌리엄 제임스(William James, 1842-1910) 그

리고 존 듀이(John Dewey, 1859-1952) 등이 있다. 퍼스가 실용주의의 근본원리를 처음 제시하여 씨를 뿌렸다면 제임스는 퍼스의 이론에 행동적 요소를 도입함으로써 실용주의를 체계화하여 꽃을 피웠으며 듀이는 이 행동적 요소를 더욱 강조하면서 이 세계관을 개인적 관심에서 사회적, 교육적 관심으로 발전시켜 열매를 맺었다고 할 수 있다. 이론적으로 퍼스는 의미론(theory of meaning)에 역점을 두었고, 제임스는 진리론(theory of truth)을, 나아가 듀이는 도구주의(instrumentalism)로 발전시켰다고 말할 수 있겠다.

오늘날에도 이 실용주의는 미국뿐만 아니라 다른 나라에서도 큰 영향력을 미치고 있는데 해외에서 이 주제를 다룬 문헌은 다수 있으며(Putnam, 1995; Menand, 1997; Brent, 1998; Hookway, 2000; Rescher, 2000; Biesta, & Burbules, 2003; Haack, & Lane, 2006; Bacon, 2013), 국내에서도 이러한 주제로 출판한 학자는 있으나(김영태, 1999; 유명걸, 2005; 정해창, 2005; 이유선, 2010, 2012), 기독교 세계관으로 이를 다룬 학자는 손봉호 교수(1986: 51-56) 외에는 별로 없다. 따라서 이 장에서는 기독교 세계관으로 실용주의를 더욱 깊이 고찰하되 먼저 이 세계관의 내용을 구체적으로 분석한 후 이 세계관이 매력적으로 보이는 장점들이 무엇인지 생각해봄과 동시에 이 사상이 드러내는 단점들은 없는지 살펴보겠다. 그 후 이 단점들에 대해 기독교 세계관은 어떤 대안을 제시할 수 있는지 언급한 후 결론을 맺겠다.

## II. 실용주의에 대한 기독교 세계관적 고찰

### 1. 실용주의의 내용

실용주의는 어떤 형식적인 틀이나 원칙으로 이루어진 사상이나 이론이 아니고, 사람마다 자신의 경험에 근거하여 서로 다른 주장을 펼칠 수 있음을 인정하며, 어떤 논쟁은 끝없는 평행선을 달릴 수도 있으므로, 그 주장이 현실 세계에서 실제로 어떤 차이를 보이는지 살펴보자는 태도이다. 따라서 이 세계관은 인간의 지적 활동이, 문제에 대한 의심에서 시작하여 이 문제를 해결하기 위해 가설을 생각해내는데 그치지 않고, 그 가설을 실제로 검증해 봄으로써 문제 해결에 도달할 수 있다고 본다. 이처럼 실천적 과정을 거쳐 문제가 해결되면 우리는 이전보다 더 나은 삶을 살아갈 수 있다는 것이 실용주의의 주장이다. 이런 의미에서 한국의 속담인 '꿩 잡는 것이 매다'는 이 세계관을 잘 표현한다고 말할 수 있다.

실용주의의 관점에서 이 세계는 끊임없이 변하는 우연적인 세계이며 인간은 다른 생물과 마찬가지로 변화하는 환경에 적응하기 위해 노력하는 유기체일 뿐이다. 따라서 인간의 지식은 이 세상에 적응해서 살아남는데 필요한 일종의 생존 수단이며, 옛 철학자들이 주장하듯 '영원불변한 진리'란 존재하지 않는다고 본다. 이는 마치 절대적으로 옳은 것은 없다는 상대주의처럼 보일 수 있다. 하지만 실용주의는 문제에 관한 결과와 그 결과가 가져오는 실용성에 대해서는 옳고 그름을 판단하기 때문에 상대주의와는 다르다고 말할 수 있다. 즉 생각은 이래도 되고 저래도 될 수 있겠지만, 결국 그 생각이 낳는 효과에 대해서는 그것이 우리의 삶에 어떤 실질적인 변화를 가져오는지 판단하여 그 생각을 받아들일지, 거부할지를 정하기 때문에, 실용주의를 단순히 상대주의라고는 할 수는 없다.

이러한 실용주의 세계관의 생성과 전개에는 아래 몇 사상이 영향을 미친 것으로 볼 수 있다. 첫째는 경험적 방법에 의존하고 구체성과 현실성을 중시하며, 효용성(utility)을 진리의 기준으로 삼은 영국의 경험론과 공리주의의 영향이다. 둘째로 세계는 계속 변화하고 진보하는 것으로 보면서 생물 진화론을 주장했던 다윈(Charles Robert Darwin, 1809-1882)의 영향이다. 셋째로 전형적인 미국인들의 프론티어 정신이다. 그들은 금광을 찾아 서부개척을 할 때 하루하루 변화와 성장 그리고 발전을 실감하였고 따라서 추상적인 사색보다는 실용성을 판단의 척도와 가치 기준으로 삼았다. 이런 정신을 배경으로, 변화와 진보 그리고 행동의 철학인 실용주의가 등장한 것이다.

따라서 실용주의는 실천적 효과나 가능성을 고려하여 개념이나 사고를 명확하게 하려고 한다. 퍼스는 이를 '실용적 격률(pragmatic maxim)'이라 부르며, 어떠한 대상에 대한 개념은 대상의 효과에 대해 주어진 실천적인 정보로 인해 생각할 수 있는 함의의 일반적 범위와 같다는 생각이다(Peirce, 1878). 이 사상은 신념이나 진리를 고정된 것이 아니라 상황에 따라 변할 수 있는 것으로 보며, 그것들이 우리의 실생활에 있어서 어떠한 실천적 차이를 나타내는가에 따라서 결정되어야 한다고 본다. 제임스는 이를 '진리의 이론'이라고 부르며, 우리의 관념이 참인지 거짓인지의 문제는 그것이 우리의 실천에 구체적으로 어떤 영향을 미치느냐에 달려 있다고 주장하였다. 나아가 이 사상은 원칙보다 실용성을 중시하므로 추상적이거나 관념적인 철학상의 논쟁을 지양하며, 세계를 불변의 것으로 파악하는 것보다는 세상을 변화시키는 것에 더 초점을 맞춘다.

미국의 사상계는 원래 영국의 지배를 받던 식민시대 이래 19세기 후반에 이르기까지 주로 독일 관념론의 영향을 많이 받았다. 그러나 남북전쟁 이후에 급속한 발전을 이룬 미국의 자본주의는 정치나 경제뿐만 아니라 사상 면에서도 유럽에서 벗어나 독자성을 확립하게 되었다. 그러면서 이 실용주의가 등장하는데 이는 자본주의 및 근대과학적 사고방식과 미국의 전통적 청교도주의와 조화를 꾀하기 위해 퍼스를 중심으로 1872년에 결성된 '형이상학 클럽(The Metaphysical Club)'이라고 불린 일련의 학자들에 의해 시작되었다. 그들 가운데는 철학자뿐만 아니라 자연과학, 법학, 역사학, 신학, 심리학 등 여러 전문 분야의 학자들이 있었다. 그러므로 실용주의는 한 개인의 노력이나 재능에 의해서 이루어졌다기보다는 당시 미국의 현실적 상황에서 여러 학자가 함께 발전시켰다고 말할 수 있다. 그렇다고 해서 이 실용주의가 유럽의 전통적 사상과 아무 관련이 없는 것은 아니며 영국의 경험론, 공리주의 및 과학주의의 흐름을 따르면서도 그것에 머무르지 않고 종래의 추상적이고 관념적인 여러 논쟁을 지양하고 극복하려는 데 그 독자적 성격이 있다.

이 실용주의란 용어는 어원적으로 볼 때 희랍어의 '프라그마(πραγμα)'에서 유래한 것으로 퍼스는 이 용어를 독일의 관념론 철학자 칸트가 '실천이성(praktischen Vernunft)'의 명령을 프락티쉬(praktisch)와 프라그마티쉬(pragmatisch)로 나누어 전자를 선험적(先驗的) 또는 정언적(定言的), 후자를 경험적(經驗的) 또는 가언적(假言的) 의미로 사용한 그의 용법에 따라 채용하였다(Kant, 1788). 퍼스의 이론은 '의미의 이론'이라고 부르는데, 그에 의하면 사물에 관한 명확한 관념은 필연적으로 실제 결과나 가능성을 갖는 것이기 때문에 우리의 관념을 명석하게 하기 위해서는 그 관념의 실제적 결과나 가능성을 고찰하면 된다고 하였다. 나아가 우리의 관념이나 사고활동은 회의를 해소하고 확고한 행동을 가능케 하는 신념을 확립하는 데 있으며 신념이란, 곧 우리가 어떤 상황에 부닥쳤을 때 어떤 행동을 취해야 할 것인가를 지시해 주는 것이다. 이것이 퍼스의 실용주의적 근본원리이다.

이러한 퍼스의 이론에 더욱더 행동적 요소를 도입함으로써 실용주의를 '진리의 이론'으로 전개한 사람은 제임스이다. 퍼스의 이론에서는 대상에 관한 우리의 사고가 명확한 판단에 도달하기 위해서는 우리의 사고 안에 일정한 신념을 확립하면 된다고 보았다. 그러나 제임스에 의하면, 우리의 관념이 참인지 거짓인지의 문제는 그것이 우리의 실생활에 있어서 어떠한 실천적 차이를 나타내는가에 따라서 결정되어야 한다. 다시 말하면 어떤 관념의 진위는 그 자체로서는 결정되지 않으며, 다만 그것이 사실에 적합한지 아닌지를 보아서 결과가 유효하다고 검증(檢證)된다면 그것은 참(verity)이다. 그러므로 시공간을 초월한 절대적 진리는 없으며 진리의 기준은 오직 실생활에서의 유용성에 두어야 하므로 진리는 상대적이고 변한다는 것이다(James, 1907).

나아가 실용주의는 듀이에 의해 행동적 요소가 더욱 강조되었고 개인적 관심에서 사회적 관심으로 발전하게 된다. 그의 사상은 보통 '도구주의' 또는 '실험주의(experimentalism)'라고 하는데 이는 우리의 모든 관념이나 사상은 우리의 현실 생활에서 일어나는 문제 해결을 위한 도구에 지나지 않는다고 보기 때문이다. 인간도 생물의 일종이므로 환경과의 상호작용 없이는 살아갈 수가 없고 경험이란 곧 이러한 상호작용에 지나지 않으며, 우리의 경험이 순탄하지 못할 때 그것을 타개하기 위한 기능이 다름 아닌 사고작용이라는 것이다(Dewey, 1938). 생활경험의 한 가지 기능으로서 발달하여 장래를 예상할 수 있는 지성을 그는 특히 '창조적 지성(creative intelligence)'이라고 부른다. 그것은 결국 인간이 장래에 더 잘살기 위한 불가결의 방법이며 도구에 지나지 않는다는 것이다(Dewey, Moore, et. al., 1917). 특히 그는 이 실용주의를 교육에 적용하여 미국 교육 제도의 발전에 크게 공헌하였다.

결국, 실용주의는 엄밀한 철학이라기보다 생활의 철학이요, 상식의 철학이라고 말할 수 있다. 그것은 진실을 실생활에서의 유용성에 의해 결정하는 점에서 공리주의이며, 진리는 경험으로 검증되고 변화한다고 보는 점에서 경험주의적이며, 과정보다 결과를 더 중시한다는 점에서 결과주의이고, 지식보다는 행동을 중시하는 점에서 반주지주의적 행동주의라고 할 수 있다.

## 2. 대표적인 실용주의자들

대표적인 실용주의 사상가들로서는 무엇보다 먼저 퍼스를 언급하지 않을 수 없다. 그는 미국의 매사추세츠(Massachusetts)에서 태어났으며 부친은 하버드대학 교수였다. 그는 어릴 때부터 부친으로부터 수학, 과학, 철학을 배웠고 하버드대학에서 화학을 전공하는 등 그의 연구 분야는 철학, 논리학, 수학, 과학, 윤리학, 미학 등 광범위하였다. 그는 실용주의의 격률로서 '관념을 명석하게 하는 방법'을 제시하고 있다. 퍼스는 "어떻게 우리의 관념을 명확하게 할 수 있는가(How to Make Our Ideas Clear)"라는 논문에서 관념의 의미를 실험적 방법에 따른 결과에서 구하고 있다(Peirce, 1878). 예를 들어 가소성(可塑性)이라는 관념이 있는데 가령 찰흙을 손가락으로 누르면 손가락이 누른 그대로 있을 때 그것은 가소성이라는 의미에 맞는 것이다. 이럴 때 가소성이라는 관념은 참된 의미의 관념이라고 할 수 있다. 퍼스는 관념을 프랑스의 철학자 데카르트(René Descartes, 1596-

찰스 샌더스 퍼스
commons.wikimedia.org/wiki/
File:Charles_Sanders_Peirce.jpg

1650)처럼 사변적으로 명료하게 하는 태도는 매우 주관적이라고 생각했기 때문에 반대했으며 그에게는 실험이 가장 확실한 객관적 인식방법이었다. 퍼스는 그의 "신념의 확정(The Fixation of Belief)"이란 논문에서 사람이 신념을 얻게 되는 방법으로 고집의 방법, 권위의 방법, 선험적 방법, 과학적 방법의 네 가지를 들면서 이 중에 과학적 방법이 가장 객관적이고 합리적이며 확실한 방법이라고 주장한다(Peirce, 1877).

고대 그리스의 철학자 플라톤은 이데아(ιδέα)라는 관념을 제시하면서 이것은 이성으로 보아야 한다고 했다. 이러한 유산을 이어받은 데카르트는 생각하는 존재의 당위성(Cogito ergo sum)을 주장했다. 즉 명석하고 판명한 관념을 얻는 데 필요한 명료한 진리는 이성이나 생각이라는 것이다. 하지만 퍼스는 명료한 진리를 얻으려면 실험과 실천, 행위를 해보아야 안다고 주장한다. 다시 말해 어떤 이론이나 가설은 실제로 해보아야 알 수 있다는 것이다. 그래서 퍼스에게 의미란 실험했을 때 얻은 결과가 된다. 우리의 생각은 어떤 규칙에 따라서 이루어지며 세계를 구성하는데 의미가 있기에 세상이 존재하는 것이 아니라, 그것이 현실에 존재하기 때문에 의미가 있는 것이며 현실에 존재하는 것을 우리가 확인할 수 있을 때 그것은 진짜 존재하는 것이다. 이런 의미에서 퍼스는 '실용주의의 아버지'라고 불린다.

하지만 그의 말년의 모습은 그의 실용주의 세계관과는 다르게 생활한 것으로 보인다. 왜냐하면, 그는 수입을 넘어서는 과도한 지출로 결국 심각한 재정 및 법적 어려움을 겪었기 때문이다. 그는 마지막 20년 동안은 겨울에 난방할 여유도 없었고 동네 제빵업자가 기증한 오래된 빵으로 연명했으며 새 편지지를 살 수조차 없어 오래된 원고의 뒷면에 글을 썼고 미지급 채무에 대한 영장이 발부되어 한동안 뉴욕시에서 도망자 생활을 하기도 했는데 나중에 그의 형제와 이웃 그리고 친척을 포함한 여러 사람이 그의 빚을 청산하고 재산세와 저당을 지급했다고 한다(Brent, 1998: 191, 246, 271).

두 번째로 대표적인 실용주의 사상가인 제임스는 뉴욕에서 태어났으며 소년 시절에는 정식 학교 교육을 거의 받지 않았고 그의 아버지와 많은 여행을 하면서 견문을 넓혔다. 10대 말엽에 하버드대에 입학하여 화학, 해부학, 생물학, 의학을 공부하였고 독일 베를린대학에서 철학도 공부하였다. 그는 미국에서 심리학을 최초로 강의하여 '미국 심리학의 아버지'라고도 불린다.

그의 실용주의는 고전적 경험론을 수정하여 급진적 경험론(radical empiricism)이라고 하는데 이 용어는 그의 책 『진리의 의미(The Meaning of Truth)』에서 언급하였다(James, 1909). 그는 경험이란 특별한 것들 그리고 그 특별한 것들 사이의 관계를 포함한다고 주장한다. 보다 구체적으로 말한다면 어떤 철학적 세계관이 만약 물리적인 차원

윌리엄 제임스
commons.wikimedia.org/wiki/
File:William_James_b1842c.jpg

에 멈추고 어떻게 의미, 가치들 그리고 의도성이 그것으로부터 일어났는지 설명하지 못한다면 결점이 발생한다고 말한다(James, 1912: II § 1). 이 말은 철학자들 가운데서 논의할 수 있는 유일한 것들은 경험으로부터 끌어온 용어들 안에서 정의된 것들이라고 한다. 사실상 우리의 경험은 연결된 다양한 유형들뿐만 아니라 연결되지 않은 실재들을 포함하고 있다. 그것은 의미와 가치로 가득 차 있다. 따라서 그는 우리의 세계관은 특별한 초자연적 경험의 연결된 지지를 필요치 않고 자기의 권리 안에서 지속적이고 연결적인 구조를 소유한다고 말한다. 그의 책 『근본적 경험론에 관한 시론(Essays in Radical Empiricism)』에서 전개한 이론에 따르면, 철학적 논의는 모두 경험으로부터 시작되어야 하며, 여러 사물 간의 관계는 '사물 자체'가 아니라 경험과의 관계에서 사실로서 기술하며, 그 경험의 여러 부분은 초월적 기반을 필요로 하지 않고 경험 자체의 연속적 구성에 의존한다고 하였다. 이러한 요청과 기술 및 귀결을 포함한 인식론의 입장을 그는 급진적 경험론이라 하였다. 좀 더 자세히 살펴보면 다음과 같다.

첫째, 급진적 경험론에서는 인간의 삶과 역사인 세계를 동적으로 그리고 지속적인 흐름으로 파악한다. 그에 의하면 우리는 이 가지에서 저 가지로 날아 앉는 새를 볼 때, 가지와 새를 볼 뿐, 이 가지에서 저 가지로 날아 옮기는 운동을 놓친다는 것이다. 즉, 사람은 사건의 명사적 사태에만 주목할 뿐 사건들을 결합하는 관계적 사태나 전환적 사태(transitive state)를 간과한다는 것이다. 그에 의하면 영국 경험론에서는 명사적 사태의 경험을 위주로 하는 데 반하여, 급진적 경험론에서는 명사적 사태뿐 아니라 관계적 사태의 경험을 포함한다는 것이다.

둘째, 급진적 경험론에서는 사물을 부분적으로 파악하지 않고 전체적으로 파악한다. 영국 경험론에서는, 예를 들어 책상의 관념은 그 책상을 이루고 있는 부분적 관념들인 색채의 관념, 굳다는 관념, 형태의 관념들을 결합하여 만들어진 것이다. 제임스의 급진적 경험론에서는 부분들(many)과 전체(one)가 구분되지 않고 이것들이 하나로 결합된 채(many in oneness) 직접 우리에게 주어지는 것으로 본다.

셋째, 급진적 경험론에서는 인식에서 주관과 객관의 구별을 배제한다. 영국 경험론에서는 인식하는 주체와 인식되는 객체는 서로 구별된다. 인식하는 주체가 인식되는 객체를 거울과 같이 수동적으로 받아들이는 데서 인식이 성립하므로 영국 경험론에서의 경험은 능동적인 것이 아니고 수동적인 것이다. 그러나 급진적 경험론에서는 인식에서 주관과 객관은 서로 분리되지 않는다(James, 1912; 정유경 역, 2018).

제임스에게 진리의 기준은 실생활의 유용성이다. 실생활에서 나에게 필요한 진리는 유용해야 하고 또 유용한 것은 진리가 된다. 우리가 실생활을 살 때, 대체로 '어떻게 하면 어떻게 된다'라고 하는 과정과 설명서는 이러한 제임스의 진리론을 뒷받침하고 있다. 그래서 실제로 작용하는 법칙이나 이론을 정립하는 것이 실용주의의 위대한 유산이라고 할 수 있다. 진리란 어떤 실제적 행위의 결과가 만족스러운 결과를 나타내는 것이 진리이다. 숲속에서 길을 잃은 사람이 소의 발자국을 따라가면 된다는 것을 믿고 따라갔더니 인간을 찾았다는 결과를 도출했을 때 그것은 진리이다. 그리고 그 결과를 도출했던 방법들은 설명서가 되어 하나의 진리가 된다. 이런 의미에서 제임스는 진리에도 현금 가치(cash value)가 있다고 말하는데 이는 우리가 알고 있는 지식에도 정도가 있고 이것을 현금으로 바꿨을 경우 그 중요성이 달라진다는 것이다(James, 1907).

제임스의 실용주의에서 핵심 사상은 그의 실용적 진리관이다. 그에 의하면 실용주의는 어떤 세계관이나 강령이나 교리를 갖는 것이 아니고 하나의 방법에 불과(a method only)한 것이다. 그래서 실용주의는 호텔의 복도처럼 여러 학설의 중간에 있다. 실용주의라는 복도를 향해 문이 나 있는 한 방에서는 무신론에 관한 책이 저술되고 있고, 그 옆방에서는 어떤 신자가 엎드려 기도하고 있으며, 다른 방에서는 형이상학을 세우고 있고, 또 다른 방에서는 형이상학의 불가능을 논증하고 있다. 이들은 모두 이 복도를 제 것으로 생각하고 있으며, 이 복도를 통해 자기 방으로 들어가고 있다는 것이다. 둘째로 제임스에 의하면 우리의 진리(관념. 이론. 지식)는 확정된 것도 최종적인 것도 아니고, 하나의 가설에 불과한 것이다. 셋째로 진리란 인간들의 성공을 통하여 만들어지는 것일 뿐, 진리는 여기저기 곳곳에 있다. 따라서 우리의 관념이 참된 것이 되기 위해서는 어떤 결과, 즉 실제적 현금 가치(practical cash value)를 지녀야 한다. 넷째로 우리의 관념이 의미 있고 참된 것이 되기 위해서는 경험에 기초해 있어야 하고, 경험적으로 검증될 수 있어야 한다. 다섯째로 진리와 유용성은 밀착되어 있는데 유용성이 진리의 징표이고 유용한 관념이 진리라는 것이다. 여섯째로 실용주의는 미래지향적인 사상이다 (James, 1907).

세 번째로 실용주의를 대표하는 학자는 듀이로 그는 버몬트(Vermont)주 벌링톤(Burlington)에서 태어나 버몬트 대학을 졸업한 후 잠시 교편을 잡았다. 그는 대학 시절부터 철학 고전을 광범위하게 읽었으며 나중에 콜롬비아 대학의 교수로 재직하였다. 그는 여러 사상가의 영향을 많이 받았으나 특정한 한 전통에 사로잡히진 않았다. 그도 모든 가치를 유용성 입장에서 파악하였으며, 인간의 관념과 사고를 문제 해결을 위한 도구로 보았다. 우리의 지식은 도구이며 모든 도구가 그러하듯 그 가치는 도구 속에 있는 것이 아니라 그 작용의 능력, 즉 사용된 결과에 있다는 것이다. 그는 인간의 정신활동을 시행착오(trial and error)의 과정이라고 생각했으며 다윈의 진화론에 영향을 받아 인간을 하나의 유기체로 보았다. 인간은 다른 생물들과 마찬가지로 특정한 자연 및 사회문화환경에서 태어나 그 환경과의 상호작용을 통해 살아가면서 수많은 문제에 부딪히게 되는데 그 문제 해결에 적용되는 진리, 이론적 관념이나 개념 등은 현실

존 듀이
commons.wikimedia.org/wiki/
File:John_Dewey_cph.3a51565.jpg

적 활동의 도구라고 할 수 있다. 그에 따르면, 도덕의 목적은 성장 그 자체이고 정직이나 절제 등은 경험의 질적 변화의 과정이며, 개념과 이론의 가치는 그것의 사용 결과에 따라 판단될 수 있다.

하지만 다원주의와는 달리 그는 인간을 환경을 적극적으로 변혁하고 개선해 나가는 능동적 주체로 보면서 그의 실용주의 사상을 토대로 진보주의적 교육관을 주장하였는데 그 일반적 특징은 다음과 같다. 먼저 정신은 행동의 한 요소이고, 정신의 발달은 행동으로 관념을 검사, 수정 및 확대하는 실험적인 경험을 통하여 이루어진다. 또한, 교육이란 실험적인 경험을 도와 끊임없는 개조를 촉진하는 것이며, 이는 간접적으로 환경을 매개로 해서만 가능하다. 따라서 교육의 임무는 아동이 가치 있는 활동을 할 수 있도록 환경을 만들어주는 것이고, 학교는 가장 잘 배려되고 설계된 특수한 교육 환경이 되어야 한다. 즉, 학교는 암기와 시험에 의한 수동적인 학습 장소가 아니라, 그 속에서 아동의 활동적인 사회생활이 이루어지는 작은 사회가 되어야 한다. 나아가 학교는 아동을 위해 있는 것이므로 학교의 건물과 설비, 교과과정 및 교육방법은 아동에게 적합한 것으로 고쳐야 하며 커리큘럼은 아동의 사회생활을 기초로 해야 하고 기성의 교과목에만 의해서는 안 된다. 그리고 아동의 창조적 활동이 모든 학습에 걸쳐 장려되어야 하며 교과서 중심의 과학교육이 아닌 유용한 직업의 현장실습교육이 중요하다고 그는 강조했다(Dewey, 1899, 송도선 역, 2022; Dewey, 1916, 이홍우 역, 2007). 1894년에 듀이는 갓 창립된 시카고 대학교로 자리를 옮겨 자신의 지식에 대한 경험주의적 신념과 학교 제도에 대한 실용주의적 주장을 펼칠 수 있었고 이 대학에 재직하는 동안 '시카고 대학 실험 학교(University of Chicago Laboratory Schools)'를 창립하여 자신의 주장을 실천에 옮겼다.

나아가 그는 한 행위가 개인 자신에게나 타인에게, 더 나아가 전체 공동체에 유용하다면 긍정적으로 평가한다. 이때의 주관적 감각들은 '자기애(自己愛)'와 '공감(共感)'이라는 두 원리에 근거한다. 그에 의하면, 유용성으로서의 진리란 관념과 이론이 경험의 재조직화에 도움이 된다는 것을 의미한다. 도로의 유용성은 도로로서 기능하는지에 의해서 측정되며 관념이나 가설의 진리를 측정하는 척도로써 유용성도 마찬가지다. 현실 생활의 인간에게 실질적으로 도움이 되는 것은 이로운 것이고 좋은 것이며, 도덕이나 윤리는 변화하고 성장한다. 어떤 관념이든지 그 자체가 신념으로 쓸모 있는 것이라면 참된 관념으로 볼 수 있다. 그것들은 자연 세계 안의 여러 사실을 정확히 예측하게 하고, 인류의 온갖 운명과 상황에 대처하는 데 도움을 준다. 관조(觀照)나 명상적인 생활에 대한 동경은 자연과 인간 사이의 관계에 대한 그릇된 사고에 의해 생긴 것이다. 관조는 아무런 일도 해내지 못하기 때문에 가치가 없다. 도덕적 선은 항상 변화하는 것이며 보편적 행위의 동기나 목적이 아니라 개별적 행위의 결과이다. 그에 의하면 지성이 올바른 생활의 도구가 되었을 때 도덕이 된다.

듀이는 처음에는 헤겔에서 출발했지만, 제임스의 책을 읽은 후 실용주의와 다윈의 이론을 합쳐 도구주의를 만들었다. 진리란 관념과 사상 그 자체로는 의미가 없고 우리 실생활의 문제를 해결하는 도구가 되었을 때만 드러난다고 생각한 것이다. 인간은 생명체이고 생명을 보존하려는 목적이 있으므로 이성도 하나의 도구가 되어서 사회생활에서 만나는 문제를 해결하기 위해서 만들어진 것이다. 지식이나 사상은 결국 현실적 문제를 해결하기 위한 도구이며 인간은 주어진 환경을 능동적으로 바꾸어나가고 문제를 예측하기 때문에 미래를 열어 놓고 대비할 수 있다. 듀이 이후에도 실용주의는 계속해서 여러 학자에 의해 발전되어왔는데 1960년대에 윌러드 반 오먼 콰인(Willard Van Orman Quine, 1908-2000)과 윌프리드 셀러스(Wilfrid Stalker Sellars, 1912-1989)가 논리실증주의를 비판하기 위해 수정 실용주의를 주장했다. 이들에게서 영감을 받은 힐러리 퍼트넘(Hilary Whitehall Putnam, 1926-2016), 로버트 브랜덤(Robert Boyce Brandom, 1950-) 및 리차드 로티(Richard McKay Rorty, 1931-2007)는 신실용주의를 발전시켰다. 현대 실용주의는 크게 엄격한 분석 전통과 수잔 하크(Susan Haack)같이 퍼스, 제임스 및 듀이의 작업을 고수하는 '신고전적' 실용주의로 나눌 수 있다.

## 3. 실용주의의 장점들

그렇다면 실용주의는 과연 어떤 장점이 있는지 생각해보겠다. 먼저 이 세계관은 매우 현실적이고 유연한 사고방식을 제공한다고 말할 수 있다. 이러한 미국의 실용주의는 원래는 영국의 공리주의로부터 영향을 받았으나 미국의 상황, 특히 역사적으로 서부개척시대에 매우 필요한 방식이었는데 왜냐하면 개척자들이 살아남기 위해서는 사변에 머물러 있을 수 없고 매일 매일 그리고 순간마다 새로운 상황과 도전에 적절히 대처하기 위해 자신의 경험과 지식을 사용해야 했기 때문이다. 이것은 지금도 미국인의 세계관을 대변한다고 말할 수 있으며 미국을 넘어 전 세계적으로 영향을 미치고 있다.

둘째로 실용주의는 따라서 사회생활에서 부딪치는 문제를 해결하는 데 도움이 되는 지식을 강조한다고 볼 수 있다. 사실 실용주의는 추상적이고 무의미한 논쟁을 지양하기 위하여 제안되었다고 볼 수 있다. 실용주의자들은 각각의 의견이 낳을 실제적 결과들을 밝힘으로써 논쟁의 핵심을 명확하게 할 수 있다고 보았다. 따라서 이 사상은 끝없는 형이상학적 논쟁의 실제적인 귀결들을 추적함으로써 해결을 시도하며, 만일 논쟁의 대안들이 현실의 삶에서 아무런 실제적 차이도 보여주지 않는다면 그 대안들은 실제로 같음을 의미하며 이에 대한 모든 논쟁은 의미 없는 것이라고 본다. 그러므로 지식이 실제 행위에서 어떤 차이를 보여주지 않는다면 그건 단지 머릿속의 지식에 불과할 따름이고, 우리는 무의미한 논쟁에 마음을 소모할 필요가 없다는 것이다. 이것은 이 세계관이 정말 실용성에 초점을 맞춰 우리의 실제적인 삶에 도움이 되게 한다는 점에서 많은 사람에게 공감을 불러일으킨다고 할 수 있다. 이런 점에서 이 사상은 조선 시대 말에 등장하여 가령 사단칠정론(四端七情論)과 같은 추상적이고 사변적인 논쟁만 추구하다 결국 국력을 상실하여 국권마저

강탈당하게 만든 성리학을 비판하면서 그 대안으로 실제적인 학문을 강조했던 실학사상(實學思想)과도 일맥상통한다고 말할 수 있다(유명걸, 2005: 175-211).

셋째로 실용주의는 생각과 행동 사이의 연결을 강조한다. 따라서 이 세계관은 미국에서 공공 행정, 정치학, 지도력 연구, 국제 관계, 갈등 해결, 및 연구 방법론과 같은 응용 분야를 발전시키는데 적용되었다. 종종 이러한 연결은 듀이의 광범위한 민주주의 개념과 연결하여 이루어졌다. 가령 학자들은 고전적 실용주의가 공공 행정 분야의 기원에 지대한 영향을 미쳤다고 주장한다(Shields, 2008: 205-221; Hildebrand, 2008: 222-229). 가장 기본적인 수준에서 공공 행정가는 프로그램이 다원적이고 문제 지향적인 환경에서 작동하도록 해야 할 책임이 있으며 시민들과 함께 일상 업무를 담당한다. 듀이의 참여 민주주의는 이러한 환경에서 적용될 수 있으며 그와 제임스의 도구이론 개념은 관리자가 정책 및 행정 문제를 해결하기 위한 이론을 만드는 데 도움이 된다. 나아가 미국 공공 행정의 탄생은 고전적 실용주의자들의 영향력이 가장 컸던 시기와 거의 일치하는 것을 볼 수 있다. 그 외에도 페미니즘(feminism)(Seigfried, 2001; 1996; 1992: 8-21; Duran, 2001: 279-292; 1993: 8), 사회과학 그리고 프랑스의 철학자 베르그송(Henri-Louis Bergson, 1859-1941) 및 영국 출신의 미국 철학자 화이트헤드(Alfred North Whitehead, 1861-1947)가 주장한 과정 철학(process philosophy), 심리학 및 사회학에서의 행위주의(behaviorism)와 기능주의(functionalism) 등에도 적지 않은 영향을 미쳤다.

마지막으로 실용주의는 인간의 성장과 발전을 촉진한다. 이 사상은 단어와 생각을 예측, 문제 해결 및 행동을 위한 도구로 간주하고 생각의 기능이 현실을 설명, 표현하는 것이라는 입장을 거부하며 인간의 행동과 믿음의 실질적인 결과에서 의미를 찾고 현실은 고정된 것이 아니라 모든 사건의 전환점에서 변한다고 믿는다. 따라서 이 세계관은 인간 경험의 사회적, 역사적 맥락을 강조하고 보편적이고 절대적인 진리나 가치가 있다는 생각을 거부한다. 나아가 듀이에 의해 발전된 이러한 사상은 민주적이고 참여적인 형태의 탐구와 학습을 촉진하고 다원주의, 다양성 및 실험을 중시한다. 이것이 결국 지금의 미국 교육을 낳았고 이를 통해 전 세계 수많은 젊은이가 유학하러 미국에 오고 있음을 볼 수 있다.

### 4. 실용주의의 단점들

그러나 실용주의는 또한 단점들도 가지고 있다. 먼저 이 사상은 기술 윤리와 규범 윤리를 융합하여 도덕적 판단에 대한 명확하고 일관된 기준이 부족하다. 실용주의는 개인의 의견과 다수의 원칙에 따라 선을 결정하고 객관적이고 보편적인 진리나 가치의 가능성을 무시하므로 무엇이 최대 다수를 위한 최대 선인지, 누가 그 결정을 내릴 수 있는지에 대한 명확한 기준이 없다. 따라서 이 세계관은 실제 결과에 따라 옳고 그름이 결정되는 상황 윤리라고 할 수 있다. 영국의 철학자 러셀(Bertrand Arthur William Russell, 1872-1970)은 1945

년에 출판한 그의 저서 『서양철학사(A History of Western Philosophy)』에서 제임스와 듀이에게 각각 한 장씩 할애했다. 러셀은 그들과 동의하는 부분을 인정했지만, 진리에 대한 제임스의 견해와 탐구에 대한 듀이의 견해는 비판했는데 같은 사태에 대한 진술 중 어떤 진술이 다른 진술보다 더 유용한지를 아는 것은 통상 어려운 일이라고 반박했다. 예를 들어 콜럼버스가 1491년에 대서양을 횡단했다고 말하는 것보다 1492년에 횡단했다고 말하는 것이 더 유용하다는 것을 우리는 어떻게 아는가? 누구에게 혹은 무엇을 위해 이 진술이 저 진술보다 더 유용할 수 있는가? 또한, 다음과 같은 반박도 제기된다. 어떤 것이 유용한지를 알려면 우리는 어떤 것이 유용하다는 것이 참이라고 생각해야 한다. 그런데 다시 '어떤 것이 유용하다는 것이 참이라고 생각하는 것'이 왜 유용한가 라는 질문에 봉착하게 되고, 이 질문은 결국 무한 반복적 퇴행 속으로 계속 이어지게 된다는 것이다(Russell, 1945; 서상복 역, 2009).

둘째로 실용주의는 인간의 선을 물질적이고 사회적인 유용성으로 축소하고 인간 본성의 더 깊은 영적인 측면을 무시한다. 이 세계관은 인간 행동의 실질적인 결과에 초점을 맞추지만 그러한 행동의 본질적인 가치나 의미는 고려하지 않고 개인적인 희생이나 도덕적 탁월함을 장려하지 않으므로 이는 오히려 실용적인 해결책에 반대할 수도 있다. 브라질 출신의 철학자 웅거(Roberto Mangabeira Unger)도 퍼스의 노력은 인정하지만, 그 실천 과정은 다시 고민해보아야 한다고 주장한다. 플라톤을 부정하거나 헤겔을 부정할 수는 있지만,

그들이 생각하는 진리의 범위는 실용에만 있지 않고 인간이 살아가고 고민하는 모든 보이지 않는 영역도 포함하기 때문이다. 그렇기에 인간의 이론적이고 사변적인 실천과 정치적이며 재구성적인 실천도 구별해야 한다고 말하면서 그는 '사유와 실천'을 연결하는 방식이 자연주의에 따라서 인간을 자연의 일부로 보거나, 이상주의에 맞게 생각의 결과로만 보는 실용주의를 극복할 수 있다고 말한다. 그는 자연주의적 편견을 강조하는 방식으로 퍼스의 의미론을 비판하는데, 그 이유는 개념의 사용이 개념의 의미를 뒷받침해주는 것은 인간의 이성과 반대로 사용되기 때문이다. 쉬운 예로, 상점이 많아서 사람들이 모이는 것인지 아니면 사람이 모이기 때문에 상점이 많아지는 것인지 실용주의는 그 어느 것도 설명하지 못한다는 것이다. 개념의 사용은 개념의 의미를 설명할 수는 있지만, 그 개념 자체를 만들지는 못한다고 본다(Unger, 2019).

셋째로 실용주의는 혁신과 창의성을 저해하고 인간의 상상력과 열망의 범위를 제한한다. 이 사상은 가능한 것보다 효과적인 것을 선호하고 아름다운 것보다 효율적인 것을 선호하며 새로운 발견과 돌파구로 이어질 수 있는 위험 감수와 실험은 지양한다. 가령 웅거는 제임스의 이론은 실재의 표상과 욕구의 경험이 내적으로 연결되어 있다고 본다. 다시 말해 실재가 어떻게 되었으면 좋겠다는 희망과 욕망이 실재를 구성한다는 것이다. 실용주의가 욕구로 결과를 예측하고 그 방식으로 실현하면서 그것을 진리라고 말한다면 그 욕구에 대한 정치적인 능력이 상실된다는 것이다. 다시 말하면 정치적인 능력이란 '가치의 권위적인 결정'이고 이 권위를 모든 국민이 가졌기 때문에 합의와 토론이 필요하지만, 현실주의에서는 '현실적으로 결과를 냈으니 이게 진리다'라고 하는데, 그렇게 하지 않았다면 다른 결과를 만들 수 있다는 것을 간과하며 사실 합의나 토의의 기회도 빼앗아 간다. 그러니 이러한 상황에서는 얼른 무엇인가를 만들어서 효과를 보고 이것이 진리라고 외치는 것이 먼저이고 통찰과 설득, 이해와 토론은 들어설 자리가 없는 것이다. 이해와 설득은 사람마다 다르다는 것을 인정해야 하는데, 그러한 차이를 좁혀가거나 동의를 얻는 것이 정치적인 과정이라면 제임스의 현실주의적인 관점에서는 이러한 관점이 배제된다. 이러한 제임스의 현실주의적 접근은 웅거가 보기에 자연주의적인 결말로 이어질 것인데 현실이 이렇게 되어서 진리라고 하는 것은 그다음에는 하나의 패턴이 되어서 사이비적인 필연성으로 귀결되기 때문이다. 웅거는 반영부라는 말을 자주 사용한다(Unger, 2019). 반영부란 빛을 받는 천체에 의해 뒤쪽으로 드리워진 완추형 그림자의 바깥 부분으로, 주어진 광원에서 나오는 빛이 부분적으로 차단된 부분이다. 한편, 본영부는 원추형 그림자 안쪽 부분으로, 빛이 완전히 차단된 부분이다. 반영부는 회화에서 명암의 경계 부분을 뜻하며, 일반적으로는 의미 등의 경계 영역을 가리킨다. 반영부의 의미를 일상적으로 옮겨오면, 어떤 사태의 발전 가능성이나 미래적 여지, 현재 사태의 변혁 가능 범위라고 할 수 있다. 웅거는 이를 통해 세계가 결정되어 있다고 보는 관점도, 역사가 한곳으로 흘러가고 있다는 필연주의적 사고도 경계

한다(Unger, 2019).

나아가 웅거는 듀이의 사상에서도 두 가지의 서로 용납될 수 없는 사상의 싸움이 일어난다고 주장하면서 이러한 싸움은 결국 실용주의를 자연주의의 테두리 안으로 끌고 들어가기 때문에 실용주의를 완성하지 못하게 만든다고 강조한다. 세계에 등장하는 현실은 가능성과 잠재성이 실현된 세상이지만 미래를 열어 놓지 않은 상황에서 만들어진 도구로서의 이성은 그 도구적 한계 때문에 미래에 필요한 도구가 될 수 있을지 없을지를 알 수 없다는 것이다. 도움이 되면 유용한 도구이지만 그렇지 않다면 쓸모없어 버려지는 도구가 될 것이다. 그런데 현실은 우연성의 관점에서 볼 때 과거에는 도구가 아니었지만, 지금은 도구가 될 수도 있다. 하지만 시간의 흐름과 변화에 대한 실용주의적인 이해는 자연주의적 태도인 진화론에 따라 미래를 닫아놓게 된다는 것이다. 그래서 복고주의라는 이름으로 우리에게 되돌아오는 과거의 풍습, 관점, 스타일, 문화는 그 자체로 듀이의 관점을 비판하는 현상이 된다고 그는 본다. 왜냐하면, 진화론을 받아들이고 다원주의를 받아들이면 인간은 그 자체로 도구가 되며 도구적으로 유용한 것들이 진리가 된다면 유기체적 관점에서 도구와 연결된 사람도 도구가 되어버리기 때문이다. 따라서 자연에 적응하면서 순응하는 인간관을 가진 듀이의 도구주의는 시간이 지날수록 결국 인간도 자연의 목적에 봉사하는 도구로 전락시킨다는 것이다(Unger, 2019). 따라서 웅거는 실용주의가 원래의 의도에 더 충실하려면, 이러한 모호성을 행위자로서의 인간과 그 야망에 유리하도록 단호하게 해결해야 한다고 본다. 행위자로서의 인간을 지지하는 사상은 유한한 유기체의 자연주의적 형상이 강력한 진리를 포함하고 있다는 진리를 부정해서는 안 된다고 그는 말한다. 철학은 제약에 맞서 우연성을 사용할 수 있는 행위자로서의 인간상을 더 실재적인 것으로 만들기 위해 또한 자신의 관심에 냉담한 자연적 과정의 도구로 전락한 도구 제작자로서의 인간상을 덜 실재적인 것으로 만들기 위해, 사유를 혁신하고 사회를 개혁할 수 있는 방식을 제시하지 않으면 안 된다고 그는 주장한다.

마지막으로 실용주의 세계관을 설명하는 내용 자체에도 여러 가지 모호함이 있다. 가령 1908년에 출판된 에세이 "13개의 실용주의(The Thirteen Pragmatisms)"에서 미국의 철학자 러브조이(Arthur Oncken Lovejoy, 1873-1962)는 많은 실용주의자가 명제의 참 효과와 명제에 대한 믿음의 효과 개념에 상당한 모호성을 가지고 있다고 주장하면서 실용주의라는 이름 아래 13개의 서로 다른 입장이 있음을 지적했다(Lovejoy, 1908). 또한, 미국의 프란체스코 수도사 비틀(Celestine Nicholas Charles Bittle, 1897-1962)은 1936년에 출판한 『현실과 마음: 인식론(Reality and the Mind: Epistemology)』에서 제임스의 진리관은 매우 주관적이며 현실에 대한 대응이 진리라고 하는 것은 널리 받아들여진 정의가 아니라고 주장했다. 진리를 유용한 것으로 정의하는 것은 '언어의 왜곡'이며 본질적으로 선한 것으로 축소된 진리는 더는 지성의 대상이 아니라고 보았다. 따라서 지성이 제기하는 지식의 문제는 해결된 것이 아니라 오히려 재명명되며 진리를 의지의 산물로 바꾸는 것은 지성의 문제를 해결하는 데 도움이 될 수 없다고 그는 본다. 진리가 객관적 사실에서 나오지 않음을 증명하기 위해 객관적 사실을 사용하는 실용주의의 모순을 그는 인용하면서 이것은 실용주의자들이 진리를 그들이 주장하는 것처럼 유용한 것이 아니라 객관적인 사실로 인식함을 보여준다고 말한다. 나아가 비틀은 인간의 복지를 전혀 판단할 수 없는 진술도 있다고 주장했다. 가령, '자동차가 지나가고 있다'는 것은 '진실과 오류'의 문제이지 인간의 복지에는 영향을 미치지 않는다는 것이다.

### 5. 실용주의의 단점들에 대한 기독교 세계관의 대안

그렇다면 이러한 실용주의의 단점들에 대해 기독교 세계관은 어떤 대안들을 제시할 수 있는가? 먼저 실용주의는 기술 윤리와 규범 윤리를 융합하며 도덕적 판단에 대한 명확하고 일관된 기준이 부족하지만, 기독교 세계관은 신명론(神命論, divine command theory), 즉 십계명과 같이 하나님의 계시된 뜻에 도덕적 판단의 기초를 두고 있으므로 옳고 그름에 대한 명확하고 일관된 기준을 확인한다. 그것은 인간의 의견이나 결과에 의존하지 않고 하나님의 명령과 성품에 의존한다.

둘째로 실용주의는 인간의 선을 물질적이고 사회적인 유용성으로 축소하고 인간 본성의 더 깊은 영적인 측면을 무시하지만, 성경적 세계관은 객관적이고 보편적인 진리와 가치를 인정하면서 올바른 인간관을 제시한다. 즉 인간은 원래 하나님의 형상으로 지음을 받아 책임을 져야 하는 창조의 청지기인 동시에 전적으로 타락하고 부패하여 아무런 선을 행할 수 없는 죄인임을 동시에 인정한다. 나아가 이러한 절망적인 상황이지만 예수 그리스도의 구속으로 새롭게 거듭나 하나님의 자녀로 살아갈 가능성을 회복한 그리스도인은 성령의 도우심으로 하나님 나라의 가치에 맞는 삶을 살 수 있음을 강조하며 마지막으로 하나님의 나라가 완성되면 이 땅에서 행한 모든 것을 올바르게 판단 받게 되므로 이 땅에서 사랑의 정의의 삶을 살도록 최선을 다해야 한다는 것이다. 그것은 인간의 선을 물질적, 사회적 복지로 축소하지 않고, 모든 행동에서 하나님을 공경하고 다른 사람을 사랑하기를 추구한다. 그것은 또한 개인의 희생과 도덕적 탁월함을 장려하며, 이는 실용적인 해결책에 반대해야 할 수도 있다.

셋째로 실용주의는 혁신과 창의성을 저해하고 인간의 상상력과 열망의 범위를 제한하지만, 기독교 세계관은 하나님의 영광과 관련하여 인간의 혁신적 창의성을 더욱 소중히 여기며 상상력과 열망의 범위도 확장한다. 가능한 것보다 효과적인 것, 아름다운 것보다 효율적인 것에 안주하지 않는다. 또한, 하나님을 영화롭게 하는 새로운 발견과 돌파구로 이어질 수 있는 위험 감수와 실험도 환영한다. 가령 신약 성경 사복음서에 보면 실용주의적 세계관과는 정반대가 되는 한 이야기가 나온다. 예수께서 베다니 나병 환자 시몬의 집에 계실 때였다. 마침 한 여성이 매우 귀한 향유 한 옥합을 가지고 나아와 식사하시는 예수의 머리에 부었다. 그러자 제자들이 이것을 보고 분개하면서 이 여성에게 무슨 의도로 이것을 허비하느냐고 하면서 이것을 비싼 값에 팔아 가난한 자들에게 줄 수 있지 않았겠냐고 말했다. 이는 전형적인 실용주의적 생각이 아닐 수 없다. 하지만 이에 대해 예수의 대답은 의외였다. "너희가 어찌하여 이 여자를 괴롭게 하느냐 그가 내게 좋은 일을 하였다. 가난한 자들은 항상 너희와 함께 있지만 나는 항상 함께 있지 않을 것이다. 이 여자가 내 몸에 이 향유를 부은 것은 내 장례를 위함이다. 내가 진실로 너희에게 말하는데, 온 천하 어디서든지 이 복음이 전파되는 곳에서는 이 여자가 행한 일도 말하여 그녀를 기억할 것이다."(마태복음 26:6-13; 마가복음 14:3-9) 실용주의자들이 볼 때 이 여성의 희생적인 헌신은 매우 비실용적이며 낭비로 보였을 것이다. 하지만 이 여성의 중심을 보신 그리스도는 오히려 그녀의 행동을 칭찬하였다. 그리스도인들이 이 세상에서 하나님의 나라를 위해 헌신할 때 이같이 보일 수 있을 것이다. 하지만 궁극적인 하나님의 나라 관점에서 볼 때 이것은 전혀 낭비가 아니며 오히려 진정한 의미에서 가장 실용적인 선택일 수 있다.

마지막으로 실용주의 세계관을 설명하는 내용 자체에도 여러 가지 모호함이 있지만, 성경적 세계관은 이에 대해서도 더욱 분명한 대안들을 제시할 수 있다. 즉 실용주의의 장점은 인정하면서도 결과만 중시하는 것이 아니라 동기와 과정도 중요함을 강조한다. 아무리 결과가 좋다고 하더라도 과정에 잘못이 있다면 그 결과를 받아들일 수 없기 때문이다. 가령 경제 발전을 증진하기 위해 노동자들의 권익을 탄압해서는 안 되며 사회적 약자들을 무시해서는 안 될 것이다. 반대로 지금은 아무리 실용성이 없다 하더라도 궁극적으로는 가장 실용적일 수도 있다. 예수 그리스도의 십자가 희생이 그 대표적인 예가 될 수 있을 것이다. 반대로 지금 당장은 효과가 있을지 모르나 나중에 오히려 비실용적인 것으로 드러날 수도 있음도 기억해야 한다.

## III. 결론

이 장에서는 실용주의라고 하는 세계관에 대해 고찰해 보았다. 이 세계관은 1870년대 미국의 서부개척시대라고 하는 상황 속에서 단어와 생각을 예측, 문제 해결 및 행동을 위한 도구와 도구로 간주하고 생각의 기능이 현실을 설명, 표현하는 것이라는 생각을 거부하는 세계관으로 지식, 언어, 개념, 의미, 신념 및 과학의 본질과 같은 대부분의 철학적 주제는 모두 실제 사용 및 성공 측면에서 가장 잘 볼 수 있다고 주장한 사상이다. 이 세계관을 대표하는 학자들은 의미론에 역점을 둔 피어스, 진리론을 확립한 제임스 및 도구주의로 발전시킨 듀이로서 퍼스가 실용주의의 근본원리를 제시하였다면 제임스는 이에 행동적 요소를 도입함으로써 실용주의를 체계화하였으며 듀이는 이 요소를 더욱 강조하면서 사회적, 교육적 관심으로 발전시켰음을 살펴보았다. 공리주의와 마찬가지로 이 세계관도 결과를 강조하며 오늘날에도 매우 영향력이 있음을 볼 수 있다.

이 세계관은 매우 현실적이고 유연한 사고방식을 제공하며, 따라서 사회생활에서 부딪치는 문제를 해결하는 데 도움이 되는 지식을 강조하고 생각과 행동 사이의 연결을 통해 미국에서 공공 행정, 정치학, 지도력 연구, 국제 관계, 갈등 해결, 및 연구 방법론과 같은 응용 분야를 발전시키는데 적용되었으며 인간의 성장과 발전을 촉진하는 것과 같은 장점이 있지만 동시에 기술 윤리와 규범 윤리를 융합하여 도덕적 판단에 대한 명확하고 일관된 기준이 부족하고 인간의 선을 물질적이고 사회적인 유용성으로 축소하여 인간 본성의 더 깊은 영적인 측면을 무시하며 혁신과 창의성을 저해하고 인간의 상상력과 열망의 범위를 제한하는 동시에 내용 자체에도 여러 가지 모호한 단점도 있다. 하지만 기독교 세계관은 이러한 단점들에 대해 신명론, 즉, 십계명과 같이 하나님의 계시된 뜻에 도덕적 판단의 기초를 두고 있으므로 옳고 그름에 대한 명확하고 일관된 기준을 제시하며, 객관적이고 보편적인 진리와 가치를 인정하면서 올바른 인간관을 제시하고, 인간의 혁신적 창의성을 더욱 소중히 여기며 상상력과 열망의 범위도 확장하는 구체적인 대안을 제시할 수 있음을 논증하였다. 그런데도 이 세계관은 현대 사회에 여전히 적지 않은 영향을 미치고 있으므로 그리스도인들은 계속 예의주시하면서 이 실용주의에 대해 올바로 대응해 나가야 할 것이다.

4장

# 실증주의
(Positivism)

## I. 서론

실증주의(實證主義, Positivism)는 감각 경험과 실증적 검증에 기반을 둔 것만이 확실한 지식이라고 보는 과학철학이다. 이것은 19세기 초 계몽주의의 영향을 받은 프랑스의 사상가 오귀스트 콩트(Isidore Marie August François Xavier Comte, 1798-1857)가 주장한 사상으로 신의 섭리나 형이상학과 같은 초월적이고 비실증적인 것들을 배격하고, 관찰이나 실험 등으로 검증 가능한 지식만을 인정한다. 따라서 그의 사상은 사회 현상들의 본질적인 본성이나 일차적 원인에 관한 탐구는 거부한다.

콩트는 수학에서 시작하여 사회학 및 정치학에 이르는 과학철학과 더 실증적인 과학적 합리성을 향한 단계로 역사적 과정을 이해하면서 인간의 정신과 역사는 신학적 단계에서 형이상학적 단계 그리고 마지막으로 실증적 단계로 발전한다고 주장하였다. 이러한 그의 사상은 사회학, 심리학, 논리학 등 여러 학문 분야에 영향을 주었으며, 자연과학의 방법이 철학과 사회과학과 같은 모든 탐구 영역에 적용될 수 있다는 과학주의(scientism)와 연관되기도 했다. 나아가 이 실증주의는 과학과 기술을 통한 사회 진보가 필연적이라는 확신을 낳았다. 하지만 이 사상은 자연과학을 과도하게 신뢰하고 그 방법론을 사회과학에 무리하게 적용하여 여러 문제점도 낳았다. 특히 이 세계관을 창시한 콩트는 자신이 비판했던 종교적 사고를 다시 받아들여 말년에는 '인류교(人類敎, Religion de l'Humanité 또는 église positiviste)'를 창시하는 자기모순을 범하기도 했다.

그런데도 이 세계관은 여전히 직접, 간접적으로 많은 사람에게 영향력을 미치고 있는데 해외에서 이 주제를 다룬 문헌은 다수 있으며(Mill, 1865; Mises, 1956; Giddens, 1974; Pickering, 1993), 국내에서도 이러한 주제로 논문을 출판한 학자는 있으나(윤민재, 2007), 기독교 세계관으로 이를 다룬 학자는 거의 없다. 따라서 이 장에서는 성경적 세계관으로 이 사상을 고찰하되 먼저 이 세계관의 내용을 분석한 후 대표적 사상가들을 언급하고 이 세계관의 장점들과 단점들은 무엇인지 살펴보겠다. 그 후 이 단점들에 대해 기독교 세계관은 어떤 대안을 제시할 수 있는지 언급한 후 결론을 맺도록 하겠다.

## II. 실증주의에 대한 기독교 세계관적 고찰

### 1. 실증주의의 내용

실증주의는 19세기 유럽에서 매우 보편화된 세계관으로 모든 진정한 지식은 정의상 참이거나 실증적 즉, 이성과 감각 경험의 논리에 의해 파생된 사후 사실을 의미한다고 주장한다. 따라서 직감, 성찰 또는 종교적 믿음과 같은 인식방법은 거부되며 무의미한 것으로 간주한다.

이러한 실증주의적 접근법은 고대 그리스 시대부터 오늘날까지 서구 사상사에서 논의가 되풀이되던 주제라고 할 수 있으며(Cohen, 2007: 55) 11세기 아랍의 과학자 이븐 알하이삼(الحسن بن الحسن بن الهيثم، أبو علي, 965-1040)의 책에도 등장하고(Rashed, 2007: 7-55), 19세기 초 콩트에 이르러 더욱 발전하였다. 하지만 이러한 세계관이 본격적으로 등장한 것은 유물론을 지지하며 프랑스의 백과전서파를 대표하는 계몽주의 철학자로 무신론을 가장 먼저 주장한 디드로(Denis Diderot, 1713-1784)와 프랑스의 수학자, 철학자, 물리학자, 저술가로 감각 인식론 및 회의론적인 철학 사상을 지녔던 달랑베르(Jean-Baptiste Le Rond d'Alembert, 1717-1783), 프랑스의 정치가이자 경제학자이며 진보적 중농주의자로 상공업에 대한 국가의 과도한 간섭에 비판적이었던 튀르고(Anne Robert Jacques Turgot, Baron de Laune, 1727-1781) 그리고 그들의 친구이자 제자이며 이탈리아 태생이지만 프랑스와 프로이센에서 활동한 프랑스 수학자이자 천문학자로 해석학, 정수론, 고전 역학과 천체 역학 전반에 걸쳐 중대한 공헌을 했던 라그랑즈(Joseph-Louis Lagrange, 1736-1813) 그리고 계몽주의를 대표하는 프랑스의 수학자, 철학자, 정치가이자 출판인이던 콩도르세(Marie Jean Antoine Nicolas de Caritat, marquis de Condorcet, 1743-1794)의 사상에 그 기원이 있다.

사실 18세기 후반에 '실증 과학(수학, 물리학, 화학 등)'의 발전, 즉 인간 정신의 발전을 설명하려는 시도가 있었다. 이러한 과학 및 인식론적 입장은 영국의 아이작 뉴턴(Sir Isaac Newton FRS, 1642-1726/27)의 업적에 따른 직접적인 결과이며 프랑스의 수학자 라플라스(Pierre-Simon Laplace, 1749-1827)의 영향도 받았다. 그러다가 실증주의의 본격적인 흐름은 19세기 전반에 프랑스에서 형성되기 시작했으며 이 용어는 프랑스의 계몽주의 사상가 생시몽(Claude Henri de Rouvroy, comte de Saint-Simon, 1760-1825)에 의해 처음 소개되었고, 그 후 1817년부터 1824년까지 그의 비서였던 콩트에 의해 대중화되었다.

실증주의라는 말은 '경험에 의해 마음에 부과된'이라는 철학적 의미인 'positif'에서 파생된 프랑스어 단어 'positivisme'에서 19세기에 다시 영어권으로 수입되었다. 19세기 초 자연과학의 엄청난 발전으로 철학자들은 과학적 방법을 다른 분야에 적용할 수 있다고 생각하였고 생시몽, 라플라스 및 콩트와 같은 사상가들은 과학적 방법인 이론과 관찰이 사상사에서 형이상학을 대체해야 한다고 믿었다. 특히 콩트의 사회 실증주의 학파는 사회가 물리적 세계와 마찬가지로 일반 법칙에 따라 운영된다고 주장한다. 이러한 그의 사회학적 실증주의는 나중에 프랑스의 사회학자 뒤르켕(David-Émile Durkheim, 1858-1917)이 사회 조사의 기초로 확대하였다. 그 결과 콩트 이후 논리학, 심리학, 경제학, 역사학 및 기타 사고 분야에서 실증주의 학파가 생겨났으며 이들은 각자의 분야에 과학적 방법을 도입하려고 시도했다. 그중 하나가 오스트리아에서 빈 학파(Wiener Kreis)로 등장한 논리실증주의(論理實證主義, Logical positivism)이다. 하지만 20세기로 접어들면서 실증주의는 과학주의, 환원주의, 지나친 일반화, 방법론적 한계 때문에 반실증주의자와 비판이론가의 비판 아래 쇠퇴했다. 특히 베버(Maximilian Carl Emil Weber, 1864-1920)와 짐멜(Georg Simmel, 1858-1918)을 비롯한 독일 사회학자들이 실증주의의 엄격한 요소를 거부하며 반실증주의 사회학을 제시하였다.

## 2. 대표적인 실증주의자들

실증주의를 대변하는 사상가는 앞서 언급한 바와 같이 콩트이지만 그에게 영향을 준 앙리 드 생시몽에 대해 먼저 간략히 살펴보겠다. 그는 프랑스의 사상가요 경제학자로 계몽주의 사상의 영향을 받아 영국의 사회 개혁 사상가로 '사회주의(socialism)'라는 용어를 최초로 사용하였던 오언(Robert Owen, 1771-1858)과 프랑스의 수학자이자 물리학자였던 푸리에 남작(Jean-Baptiste Joseph Fourier, 1768-1830)과 함께 공상적 사회주의자의 한 사람이다. 그는 귀족 출신으로, 18

세 때 미국 독립 전쟁에 참전하였다가 미국의 산업 발전에 충격을 받고 귀국하여 프랑스 혁명에 참여했으며 신분제도를 혐오하여 자발적으로 귀족 지위를 버렸다. 한때 국유지 매매로 많은 부를 축적하였으나, 과학 연구에 사용하여 극빈에 빠졌지만, 정치·경제·사회 등에 관한 연구를 계속하여 만년에는 은행가의 후원을 받아 『산업론(L'Industrie, 1816-1817)』, 『산업 제도론(Du système industriel, 1822)』, 『신 크리스트교(Nouveau christianisme—Dialogues entre un conservateur et un novateur, 1825)』 등을 출판했다. 그는 인류 역사의 발전적 전개를 자원을 독점한 지배계급과 이들에 의해 어쩔 수 없이 피지배계급이 된 계층 간의 갈등으로 발전한다고 주장하면서 봉건 영주와 노동자의 계급 투쟁으로 이어진 프랑스의 역사를 개선하여 양쪽이 협력, 지배하는 계획 생산의 새 사회 제도를 건설해야 한다고 주장하였다. 그의 사상은 천재적이었지만, 종교적·도덕적이고 공상적인 것이었으며 나중에 독일 출신의 마르크스와 엥겔스(Friedrich Engels, 1820-1895)의 사회주의 이념과 영국의 공리주의자 존 스튜어트 밀의 사상에 영향을 주었다.

앙리 드 생시몽
commons.wikimedia.org/wiki/File:Portrait_de_Claude-Henri_de_Rouvroy_comte_de_Saint-Simon.jpg

두 번째로 살펴볼 사상가는 라플라스이다. 그는 프랑스의 수학자, 천문학자, 물리학자 및 정치인으로 나폴레옹 시대의 주요 과학

라플라스
commons.wikimedia.org/wiki/
File:Pierre-Simon_Laplace.jpg

자 중 한 명이다. 그는 당대 가장 영향력 있는 과학자 중 한 사람이었으며 『천체 역학(Traité de mécanique céleste)』에서 전임자들의 작업을 계승, 확장하면서 수학적 천문학의 출현에 결정적인 공헌을 했다(Laplace, 1799-1825). 5권으로 이루어진 이 주요 저작은 영국의 과학자 뉴턴이 개발한 역학에 대한 기하학적 접근 방식을 수학적 분석에 기반을 둔 접근 방식으로 변환한 것으로 고전 역학의 기하학적 연구를 미적분학에 기초한 것으로 번역하여 더 넓은 범위의 문제를 해결했다. 나아가 그는 태양계의 기원에 대한 성운 가설을 수정하고 발전시켰으며 블랙홀과 유사한 아이디어를 제안한 최초의 과학자 중 한 명이었다. 이런 의미에서 그는 역사상 가장 위대한 과학자 중 한 명으로 인정되며, 때로 프랑스의 뉴턴이라고도 불릴 정도로 거의 모든 동시대인보다 월등한 경이로운 자연 수학 능력을 소유한 것으로 알려졌다. 하지만 동시에 그는 사회학과 실증주의의 창시자이며 종종 현대적 의미에서 최초의 과학 철학자로 간주된다. 그의 아이디어는 또한 사회학 발전의 기초였으며 실제로 그는 '실증주의'라는 용어를 사용했고 그 분야를 과학의 최고 업적으로 취급했다.

그러나 가장 중요한 실증주의 사상가는 역시 콩트이다. 그는 1798년 프랑스 혁명의 막바지에 몽펠리에(Montpellier)에서 태어나 정치적인 급변이 계속되던 혼란의 시기에 살았다. 그는 당시 엘리트 기술학교인 파리의 에꼴 폴리테크니크(École Polytechnique)를 그만둔 후 사회주의자인 생시몽과 교류하며 함께 연구하기 시작하면서 많은 부분에서 영향을 받았다. 그러나 그는 이론보다는 사회를 개선하려는 실질적인 행동에 더 비중을 두는 생시몽과 갈등하다가 결국 결별하였다.

콩트
commons.wikimedia.org/wiki/
File:Auguste_Comte.jpg

그는 프랑스 혁명으로 인한 사회적 혼란을 치유하려고 시도했으며, 이는 새로운 사회 형태로의 임박한 전환을 의미한다고 믿었다. 그는 실증주의라는 이름을 붙인 과학에 기초한 새로운 사회 이론을 확립하려고 노력하여 영국의 공리주의 사상가 존 스튜어트 밀과 영국의 소설가 조지 엘리엇(George Eliot, 1819-1880)에게 영향을 미쳤다. 나아가 사회학과 사회진화론에 대한 그의 개념은 영국 최초의 여성 사회학자라고 할 수 있는 해리엇 마티노(Harriet Martineau, 1802-1876)와 영국의 사회진화론자 스펜서(Herbert Spencer, 1820-1903) 같은 사회사상가들의 기조를 설정했으며, 실용적이고 객관적인 사회 연구로 뒤르켕이 제시한 현대 사회학으로 진화했다.

콩트는 이후 자신의 저작인 『실증 철학 강의(Cours de Philosophie Positive)』를 집필하여 '사회학'의 원리들을 창안하였다(Comte, 1830-

1842). 그는 이 책에서 실증주의의 인식론적 관점을 개괄하고 '실증주의 철학'과 '사회학'이라는 용어를 명명하면서 사회를 자연과학과 같은 방법으로 연구하고, 사회를 지배하는 법칙들을 발견하고, 사회의 진보를 측정하고자 했다. 처음 세 권은 주로 이미 존재하는 자연과학(수학, 천문학, 물리학, 화학, 생물학)을 다루었지만, 뒤의 두 권은 사회과학의 불가피한 도래를 강조했다. 과학에서 이론과 관찰의 순환 의존성을 관찰하고 이러한 방식으로 과학을 분류함으로써 그는 현대적 의미에서 최초의 과학 철학자로 간주될 수 있다. 그에게는 인류가 인간사회 자체의 가장 도전적이고 복잡한 '여왕인 과학'에 노력을 기울이기 전에 '단순한' 물리학이 반드시 먼저 있어야 했다. 그는 사회적 조화란 지적 조화가 있을 때만 가능하며, 이는 다시 모든 사회과학이 사회학이 마지막으로 도래하는 실증주의 단계에 진입했을 때만 가능하다고 믿었으며 그렇다면 모든 사람이 현대 과학을 배워야 새로운 과학적 가치를 삶에 내면화할 수 있다고 주장했다.

그 후에 그는 이 책의 내용을 더욱 발전시켜『실증주의 서설(*Discours sur l'ensemble du positivisme*)』을 출판하였다(Comte, 1844). 여기서 그는 사회학이 수행되어야 하는 방식에 대한 설명을 제공하며, 앞서 언급한 바와 같이 그의 유명한 3단계 법칙을 설명한다. 그는 사회가 일반적인 진리를 찾는 과정에서 3단계를 거친다고 주장하면서 사회 진화를 설명했다. 그 단계는 (1) 신학적 단계, (2) 형이상학적 단계, (3) 실증적 단계였다. 신학적 단계는 하나님과 관련된 모든 것에 대한 전심적 믿음에 기초하여 그분이 계몽주의 이전의 인간 존재를 최고로 통치했으며 사회에서 인류의 위치는 그분의 신성한 임재와 교회와의 연합에 의해 결정되었다고 그는 본다. 따라서 신학적 단계는 인류가 존재에 대한 기본적인 질문을 탐구하기 위해 합리적인 힘에 의존하기보다는 교회의 교리를 받아들이는 것을 말하며 그것은 당시 종교 조직에 의해 시행된 제한과 사회가 믿도록 제시된 사실의 전적인 수용을 의미한다.

두 번째 인류의 형이상학적 단계를 계몽주의 이후부터 논리적 합리주의에 젖은 프랑스 혁명 직후까지의 기간으로 그는 묘사한다. 이 단계에서는 인류의 보편적인 권리가 가장 중요하다고 그는 말한다. 여기서 핵심 아이디어는 인류에게 존중되어야 할 특정 권리가 부여된다는 것이며 이 단계에서 민주주의와 독재자들은 인류의 타고난 권리를 유지하려는 시도에서 흥망성쇠를 반복했다고 그는 본다.

그의 마지막 단계는 과학적 또는 실증적 단계이다. 이 단계의 핵심 아이디어는 개인의 권리가 한 사람의 통치보다 더 중요하다는 것이다. 그는 인류가 자신을 통치할 수 있다는 생각이 이 단계를 나머지 단계와 본질에서 다르게 만든다고 말했다. 대중을 지배하는 더 높은 권력은 없으며 한 사람의 시도는 그 개인의 자유 의지에 따라 무엇이든 성취할 수 있는데 그는 이 원칙이 가장 중요하다고 주장했다. 그는 이 세 단계를 사회 및 그 발전과 관련된 보편적 규칙이라고 부르며 두 번째 단계도 세 번째 단계도 이전 단계의 완성과 이해 없이는 도달할 수 없고 진행 중인 모든 단계를 완료해야 한다고 말했다.

그는 과거에 대한 인식과 미래를 향해 구축할 수 있는 능력이 신학적 및 형이상학적 단계에서 전환하는 데 핵심이라고 믿었다. '진보(progress)'라는 개념은 그의 새로운 과학인 사회학의 핵심이었다. 사회학은 "순수한 정치사를 포함한 한 과학의 역사가 모든 인류의 일반적인 진보에 관한 연구에 연결되지 않는 한 의미가 없으므로", "모든 과학의 역사적 고찰로 이어질" 것이라고 그는 주장한다(Pickering, 1993: 622). 그는 "과학에서 예측이 나오고 예측에서 행동이 나온다"고 하면서 과학을 인간의 지적 발달이 정점을 이룬 철학으로 간주했다(Pickering, 1993: 566). 하지만 이 일련의 단계의 아이러니는 콩트가 인간의 발달은 이러한 세 단계를 거쳐야 함을 증명하려고 시도했지만, 실증주의 단계가 실현되기에는 거리가 멀다는 것이다. 이는 두 가지 이유 때문인데 첫째로 실증주의 단계에서는 우리 주변의 우주와 세계에 대한 완전한 이해가 필요하며 사회가 진정 이 실증주의 단계에 있는지 절대로 확실하게 알 수 없기 때문이다. 기든스(Anthony Giddens)는 인류가 새로운 것을 발견하고 연구하기 위해 끊임없이 과학을 사용하기 때문에 인류는 결코 두 번째 형이상학적 단계 이상으로 발전하지 못한다고 주장한다(Giddens, 1974: 9).

오늘날 콩트의 명성은 부분적으로 1867년에 『실증주의자 리뷰(The Positivist Review)』를 창간한 에밀 리트레(Emile Littré, 1801-1881) 덕분이며 그의 많은 저작물은 최초의 여성 사회학자로 여겨지는 마티노에 의해 영어로 번역되었다. 브라질의 사상가들은 산업화 과정에서 발전하기 위해 과학 엘리트를 훈련하면서 콩트의 사상을 빌려왔다. 그 결과 브라질의 국기에는 국가의 신조인 '질서와 진보(Ordem e Progresso)'가 적혀있다.

그러나 콩트의 학문적인 노력은 크게 인정받지 못했다. 그가 의도한 모든 과학의 통합은 지나치게

브라질 국기
commons.wikimedia.org/wiki/File:Flag_of_Brazil.svg

큰 야망으로 생각되었고 따라서 많은 비판과 비난을 받아야 했다. 결국, 학계에서 고립된 콩트는 심각한 신경 쇠약을 겪은 후, 자신의 후기저작인『실증 정치 체계(Système de politique positive ou Traité de sociologie instituant la religion de l'Humanité)』에서 과학적 실증주의보다는 종교적 실증주의를 주장하기 시작했으며(Comte, 1851-1854) 마침내 '인류교'를 만들었다. 즉, 종교의 대체물로서 실증주의를 주장한 것이다. 이 종교는 그가 이상적인 사랑의 대상으로 생각한 끌로틸드 보(Clotilde de Vaux)의 죽음 이후에 더욱 발전했는데 그는 여성적 가치가 감정과 도덕의 승리를 구현한다고 확신하게 되었으며 나아가 미래의 과학 기반 실증주의 사회에는 도덕적 힘만으로 권력을 갖는 종교도 있어야 한다고 주장했다. 결국, 그의 사회사상은 19세기 무신론적 및 세속적 인본주의 세계관의 발전을 예고한 이 '인류교'에서 절정에 달했다. 이러한 그의 행동은 이전과 매우 대비되는데, 왜냐하면 그가 생시몽의 유사 종교적 속성을 비난하였고 그 결과 생시몽과 결별했기 때문이다.

이 종교에서 콩트는 자신을 과학적 지식에 의해 미래를 예측하는

지혜를 지닌 새로운 종교의 예언자이며 인류의 '대제사장'이라고 선언하였다. 이 종교는 인류가 위대한 존재이며 이타주의적 의미에서 '사랑을 원리'로, '질서를 기초'로 하며, '진보를 목표'로 하는 이상 사회를 지향했지만, 삶의 의미나 인간의 기원과 목적 또는 행복에 관한 연구는 무시했다. 여기서는 기존 종교와 달리 인류의 합리적이고 과학적인 진보를 위해 이바지한 이가 성인과 같은 추대를 받는다. 나아가 콩트는 『실증주의 교리 문답(Catéchisme positiviste)』도 출간했는데(Comte, 1852) 이에 따르면 그는 가령 로마 가톨릭교회의 일곱 성례와 유사한 인류교의 일곱 성례를 다음과 같이 정의했다: 1) 소개(지명 및 후원), 2) 가입(교육 종료), 3) 목적(직업 선택), 4) 결혼, 5) 퇴직(63세), 6) 분리(장례), 6) 혼입(사후 3년에 역사 속으로 흡수). 인류, 지구 그리고 운명은 삼위일체이며 사제들은 여성의 고상한 영향력 때문에 결혼해야 했다. 그들은 사적으로든 공적으로든 인간의 더 고귀한 감정을 엄숙하게 쏟아내어 더 크고 포괄적인 생각으로 영감을 주는 실증주의 기도를 포함한 예배를 드리며 이 종교의 목적은 신자들이 항상 인류 전체의 최선의 이익을 위해 행동하도록 이타주의를 높이는 것이었다. 따라서 사제들은 이타주의의 국제 대사가 되어 교육하고 산업 및 정치 분쟁을 중재하며 여론을 주도하는 학자, 의사, 시인, 예술가여야 한다고 그는 주장했다.

이것은 오랜 훈련이 필요했으므로 사제들은 28세부터 실증주의 학교에서 공부하면서 훈련을 시작했다. 35세부터 42세까지 한 사제가 교사이자 의식 수행자로서 도제 직책을 맡았고 42세가 되어야 온전한 사제가 될 수 있었다. 그들은 돈을 벌지 못했고 신권 밖에서 직분을 맡을 수 없었다. 이런 식으로 그들의 영향력은 순전히 영적이고 도덕적이었으며 로마를 대신하여 종교의 중심지가 될 파리에 살게 되었다. 하지만 그가 말하는 실증적 정신과 인류에 대한 감성적인 사랑이 어떻게 조화될 수 있는지에 대한 분명한 해명은 없었다. 현재 이 종교는 사라졌지만, 아직도 파리와 브라질의 리우데자네이루(Rio de Janeiro), 포르투 알레그리(Porto Alegre) 그리고 쿠리치바(Curitiba)에는 이 실증주의 성전 건물이 남아 있다.

나아가 콩트는 1849년에 '실증주의 달력'이라는 새로운 달력의 개혁도 제안했다. 그러자 그의 가까운 동료였던 밀은 실증 철학 강의의 저자로서 '좋은 콩트'와 세속적 종교의 창시자인 '나쁜 콩트'를 구별하기도 했다. 이 종교는 결국 성공하지 못했지만, 영국의 사상

포르투 알레그리(Porto Alegre)에 있는 실증주의 성전 건물
commons.wikimedia.org/wiki/File:Templo_Positivista_em_Porto_Alegre.JPG

가 홀리오크(George Holyoake, 1817-1906)와 영국의 철학자 콩그리브(Richard Congreve, 1818-1899) 같은 세속주의자들의 저작 및 19세기에 영국의 생물 진화론자인 찰스 다윈이 1859년에 출판한『종의 기원(On the Origin of Species)』을 거쳐 다양한 세속적 인본주의 세계관의 확산에 영향을 미쳤다. 엘리엇과 마르티노를 포함하여 영국에서 콩트를 추종하던 사람들은 대부분 그의 '인류교'라는 개념과 "다른 사람을 위해 살라(vivre pour autrui)"에 대한 그의 명령을 좋아했고 여기서 '이타주의(altruism)'라는 단어가 나왔다. 콩트는 1857년 파리에서 사망했는데 그는 자신의 학문에도 모순으로 가득 찬 모습을 보였지만 그가 사회학을 창시하고 후대의 많은 사상가에게 영향을 주었다는 점에는 큰 이견이 없다.

마지막으로 살펴볼 실증주의자는 앞서 언급한 뒤르켕이다. 그는 콩트가 창시한 사회학을 구체적으로 적용하여 통계를 적극적으로 사용하는 현대 사회학의 실증론적 기조를 창시했다고 말할 수 있다. 그의 대표 저작인『자살론(Le Suicide)』에서 그는 프랑스 법무부의 기록 문서를 이용해서 자살 관련 자료 2만 6,000건을 분석했는데 이는 역사상 거의 최초로 통계적 방법에 바탕을 두고, 합리주의적이며 실증주의적 방법론으로 자살의 사회적 유형과 원인을 추출

뒤르켕
commons.wikimedia.org/wiki/
File:%C3%89mile_Durkheim.jpg

한 연구로 자살에 관해 이처럼 방대한 자료를 체계적이고 치밀하며 심층적으로 다룬 연구는 오늘날에도 매우 드물다(김덕영, 2019: 234-235). 이 책에서 그는 자살을 개인적, 심리적 현상으로 규정하지 않고 무엇보다 사회적 조건에 의해 발생하는 측면이 있다고 보면서 자살은 개인적 동기와 사회적 원인이 상호 작용한 결과로 보아야 한다고 주장했다. 그에 따르면, 사회적 환경이 자살의 진정한 원인이고, 자살은 사회적 원인의 개인화라고 정의할 수 있다는 것이다. 그는 자살의 사회적 원인은 사회적 연대라고 하면서 사회적 연대를 개인이 자신을 사회에 결속하고 사회에 유대감을 품는 것을 가리키는 사회적 통합과 사회가 개인의 존재, 사고, 행위 등을 규율하고 통제하는 사회적 규제로 나눈다. 개인이 적절한 수준에서 사회에 결속되어 있지 않거나, 사회가 적절한 수준에서 개인을 규제하지 않을 때 자살이 일어난다. 즉, 개인과 사회의 적절치 못한 관계가 자살의 사회적 원인이라는 것이다. 나아가 그는 자살을 사회적 통합 정도에 따라 이기적 자살과 이타적 자살로 나누면서 개인이 사회에 너무 약하게 통합되면 이기적 자살이 일어나고, 너무 강하게 통합되면 이타적 자살이 일어난다고 설명한다. 또한, 자살은 사회적 규제 정도에 따라 아노미적 자살과 숙명적 자살로도 나뉜다고 하면서 사회가 개인을 너무 약하게 규제하면 아노미적 자살이 나타나고, 너무 강하게 규제하면 숙명적 자살이 나타난다고 그는 주장했다. 전통 사회에서는 이타적 자살과 숙명적 자살이 주로 나타나지만, 현대 사회에서는 사회적 연대의 부재로 인한 이기적 자살과 아노미적 자살이 주로 나타난다고 그는 분석했다. 왜냐하면, 사회적 연대가 약하기에 현대인들은 흔히 목표 상실로 괴로워하거나 충족될 수 없는 욕망에 괴로워하면서 자칫하면 과도한 개인화로 인해 살아갈 이유를 발견하지 못하는 것이다. 이런 그의 연구는 실증주의적 사회학의 대표적 사례라고 할 수 있다.

## 3. 실증주의의 장점들

그렇다면 실증주의는 어떤 장점들이 있는지 크게 세 가지로 살펴보겠다. 첫째로 실증주의는 감각 경험과 실증적 검증에 기반을 둔 것만이 확실한 지식이라고 보는 인식론적 관점이자 과학철학이다. 따라서 이 실증주의는 형이상학적인 추론을 버리고, 관찰이나 실험 등으로 검증 가능한 지식만을 인정하고자 하는 태도와 방법론으로 사변적인 철학으로부터 성숙한 과학의 상대적 독립성을 제시한다. 다시 말해 실증주의는 직관, 성찰, 종교적 믿음과 같은 다른 인식 방식을 거부하거나 무의미하다고 간주하고 경험 자료에 국한한다. 즉, 경험적 관찰을 기반으로 현상을 설명, 예측 및 발견하는 것을 목표로 하며 연구자에게 연구 설계 및 결과에 대한 더 많은 통제권을 부여한다. 실제로 콩트의 사상은 당시에 많은 추종자를 얻었는데 여기에는 프랑스의 작가 졸라(Émile Zola, 1840-1902), 프랑스의 저술가 안느퀸(Emile Hennequin, 1859-1888), 독일의 문학가 쉐러(Wilhelm Scherer, 1841-1886) 및 러시아의 급진주의 작가였던 피사레

프(Dimitri Ivanovich Pisarev, 1840-1868)가 포함된다. 나아가 마닌(Fabien Magnin: 1810-1884)은 콩트의 사상을 지지하는 최초의 노동계급으로 '프롤레타리아 실증주의'로 알려진 운동의 지도자가 되었다. 그래서 콩트는 사망하면서 마닌을 자신의 후계자로 임명했고 마닌은 1857년부터 1880년까지 이 임무를 수행하면서 영국의 실증주의자 콩그리브(Richard Congreve, 1818-1899) 및 비슬리(Edward Spencer Beesly, 1831-1915)와 연락을 취했고 1863년에 프롤레타리아 실증주의자 협회(Cercle des prolétaires positivistes)를 설립했다. 또한 세메리(Eugène Sémérie, 1832-1884)는 1870년에 프랑스 제3공화국이 건국된 후 파리에 실증주의 클럽을 설립한 정신과 의사로 실증주의란 철학적 교리일 뿐만 아니라 정당이며 모든 사회 활동의 필수 기반인 질서를 목표인 진보와 조화시킨다고 주장했다.

둘째로 실증주의는 논리와 수학을 활용하여 과학적 이론의 논리적 구조를 분석하고, 언어의 성격과 의미를 명료하게 하는 방법을 제시한다. 그 결과 이 실증주의는 나중에 논리실증주의 또는 논리경험주의(論理經驗主義)라는 사상으로 발전하게 되는데 이는 과학의 논리적 분석 방법을 철학에 적용하고자 하는 사상으로 현대 분석철학의 바탕이 된 대표적 사상으로 여겨진다. 이 사상은 오스트리아 빈을 중심으로 발전하여 빈 학파라고도 불리며 대표적인 학자로는 슐리크(Moritz Schlick, 1882-1936), 한(Hans Hahn, 1879-1934)), 노이라트(Otto Neurath, 1882-1945), 카르납(Rudolf Carnap, 1891-1970) 그리고 괴델(Kurt Gödel, 1906-1978) 등이 있다.

마지막으로 실증주의는 과학과 기술을 통한 사회 진보가 필연적이라고 믿으며, 과학적 방법이 철학과 사회과학과 같은 모든 탐구 영역에 적용될 수 있다는 과학주의와 연관이 있다. 따라서 이 세계관은 세속적, 반신학적, 반형이상학적이며 과학과 기술을 통한 사회적 진보를 옹호한다. 당시에 자연과학 및 기술이 놀라울 정도로 발전하였고 영국에서 산업혁명이 일어나면서 자연과학에 대한 신뢰가 사회과학에까지 미쳐 인간사회도 자연 과학적 방법으로 연구하고 이해하여 미래를 예견할 수 있다는 확신이 증가했다.

## 4. 실증주의의 단점들

그렇다면 실증주의의 단점들은 무엇인지 세 가지로 살펴보겠다. 먼저 실증주의는 역사적으로 환원주의(reductionism)라는 오류에 빠져 있다. 왜냐하면, 이 세계관은 모든 과정은 생리적, 물리적 또는 화학적 사건으로 환원될 수 있고 따라서 사회적 과정도 개인 간의 관계와 행동으로 환원될 수 있고 생물학적 유기체도 물리적인 체계로 환원될 수 있다고 주장하기 때문이다. 하지만 물리학의 법칙은 절대적인 것이 아니라 상대적일 수 있으며, 자연과학이 사물의 내적 측면, 특히 인간의 마음에 대해서는 객관적으로 연구하기 어렵다. 독일의 철학자 딜타이(Wilhelm Dilthey, 1833-1911)는 과학에서 도출된 설명만이 타당하다는 가정을 격렬하게 비판했다. 그는 과학적 설명은 현상의 내적 본성에 도달하지 않으며 우리에게 생각, 감정 및 욕망에 대한 통찰력을 제공하는 것은 인문주의적 지식이라고 주장했다. 모든 과정을 생리적, 물리적, 화학적 또는 개별 사건으로 환원하려는 시도는 정량적 방법으로 포착할 수 없는 현실의 전체론적, 창발적, 질적 측면을 무시하는 것이다. 나아가 실증주의적 관점은 자연과학의 방법이 철학과 사회과학과 같은 모든 탐구 영역에 적용될 수 있다고 보는 과학주의와 연관이 있는데 현대 대부분의 사회과학자들과 역사가들은 관찰자의 편견과 구조적 제한의 왜곡 효과를 인식하여 이러한 전제를 비판한다. 특히 미국의 토마스 쿤(Thomas Samuel Kuhn, 1922-1996)과 같은 과학 철학자들에 의해 연역적 방법이 약화하면서 이러한 비판이 가능해졌다(Kuhn, 1962). 그는 패러다임 전환 이론을 제시하면서 단순히 개별 이론이 아니라 전체 세계관이 때때로 증거에 따라 바뀌어야 한다고 주장했다.

둘째로 실증주의는 보편주의를 지나치게 강조하고 인간과 사회 현상의 다양성과 복잡성을 무시하는 포괄적인 진술을 하는 경향이 있다. 즉 실증주의자들의 설명이 경험적이고 검증 가능하다는 주장에 반하여 테스트하기 어려운 경우가 많다는 것이다. 실증주의도 사실은 직접 관찰하거나 측정할 수 없는 가정에 의존한다. 즉 자연 과학적 방법으로 모든 것을 설명할 수 있다고 하는 전제를 하고 있는데 이러한 전제는 그들의 신앙적 차원에 속하는 것이며 객관적으로 검증할 수 없기 때문이다. 이것은 실증주의가 독단적이고 이데올로기적이며 직관, 신앙 또는 도덕과 같은 다른 형태의 지식을 배제하거나 주변화하는 것이다. 그 결과 20세기 중반에 몇몇 철학자와 과학 철학자들이 논리실증주의의 토대를 비판하기 시작했다. 『과학적 발견의 논리: 현대 자연과학의 인식론(Logik der Forschung: Zur Erkenntnistheorie der modernen Naturwissenschaft)』이라는 책에서 칼 포퍼(Sir Karl Raimund Popper, 1902-1994)는 검증주의를 반대했다(Popper, 1934). 가령, 모든 백조가 관찰되었는지를 경험적으로 알 수 없으므로 "모든 백조는 희다"와 같은 진술은 실제 경험적으로 확인할 수 없다는 것이다. 대신, 포퍼는 기껏해야 관찰이 진술을 위조할 수 있다고 주장했다. 가령, 검은 백조를 관찰하면 모든 백조가 흰색이 아니라는 것을 증명할 수 있다. 그는 또한 다른 책 『추측과 논박: 과학적 지식의 성장(Conjectures and Refutations: The Growth of Scientific Knowledge)』에서 과학 이론은 과학자들이 경험한 현상이나 관찰에 관한 것이 아니라 세상이 실제로 어떠한지에 대해 이야기한다고 주장했다(Popper, 1963). 프랑스의 물리학자 뒤앙(Pierre Maurice Marie Duhem, 1861-1916)과 미국의 분석철학자 콰인은 더 나아가 가설에 대한 경험적 검정에는 하나 이상의 배경 가정(보조 가정 또는 보조 가설)이 필요하므로 과학적 가설을 단독으로 실험적으로 검정하는 것은 불가능하다고 말하면서 따라서 명백한 과학적 위조도 불가능하다고 주장했다(Gillies, 1998: 302-319).

셋째로 실증주의는 개인을 자연의 힘이나 사회법칙에 따라 결정되는 수동적이고 생각 없는 존재로 취급한다. 이것은 실증주의가 인간의 주체성, 창의성, 성찰성과 자신의 의미와 현실을 구성하는 능력을 무시하는 것이다. 따라서 실증주의는 사람들의 주관적 현실과 사회현상의 복잡성을 올바로 다루지 못하며 인간 경험과 문화의 풍부함, 깊이, 다양성을 포착하지 못하고 사회적 현실에 엄격하고 인위적인 틀을 부과한다.

넷째로 실증주의는 인간사회의 규범성을 무시하는 치명적 약점이 있다. 가령 뒤르켕의 자살에 관한 연구를 보면 자살에 대한 윤리적 판단을 전혀 하지 않는다. 하지만 인간의 자살은 분명히 윤리적 측면이 있음을 부인할 수 없다. 사회학에서 윤리적 측면을 간과할 경우, 그 결과에 대해 올바른 판단을 하기 어렵다. 이러한 의미에서 앞서 언급한 독일 사회학자들은 이 점을 지적하면서 공식적으로 방법론적 반실증주의를 도입하여 사회학 연구는 주관적인 관점에서 본 인간의 문화적 규범, 가치, 상징 및 사회적 과정에 집중해야 한다고 제안했다. 그중 한 명인 막스 베버는 사회학이 어느 정도 인과 관계를 식별할 수 있어서 '과학'으로 기술될 수 있지만, 사회학자는 비역사적, 불변적 또는 일반화할 수 없는 관계를 추구해야 한다고 주장했다. 그 외에도 독일의 사회학자인 퇴니스(Ferdinand Tönnies, 1855-1936), 미국의 사회학자 미드(George Herbert Mead, 1863-1931) 및 쿨리(Charles Horton Cooley, 1864-1929) 역시 같은 주장을 했다.

마지막으로 콩트의 실증주의 사상은 자기모순에 빠져있다. 그는 인간 정신의 발달 단계를 세 가지로 구별하면서 신학적이고 종교적인 단계를 가장 원시적이고 미신적인 것으로 간주하면서 비판했지만, 말년에 그는 '인류교'를 창시하면서 실증주의를 하나의 인본주의적 종교로 환원시켜 버렸기 때문이다. 이 부분에 대해 콩트는 자신의 견해를 변호하기 어려울 것이다. 다시 말해 그는 인간이란 신앙이 없이 살 수 없는 존재임을 증명하였고 그 말은 실증주의 세계관이 틀렸음을 인정한 것이라고 말할 수 있다.

### 5. 실증주의의 단점들에 대한 기독교 세계관의 대안

그렇다면 이러한 사회진화론의 단점들에 대해 기독교 세계관은 어떤 대안들을 제시할 수 있는가? 먼저 성경적 세계관은 환원주의에 빠지지 않는다고 말할 수 있다. 네덜란드의 기독교 철학자였던 헤르만 도여베르트(Herman Dooyeweerd, 1894-1977)는 그의 양상 구조(modal structure) 이론을 통해 이 점을 매우 분명하게 보여주었다. 그는 아래 도표가 보여주는 바와 같이 이 세계에 15가지 양상, 즉 수적, 공간적, 운동적, 물리적, 생물학적, 감각적, 분석적, 역사적, 언어적, 사회적, 경제적, 미적, 법적, 윤리적 그리고 신앙적 양상이 구별됨을 주장하면서 사회적 양상은 분석적/논리적 양상부터 적용되는 인간의 규범성을 전제로 함으로 이러한 규범성이 없는 생물적 양상과는 전혀 다른 차원임을 강조하였다(최용준, 2005). 나아가 각 양상은 고유한 독립성을 가지고 있으므로 다른 양상들을 한 양상으로 환원하면 반드시 문제가 발생함을 강조했다. 또한, 인간의 근본적인 신앙과 생물학 또는 사회학 등의 개별 학문은 서로 분리될 수 없으며 학문의 주체인 인간의 중심인 마음에서 창조주 또는 우연이라는 기원(Origin)을 향하므로 원천적으로 통합될 수밖에 없음을 그의 주저 『이론적 사고의 신 비판(A New Critique of Theoretical Thought)』에서 명쾌히 보여주었다(Dooyeweerd, 1953). 따라서 그에 의하면 콩트의 실증주의는 그가 이미 성경적 세계관과 신관을 배제하였으며 그 결과 규범적 차원과 비규범적 차원을 혼동하게 되었음을 알 수 있다.

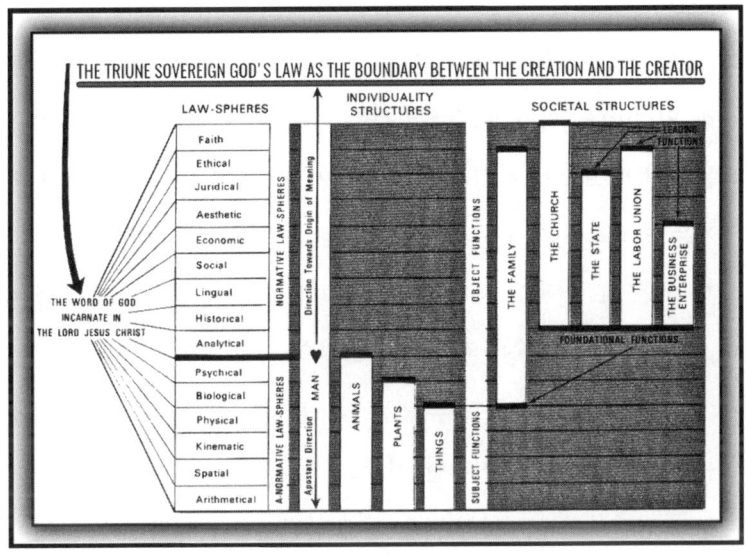

도여베르트의 양상 이론
1.bp.blogspot.com/-hrLqdaqxyAg/WiRmgPzxXel/AAAAAAAAFo4/HTNcyZe_fKYprS3BCt94ja
DykMSlkLjswCLcBGAs/s1600/modal_aspects_4.jpg

둘째로 기독교 세계관은 인간과 사회현상의 다양성과 복잡성을 무시하지 않는다. 가령 도여베르트는 위 도표에서 보는 바와 같이 사회의 다양한 구조들을 기초 양상(foundational aspect)과 인도 양상(leading aspect)으로 나누어 그 다양성과 복잡성을 적절히 구별하며 이해할 수 있도록 도와준다.

셋째로 기독교 세계관은 개인을 자연의 힘이나 사회법칙에 따라 결정되는 수동적이고 생각 없는 존재로 취급하지 않고 하나님의 형상으로 지음 받아 자유 의지와 책임의식을 가진 청지기로 이해한다. 따라서 인간의 주체성과 창의성 그리고 성찰성과 자신의 의미와 현실을 구성하는 능력을 존중하며 인간의 경험과 문화의 풍부함, 깊이, 다양성을 충분히 이해함을 의미한다.

넷째로 성경적 세계관은 인간사회의 규범성을 무시하지 않고 충분히 인정한다. 위의 도표에서 보는 바와 같이 인간사회에만 적용되는 윤리적 요소를 적절히 설명하며 인간은 이러한 규범에 대해 책임지는 인격적 존재임을 강조한다.

마지막으로 기독교 세계관은 콩트처럼 자기모순에 빠지지 않는다. 창조주에 대한 올바른 이해와 그분의 절대 주권을 인정하는 동시에 인간은 결코 신이 될 수 없는 피조물임을 분명히 한다. 동시에 아름답게 창조된 인간이지만 전적으로 타락하고 부패한 죄인이기 때문에 인간사회에는 항상 많은 문제가 발생함을 인정한다. 그러나 여기서 머물지 않고 예수 그리스도의 구속을 통해 이 모든 것이 회복될 수 있으며 하나님의 나라는 이미 도래했으나 아직 완성되지 않았고 그리스도의 재림을 통해 완전해 짐을 분명히 제시한다.

## III. 결론

이 장에서는 실증주의라고 하는 세계관에 대해 기독교 세계관으로 어떻게 접근해야 하는지 고찰해 보았다. 실증주의는 프랑스의 사상가 콩트에 의해 제시된 사상으로 감각 경험과 실증적 검증에 기반을 둔 것만이 확실한 지식이라고 보는 인식론적 관점이자 과학철학으로 자연 과학적 방법을 모든 학문 분야에 적용하고자 하는 과학주의와 연관되어 있음을 지적했다.

이 세계관의 장점으로는 먼저 감각 경험과 실증적 검증에 기반을 둔 것만이 확실한 지식이라고 보려고 노력했으며, 논리와 수학을 활용하여 과학적 이론의 논리적 구조를 분석하고, 언어의 성격과 의미를 명료하게 하는 방법을 제시했고, 마지막으로 과학과 기술을 통한 사회 진보가 필연적이라고 믿으며, 과학적 방법이 철학과 사회과학과 같은 모든 탐구 영역에 적용될 수 있다는 과학주의와 연관이 있으며 기술을 통한 사회적 진보를 옹호함을 살펴보았다.

반면에 이 사상의 단점으로는 역사적으로 환원주의(reductionism)라는 오류에 빠져있으며, 보편주의를 지나치게 강조하고 인간과 사회현상의 다양성과 복잡성을 무시하는 포괄적인 진술을 하는 경향이 있고 개인을 자연의 힘이나 사회법칙에 따라 결정되는 수동적이고 생각 없는 존재로 취급하며 인간사회의 규범성을 무시하는 치명적 약점이 있고 마지막으로 콩트의 사상은 자기모순에 빠져있음을 지적했다.

이러한 사회진화론의 단점들에 대한 기독교 세계관적 대안은 먼저 환원주의에 빠지지 않고 인간과 사회현상의 다양성과 복잡성을 무시하지 않으며 개인을 자연의 힘이나 사회법칙에 따라 결정되는 수동적이고 생각 없는 존재로 취급하지 않고 하나님의 형상으로 지음 받아 자유 의지와 책임의식을 가진 청지기로 이해하고 인간사회의 규범성을 충분히 인정하며 자기모순에 빠지지 않음을 제시하였다. 하지만 이 세계관은 현대 사회에 여전히 적지 않은 사람들에게 영향을 미치고 있으므로 그리스도인들은 계속해서 이 세계관에 대해 예의주시하면서 올바로 대응해 나가야 할 것이다.

# 5장
# 인본주의
(Humanism)

## I. 서론

인본주의(Humanism)는 그리스 철학자 프로타고라스(Πρωταγόρας, 기원전 약 490-420년)가 말한 것처럼 '인간이 만물의 척도'라는 세계관이다. 즉, 사람이 모든 진리와 가치를 결정하는 궁극적인 규범이라는 뜻이다. 이 사상에 따르면 모든 삶은 인간을 중심으로 하며 인간이 사실상 신을 대체하는 것이다. 이 세계관은 물질주의적, 자연주의적 관점에서 세계를 보며 초자연적이거나 비물질적인 것은 부인한다. 따라서 인본주의자는 무신론자이며 과학이 신을 불필요하게 만들었다고 주장하면서 과학적 방법만이 무엇이든 알 수 있는 유일하고 확실한 방법이라고 본다. 그들은 어떤 상황에서든 무엇이 옳고 그른지 파악하는 데 과학과 이성 및 역사적 경험이 충분한 지침이라고 믿는다. 이 기준은 사람마다 다르므로 가치 및 윤리관은 상대적이다.

이러한 세계관은 고대 그리스에서 출발하여 르네상스를 거쳐 근대에 와서 꽃을 피웠다. 특히 1933년에 발표된 제1차 인본주의자 선언(Humanist Manifesto)은 미국의 실용주의 철학자 존 듀이를 비롯하여 34명의 서명자에 의해 작성되었는데 여기서 이들은 인본주의를 이전의 초자연적인 종교를 대체하는 새로운 종교로 규정하였다. 이들은 인간에 대해 매우 낙관적인 태도를 보였으나 제1, 2차 세계대전을 겪으면서 이런 환상이 깨어지자 1973년에 폴 커츠(Paul Kurtz, 1925-2012) 등은 제2차 인본주의자 선언을 발표하였는데 주로 인종차별 반대, 대량 학살 반대, 강력한 인권부여 등을 추가하였다. 마지막으로 2003년에는 제3차 인본주의 선언문이 미국 인본주의자 협회(America Humanist Association)에 의해 발표되었다.

지금도 이 세계관은 여러 형태로 모든 분야에 영향을 미치고 있는데 해외에서 이 주제를 다룬 문헌은 다수 있으며(Davies, 1997; Fowler, 1999; Law, 2011; Lamont, 1982; Morain, 1998; Norman, 2004; Soper, 1986; Dacey, 2003; Levi, 1969), 국내에서도 이 주제로 출판한 학자는 있으나(김중웅, 1997; 손어람, 2012; 김창환, 2018), 기독교 세계관으로 이를 다룬 학자는 손봉호 교수(1986: 31-37) 외에는 별로 없다. 따라서 이 장에서는 기독교 세계관으로 인본주의를 더 깊이 고찰하되 먼저 그 내용을 구체적으로 분석한 후 이 세계관의 장점들이 무엇인지 생각해봄과 동시에 이 사상이 가진 내적 모순이나 단점들은 없는지 살펴보겠다. 그 후 이 단점들에 대해 기독교 세계관은 어떤 대안을 제시할 수 있는지 언급한 후 결론을 맺겠다.

## II. 인본주의에 대한 기독교 세계관적 고찰

### 1. 인본주의 세계관의 기본 내용

인본주의는 인간의 개인적이며 사회적인 잠재력과 주체성 및 자율성(autonomy)을 강조하는 세계관이다. 서양 사상의 두 뿌리를 언급한다면 하나는 유대교로부터 기원하는 신본주의인 '헤브라이즘(Hebraism)'과 다른 하나는 그리스에 기원을 둔 '헬레니즘(Hellenism)'인데 후자가 바로 인본주의의 출발이라고 할 수 있다. 이 그리스 사상은 소크라테스(Σωκράτης, 기원전 470년경-399)와 플라톤(Πλάτων, 기원전 428/427-348/347)을 거쳐 아리스토텔레스에 의해 집대성되었으며 그의 철학은 중세 시대를 대표하는 신학자인 토마스 아퀴나스(Thomas Aquinas, 1224/1225-1274)에 의해 성 아우구스티누스(Augustinus Hipponensis, 354-430)의 신학과 함께 그대로 수용되었고 르네상스 시대에 이탈리아 학자들에게 영감을 주어 인본주의 운동을 일으켰다. 그 후 근대 계몽주의 시대에는 과학과 기술의 발전으로 이 세계관이 강화되면서 인간이 세계를 이해하고 지배하는 데 자신감을 느끼게 되었다. 그 결과 20세기 초까지 인본주의는 서구에서 더욱 번성했으나 제1, 2차 세계대전을 겪으며 큰 위기를 맞게 되었다. 하지만 지금까지도 이 세계관은 인간의 복지에 초점을 맞추고 인간의 자유, 자율성 및 진보에 대한 믿음을 옹호하면서 인간은 자신의 증진과 발전에 책임이 있고, 모든 인간은 평등하고 고유한 존엄성을 가지고 있음을 강조한다.

20세기부터 이 인본주의 세계관은 일반적으로 인간의 자율성을 중심으로 비종교적인 세속주의와 일치하게 되었고 세상을 이해하기 위해 초자연적이고 신적인 계시보다는 과학과 이성에 더 의존하게 되었다. 인본주의자들은 인권, 언론의 자유, 진보적 정책 및 민주주의를 옹호하며 종교가 도덕의 전제 조건이 아니라고 주장한다. 현대 인본주의 단체는 국제 인본주의자 협회(Humanists International, https://humanists.international) 산하에서 활동하며 잘 알려진 인본주의 협회는 영국 인본주의자 협회(Humanists UK, https://humanists.uk)와 미국 인본주의자 협회(American Humanist Association, https://americanhumanist.org)이다. 국제 인본주의자 협회가 밝히는 인본주의의 핵심 내용은 다음과 같다. 첫째로 인본주의자는 자신의 결정과 행동을 인도하기 위해 이성과 공감을 사용하여 만족스럽고 의미 있고 윤리적인 삶을 영위하기 위해 노력하는 비종교인이다. 둘째로 인본주의자는 초자연적이거나 신성한 믿음을 거부하고 이성과 과학에 대한 세계 이해의 기반을 둔다. 셋째로 인본주의자들은 모든 형태의 인종차별과 편견을 거부하고, 종교와 믿음의 자유를 포함한 모든 사람의 인권을 존중하며 서로 조화롭게 살 수 있다고 믿는다. 마지막으로 인본주의자들은 서로를 존중하고 돌보며 자연 세계를 보호할 책임이 있다고 믿는다.

앞서 언급한 바와 같이 세 번에 걸쳐 발표된 인본주의자 선언의 내용을 더 자세히 살펴보면 1933년에 발표된 제1차 인본주의자 선언은 주로 로이 셀러스(Roy Wood Sellars, 1880-1973)와 레이몬드 브랙(Raymond Bennett Bragg, 1902-1979)이 작성했으며 존 듀이를 포함한 34명의 서명자와 함께 출판되었다. 이들은 여기서 새로운 '종교'에 대해 이야기하면서 인본주의를 초자연적 계시에 관한 주장에 기반을 둔 이전 종교를 초월하고 대체하려는 종교 운동으로 언급했다. 이 문서는 세속적 관점과 더불어 '획득적이고 이익을 추구하는 사회'에 반대하는 15가지 신념체계를 설명하고 있으며, 자발적인 상호 협력에 기반을 둔 전 세계적인 평등주의 사회를 설명하고 있다. 나아가 이 문서는 "The Humanist Manifesto"가 아니라 "A Humanist Manifesto"라는 제목이 암시하듯 나중에 다른 선언문이 뒤따를 것을 예측하는 의도도 포함하고 있었다. 주요 조직 종교의 신조와는 달리, 이 선언문에서 인본주의 이상을 설정하는 것은 아직 진행 중이라는 것이다. 실제로 일부 인본주의자들은 개인적인 선언문을 발표하는 것도 적극적으로 권장되며, 이 선언문이 영구적이거나 권위 있는 교리가 아니라 지속적인 비판도 받아야 하는 잠정적인 것임을 받아들였다.

1973년에 발표된 제2차 인본주의 선언은 폴 커츠와 에드윈 윌슨(Edwin H. Wilson, 1898-1993)이 작성했으며 이전 선언문을 업데이트하고 대체하기 위한 것이다. 그것은 나치즘과 제2차 세계대전을 통해 1차 선언문이 너무 낙관적이었다는 진술로 시작하면서 이전보다 훨씬 길고 정교한 17개 항목을 통해 더 현실적인 접근을 시도했다. 그런데도 전쟁이 쓸모없게 되고 빈곤이 제거될 것이라는 희망과 함께 첫 번째의 억제되지 않은 낙관주의가 많이 남아 있었다. 인종차별과 대량살상무기에 대한 반대, 강력한 인권 지지와 같은 내용은 논란의 여지가 없으며 이혼과 산아제한이 합법화되어야 하고 기술이 삶을 개선할 수 있다는 처방은 오늘날에도 널리 받아들여지고 있다. 그러나 초자연주의에 대한 거부 외에도 다양한 논란의 여지가 있는 부분은 낙태권에 대한 강력한 지지이다. 이 선언문에서 자주 인용되는 구절 중에는 "어떤 신도 우리를 구원하지 않을 것이며 우리는 우리 자신을 구원해야 한다." 그리고 "우리는 우리의 현재 상태와 미래에 대한 책임이 있다"가 있는데 이것은 논란의 여지가 있다.

마지막으로 2003년에는 제3차 인본주의 선언문이 미국 인본주의자 협회에 의해 출판되었다. 서명자에는 22명의 노벨상 수상자가 포함되었는데 이 새 문서는 이전 문서의 후속 문서이며 의도적으로 훨씬 더 짧고 이전 선언문의 내용을 반영하는 6개의 주요 주제를 다음과 같이 나열한다. 첫째, 세상에 대한 지식은 관찰, 실험, 합리적 분석을 통해 도출된다. 이것은 경험주의적 세계관을 지지한다는 의미라고 할 수 있다. 둘째, 인간은 자연의 필수적인 부분이며, 진화적 변화의 결과이고 안내되지 않은 과정이다. 이것은 자연주의와 진화론을 따른다는 의미라고 볼 수 있다. 셋째로 윤리적 가치는 경험으로 검증된 인간의 필요와 관심에서 파생된다. 이것은 윤리적 자연주의를 의미한다. 넷째로 인생의 성취는 인간적인 이상에 봉사하는 개인의 참여에서 나온다. 즉 인간의 자율성과 주체성을 강조하며 다른 초월적인 존재를 부인하는 것이다. 다섯째로 인간은 본질적으로 사회적이며 관계에서 의미를 찾는다. 하지만 초월적인 존재와의 관계는 부인한다. 마지막으로 사회를 이롭게 하는 일은 개인의 행복을 극대화한다. 이는 공리주의적 세계관이라고 볼 수 있다.

이외에도 다른 인본주의 선언문들이 많이 발표되었는데 그중에 대표적인 것 하나만 언급한다면 국제 인본주의자 협회에서 2002년에 발표한 암스테르담 선언이다. 이 선언이 말하는 인본주의의 공식적인 정의는 다음과 같다. 첫째, 휴머니즘은 윤리적이다. 그것은 개인의 가치, 존엄성 및 자율성과 모든 인간이 다른 사람의 권리와 양립할 수 있는 최대한의 자유에 대한 권리를 확인한다. 인본주의자는 미래 세대를 포함한 모든 인류를 돌볼 의무가 있으며 도덕성이란 타인에 대한 이해와 관심에 기초한 인간 본성의 본질적인 부분이며 외부 제재가 필요하지 않다고 믿는다. 둘째, 휴머니즘은 합리적이다. 과학을 파괴적이 아닌 창의적으로 사용하고자 하며 세상의 문제에 대한 해결책은 신의 개입이 아니라 인간의 생각과 행동에 있다고 믿으며 과학 방법의 적용과 인간 복지 문제에 관한 자유로운 탐구를 옹호하지만, 또한 과학과 기술의 적용이 인간의 가치에 의해 조절되어야 한다고 믿는다. 과학은 우리에게 수단을 제공하지만, 인간의 가치는 목적을 제시해야 한다. 셋째, 휴머니즘은 민주주의와 인권을 지지한다. 인본주의는 모든 인간의 가능한 한 완전한 발전을 목표로 하며 민주주의와 인간 발전은 권리의 문제라고 주장한다. 민주주의와 인권의 원칙은 많은 인간관계에 적용될 수 있으며 통치 방식에만 국한되지 않는다. 넷째, 휴머니즘은 개인의 자유가 사회적 책임과 결합하여야 한다고 주장한다. 휴머니즘은 사회에 책임을 지는 자유로운 인간이라는 개념 위에 세상을 건설하기 위해 모험을 감행하고 자연 세계에 대한 우리의 의존과 책임을 인식하며 독단적이지 않고 지지자들에게 어떠한 신조도 강요하지 않는다. 다섯째, 인본주의는 독단적인 종교에 대한 대안에 관한 광범위한 요구에 대한 반응으로 세계의 주요 종교는 영원히 고정된 계시에 기초한다고 주장하며, 많은 종교가 그들의 세계관을 모든 인류에게 강요하려고 하지만 인본주의는 세계와 인간 자신에 대한 신뢰할 수 있는 지식이 지속적인 관찰, 평가 및 수정 과정을 통해 생성된다는 것을 인식한다. 여섯째, 휴머니즘은 예술적 창의성과 상상력을 중시하고 예술의 변화하는 힘을 인식하여 개인의 발전과 성취를 위한 문학, 음악, 시각 및 공연 예술의 중요성을 확인한다. 마지막으로 휴머니즘은 윤리적이고 창의적인 삶의 함양을 통해 가능한 최대의 성취를 지향하는 삶의 자세이며, 시대의 도전에 대처할 수 있는 윤리적이고 합리적인 수단을 제공한다.

## 2. 대표적인 인본주의자들

인본주의를 대변하는 사상가는 앞서 언급한 바와 같이 먼저 고대 그리스에서 찾아볼 수 있다. 소크라테스 이전의 철학자들은 신화나 전통 또는 종교에 의존하지 않고 인간의 이성과 자연법의 관점에서 세계를 설명하려고 시도한 최초의 서양 사상가들이었다. 특히 아테

네에 살았던 프로타고라스는 몇 가지 근본적인 인본주의적 세계관을 제시하면서 신들이 존재하는지, 존재하지 않는지, 그들이 어떤 종류인지 알 수 없다고 주장했다. 소크라테스는 "자신을 알아야" 할 필요성에 대해 말하면서 당시 철학의 초점을 자연에서 인간 중심으로 바꾸었다. 플라톤은 소크라테스의 제자이며 아리스토텔레스의 스승으로 이성을 우위에 둔 서양 철학의 전통을 세웠다. 아리스토텔레스는 합리주의와 인간 본성에 기초한 윤리 체계를 가르친 인본주의자였다. 나아가 기원전 3세기에 에피쿠로스는 행복(εὐδαιμονία)의 달성에 초점을 맞춘 인간 중심적인 철학을 발전시켰다. 이러한 고대 그리스 사상이 현재 인본주의의 뿌리라고 할 수 있다.

중동에서는 8-9세기 압바시아 왕조 시대에 고대 그리스 문학의 아랍어 번역본은 이슬람 철학자들에게 영향을 미쳐 이들은 지식, 의미, 가치를 찾기 위해 인본주의적이고 합리적이며 과학적인 담론을 추구했다. 광범위한 이슬람 저작물은 중세 이슬람 사상이 개인주의, 때때로 세속주의, 회의주의, 자유주의, 언론의 자유에 관한 인본주의적 사상에 열려있음을 보여주며 바그다드, 바스라, 이스파한에 학교들이 설립되었다(Goodman, 2003).

르네상스 휴머니즘은 13세기 이탈리아에서 문학과 예술에 대한 새로운 관심과 함께 처음 등장했으며 현대 서구 문화에 큰 영향을 미쳤다. 이탈리아 학자들은 아프리카와 스페인의 아랍어 번역본을 통해 고대 그리스 사상, 특히 아리스토텔레스 사상을 발견했다. 여기서 가장 중요한 사상가는 휴머니즘의 아버지라고 불리는 페트라르카(Francesco Petrarca, 1304-1374)이다. 그는 고대 주요 문헌에 대한 열정과 발견으로 르네상스 발전에 영향을 미쳤다. 나아가 그는 몇몇 라틴어 시를 써서 인본주의적 사상을 묘사했다(Mann, 1996). 나아가 그의 가장 중요한 공헌은 인본주의 연구(studia humanitatis)의 기초가 된 수사학, 도덕철학, 시, 문법의 네 가지 주요 분야를 요약한 책 목록이었다. 페트라르카의 사후에 피렌체의 인문주의자들은 인본주의 원칙에 따라 학교를 만들었는데 그들의 커리큘럼은 널리 채택되어 16세기에는 인본주의적인 교육이 지배적으로 되었으며 철학, 수학, 종교 같은 분야에서 발전을 이루었다(Monfasani, 2020: 10-11).

페트라르카
commons.wikimedia.org/wiki/
File:Petrarch_by_Bargilla.jpg

인본주의적 가치관은 15세기 이탈리아에서 꽃을 피워 많은 학생과 학자들은 이탈리아로 유학을 갔다가 인본주의 세계관을 배워 고국으로 돌아갔으며 고대 문서 전용 인쇄소가 베네치아, 바젤, 파리에 설립되었다. 그 후 15세기 말에는 인본주의의 중심이 이탈리아에서 북유럽으로 옮겨가면서 네덜란드 로테르담 출신의 에라스무스(Desiderius Erasmus, 1466-1536)가 대표적인 인문주의 학자가 되었다. 르네상스 휴머니즘의 가장 오래 지속된 효과는 교육 커리큘럼과 방법이었는데 인문주의자들은 현대적인 교육 방식인 엘리트를 위한 지적 규율, 도덕 표준 및 문명화된 취향을 제공하면서 고전 문학의 중요성을 주장했다.

18세기의 계몽주의 시대에 이 인본주의 사상이 다시 등장했는데 이번에는 종교와 고전 문학에서 더 멀리 떨어져 있었다(Fowler 1999: 16). 과학과 지성주의가 발전하면서 인본주의자들은 합리성이 세계를 이해하는 수단으로써 이신론을 대체할 수 있다고 주장했고 새로운 철학적, 사회적, 정치적 사상이 나타나면서 일부 사상가들은 노골적으로 유신론을 거부했다. 가령 당시에 스피노자(Baruch Spinoza, 1632-1675)는 신을 자연의 총체성을 의미하는 것으로 재정의하여 무신론자라는 비난을 받았다(Lamont 1982: 74). 자연주의는 또한 저명한 백과사전학파에 의해 발전되었는데 가령 돌바흐 남작(Baron d'Holbach, 1723-1789)는 논쟁적인 『자연의 체계 또는 물리적 그리고 도덕적 세계의 법칙들(Système de la Nature ou Des Loix du Monde Physique et du Monde Moral)』이라는 책을 썼는데 여기서 그는 철학적 유물론의 원칙에 따라 우주를 설명하면서 마음은 뇌와 동일시했고 살아 있는 몸이 없는 영혼은 없으며 세계는 엄격한 결정론적 법칙에 따라 지배되고 자유 의지는 환상이라고 주장했다. 신에 대한 믿음은 두려움, 이해 부족, 의인화의 산물이라고 주장하면서 그 존재를 분명히 부인했다(d'Holbach, 1770).

프랑스의 실증주의 철학자 오귀스트 콩트는 앞서 본 바와 같이 '인류의 종교'를 창시했다. 이것은 인본주의 교리에 기반을 둔 무신론적 종교를 의도했으며 한때 일부 저명한 회원이 있었으나 곧 쇠퇴했다. 그런데도 이 세계관은 19세기 동안 영향력이 있었으며 세속주의(secularism)라는 단어를 만든 아일랜드의 작가 오스카 와일드(Oscar Fingal O'Flahertie Wills Wilde, 1854-1900), 영국의 언론인 조지 홀리오크(George Jacob Holyoake, 1817-1906), 영국의 작가 조지 엘리엇(George Eliot, 1819-1880), 프랑스의 작가 에밀 졸라(Émile Édouard Charles Antoine Zola, 1840-1902) 및 비즐리(Edward Spencer Beesly, 1831-1915)와 같은 후기 작가들의 작품에 반영되어 있다. 미국의 이신론자 토마스 페인(Thomas Paine, 1737-1809)이 1794년에 출판한 책인 『이성의 시대(The Age of Reason; Being an Investigation of True and Fabulous Theology)』는 19세기 독일의 헤겔주의자인 슈트라우스(David Friedrich Strauss, 1808-1874)와 포이에르바흐(Ludwig Andreas Feuerbach, 1804-1872)의 성경에 대한 비판과 함께 새로운 형태의 인본주의 발전에 이바지했다(Davies, 1997: 26-30).

과학과 철학의 발전은 인본주의자에게 종교적 믿음보다 더 많은 대안을 제공했다. 영국의 생물 진화론자 찰스 다윈이 그의 책 『종의 기원』을 통해 자연 선택(natural selection) 이론을 제시하면서 종의 다양성에 대한 설명을 제공했는데 그의 진화론은 인간이 단순히 자연적인 종이라고 간주하여 인간이 동물 이상이라는 전통적인 신학적 견해와 모순되었다(Darwin, 1859). 이와 동시에 앞서 본 바와 같이 제레미 벤담과 존 스튜어트 밀에 의해 공리주의가 영국에서 발전했는데 이 도덕철학은 자연적인 수단을 통해 인간과 동물의 고통을 제거하는 것을 목표로 하는 인간의 행복에 관심을 집중한다. 그 결과 유럽과 미국에서는 유신론적 세계관에 대한 비판이 커지면서 사회의 많은 부분이 종교와 거리를 두게 되었고 윤리적인 사회가 형성되어 현대 인본주의 운동으로 이어졌다(Law 2011: 39).

합리주의와 과학적 방법의 등장으로 19세기 후반에 영국에서는 국립 세속사회(National Secular Society), 윤리적 연합(Ethical Union), 합리주의 언론 협회(Rationalist Press Association)와 같은 인본주의적인 협회가 많이 생겨났다. 그 후 20세기에 들어오자 인본주의는 영국의 에이어(A. J. Ayer, 1910-1989), 플루(Anthony Garrard Newton Flew, 1923-2010) 및 러셀(Bertrand Arthur William Russell, 1872-1970)과 같은 사상가들에 의해 더욱 촉진되었다. 특히 러셀은 1927년에 출간한 책, 『나는 왜 기독교인이 아닌가(Why I Am Not a Christian)』에서 무신론을 옹호하여 인본주의 사상을 더욱 대중화했다(이재황 역, 1996). 1963년에 영국 인본주의자 협회는 윤리 연합에서 벗어나 다른 소규모 윤리 및 합리주의 그룹과 합병했다. 그러자 유럽의 다른 지역에서도 인본주의 단체들이 생겨났다. 네덜란드에서는 네덜란드 휴머니스트 연맹이, 노르웨이에서는 노르웨이 휴머니스트 협회가 대중적인 지지를 얻었다.

버트런드 러셀
commons.wikimedia.org/wiki/
File:Bertrand_Russell_1949.jpg

미국에서 인본주의는 유니테리언 교회(Unitarian Church) 인물들의 공헌으로 발전했다. 그러면서 1933년에 『인본주의 선언 I』을 출판한 후 「새로운 휴머니스트(The New Humanist)와 같은 새로운 인본주의 잡지가 등장했다.

새로 설립된 소규모 윤리 협회들은 미국 윤리 연합(American Ethical Union)으로 통합했다. 나아가 가장 대표적인 단체인 미국 인본주의 협회(AHA: American Humanist Association)가 1941년에 설립되어 유럽의 유사단체들만

폴 커츠
commons.wikimedia.org/wiki/File:Paul_Kurtz_1979.jpg

큼 인기를 얻었다. 이 단체는 미국 전체로 퍼졌고, 아이작 아시모프(Isaac Asimov, 1920-1992), 존 듀이, 에리히 프롬(Erich Fromm, 1900-1980), 폴 커츠, 칼 세이건(Carl Sagan, 1934-1996), 진 로든베리(Gene Roddenberry, 1921-1991)와 같은 저명한 인사들이 회원이 되었다(Hardie, 2000).

전 세계 인본주의 조직은 현재 국제 인본주의자 협회(Humanists International)를 결성하여 국제연합(UN: United Nations) 기구인 유네스코(UNESCO: United Nations Educational, Scientific and Cultural Organization)와 유니세프(UNICEF: United Nations International Children's Emergency Fund)를 통해 인본주의 의제를 추진했다(Morain & Morain, 1998: 100).

## 3. 인본주의의 장점들

그렇다면 인본주의는 어떤 장점이 있는지 알아보겠다. 먼저 인본주의는 인간의 존엄성과 권리를 존중하고 보호함을 강조한다. 이 세계관은 인간을 신이나 자연 또는 사회에 종속되는 존재가 아니라, 독립적이고 자율적이며 자유로운 존재로 인식하고, 그들의 개성과 잠재력을 발휘할 수 있도록 도우려고 노력한다. 이 사상은 인간을 단순히 육체나 이성 및 감정의 총체로 보지 않고, 영적이고 창조적인 존재로 보면서, 그 삶에 의미와 가치를 부여하는 것을 추구한다는 점에서 긍정적으로 볼 수 있다.

둘째로 이 인본주의는 인간의 성장과 발전을 촉진한다. 이 사상은 인간이 자신의 삶을 스스로 결정하고 책임지도록 하며, 자기 이해와 자기 결정 및 자기실현의 기회와 방법을 제공하려고 한다. 이 세계관은 인간의 행동과 신념의 실제적 결과에서 의미를 찾고, 현실은 고정된 것이 아니라 모든 사건에 따라 변화한다고 믿는다. 즉 이 세계관은 인간 경험의 사회적, 역사적 맥락을 강조하면서 보편적이고 절대적인 진리나 가치가 있다는 생각은 거부한다. 나아가 이 세계관은 인간이 자신의 장단점을 가능한 객관적으로 살펴보면서 인정하는 동시에 자신의 목표와 욕구를 실현하기 위해 노력하도록 격려하며 자신이 타인과 세계와 조화롭게 살아가도록 지원한다고 볼 수 있다.

셋째로 인본주의는 사회적 진보와 변화에도 이바지함을 강조한다. 이 사상은 사회를 개인들의 공동체로 보면서 그들의 복지와 행복을 최우선으로 추구한다. 나아가 이 세계관은 사회에 대한 비판적인 태도를 통해 잘못된 점들은 개선하려는 의지를 갖추도록 교육하고, 여러 사회 문제에 대해 창의적인 해결책을 제시함으로 사회 정의와 성숙한 민주주의를 실현하고자 노력한다. 그 결과 인본주의는 민주적이고 참여적인 형태의 탐구와 학습을 촉진하고 이성, 과학, 민주주의, 인권, 윤리적 가치를 의미 있고 만족스러운 삶의 기반으로 삼으며 인간의 혁신과 창의성을 키우고 인간의 상상력과 열망의 범위를 확장한다.

마지막으로 인본주의는 인간의 가치와 주체성을 강조하여 독단이나 미신보다 비판적 사고와 증거를 선호한다. 따라서 인본주의는 인간의 존엄성과 권리를 존중하면서 개인의 자유와 기회의 극대화를 지지한다. 따라서 인본주의는 과학에 의해 정보를 얻고, 예술에서 영감을 받으며, 동정심에서 동기를 부여받은 합리적인 철학임을 강조하면서 사람이 잘 살고 개인적으로 성장하며 세상을 더 나은 행복한 곳으로 만드는 데 도움을 주려는 세계관이라고 할 수 있다.

## 4. 인본주의의 단점들

그렇다면 인본주의의 단점들은 무엇인지 살펴보겠다. 먼저 인본주의는 인간에 대해 매우 낙관적이며 인간의 본성과 한계를 과소평가하거나 무시한다. 이 세계관은 인간의 선함과 잠재력을 과대평가하고 인간의 죄성과 한계성은 간과한다. 인본주의는 인간 본성에 대해 너무 긍정적이며 인간은 항상 합리적이고 자유롭고 목표와 가치를 달성할 수 있다고 전제한다. 하지만 인본주의자는 너무 개인주의적일 수 있으며 인간 행동에 영향을 미치는 사회적 및 환경적 요인을 무시하기도 한다. 인본주의자는 인간이 자신의 삶을 스스로 결정하고 책임져야 하며, 인간은 항상 이성적이고 합리적이며 도덕적으로 선한 선택을 할 수 있다고 믿으나, 현실적으로 인간은 자주 오류를 범하거나 타협하며 심지어 매우 타락하여 악한 행위를 하기도 한다. 인본주의는 이러한 인간의 약점과 이기심 나아가 죄성에 대해 어떻게 대처하고 극복할 것인지에 대한 명확한 기준이나 방법을 제시하지 못하며 인간이 직면한 도덕적 딜레마와 갈등에 대해서도 적절한 지침이나 해결책을 제공하지 못한다. 18-19세기에 과학과 기술의 눈부신 발전으로 인간은 미래의 진보에 대해 자신감을 가지고 자본주의와 민주주의를 발전시켰지만 20세기에 들어와 두 번에 걸친 세계대전을 겪으며 인본주의적 세계관은 큰 충격을 받은 것이 사실이다. 그런데도 이 사상은 그 후에도 실존주의 및 포스트모더니즘 그리고 뉴에이지 같은 세계관으로 부활하였고 현대에도 많은 영향력을 미치고 있다.

둘째로 인본주의는 인간의 목적과 존재의 근원에 대해 충분한 답변을 제공하지 못한다. 인본주의자는 인간이 스스로 자신의 삶에 의미와 가치를 부여할 수 있다고 주장하지만, 그렇다면 인간은 왜 존재하는 것이고, 어디서 왔으며, 어디로 가는 것인지에 대해 설명할 수 있는가? 인본주의는 이러한 궁극적인 질문에 관해서도 과학이나 이성으로 해결할 수 있다고 믿지만, 그렇다면 과학이나 철학은 어떤 근거나 권위로 그러한 답변을 제공할 수 있는지에 대해 일치된 그리고 만족스러운 답변을 제공하지 못하며 각자 다양한 관점과 해석으로 더 혼란스러운 입장을 표현한다. 이처럼 인본주의자는 신과 같은 초자연적 존재의 존재를 무시하거나 부인하는 불가지론이며 인간의 이성과 과학을 지식과 진리의 유일한 원천으로 삼는다. 이것은 인본주의가 다소 차갑고 이성적이며 물질주의적이라고 느낄 수 있으며 일부 사람들에게는 믿음, 희망 그리고 의미의 상실로 이어질 수 있다. 인본주의는 또한 예배, 기도, 계시의 필요성과 같은 인간 본성의 영적이고 초월적인 측면은 설명하지 못한다.

셋째로 인본주의는 명확하고 일관된 도덕적 기반이 부족하고 옳고 그름에 대해 주관적이고 상대적인 기준에 의존한다. 인본주의자는 너무 상대주의적이어서 각 사람이 자신의 취향과 상황에 따라 자신의 도덕성을 결정하도록 허용할 수 있다. 따라서 이 세계관은 너무 실용적으로 의도나 원칙보다는 결과로 행동을 판단할 수도 있다. 그러다 보면 자기중심적이 되어 다른 존재들에 대해 무관심하거나 자연 및 타인과의 관계를 소홀히 할 수 있다. 나아가 이 사상은 자연을 인간의 통제와 이용의 대상으로 보거나, 신을 부정하거나 무시하고, 타인을 경쟁자나 도구로 보면서 자신만을 위한 이기적인 행위를 정당화할 수 있다. 나아가 인본주의자는 이러한 태도가 인간에게 해로운 영향을 미칠 수 있다고 인식하지 못하거나, 그렇다고 해도 자신의 태도를 바꾸지 않을 수 있다.

넷째로 일부 비평가들은 인본주의적 가치가 억압과 윤리적 다양성의 결여로 이어지는 신식민주의의 한 형태인 서구의 도덕적 지배의 도구가 되었다고 말한다(Jakelić, 2020: 2). 다른 비평가들은 인본주의가 그것을 형성한 백인 이성애 남성의 편견에서 벗어나지 않기 때문에 억압적인 철학이라고도 말한다(Childers, & Hentzi, 1995: 140-141). 예일대 역사 교수인 새뮤얼 모인(Samuel Moyn)은 인본주의와 인권의 연관성을 비판하면서 1960년대의 인권 개념은 반식민지 투쟁의 선언이었지만, 그 개념은 나중에 불가능한 유토피아적 비전으로 변형되어 20세기의 실패한 유토피아를 대체했으며, 따라서 인본주의는 인권을 비실용적이고 궁극적으로 비정치적인 도덕적 도구로 만든다고 주장한다(Jakelić 2020: 12-14). 사우디 출신의 인류학 교수 탈알 아사드(Talal Asad)는 인본주의가 근대성의 프로젝트이자 서구 기독교 신학의 세속화된 연속이라고 주장한다. 그에 따르면, 가톨릭교회가 아프리카와 아시아 인구의 상당 부분을 노예화하는 데 도움을 주면서 기독교 사랑의 교리를 전달한 것처럼, 인본주의적 가치는 때때로 서방 국가들이 '야만인'을 인간화한다는 명분으로 그 영향력을 다른 지역으로 확장하는 구실이 되었다는 것이다(Jakelić 2020: 3-6). 그는 또한 인본주의가 단지 세속적 현상이 아니라 기독교에서 인류의 본질에 대한 개념을 취한다고 보았다(Jakelić 2020: 6). 이에 대해 프랑스의 사회학 교수인 디디에 파셍(Didier Fassin)은 인본주의가 선과 정의보다 공감과 연민에 초점을 맞추는 것이 문제라고 말하면서 인본주의는 공감이 보편화된 기독교 전통, 특히 선한 사마리아인의 비유에서 비롯되었으며 휴머니즘의 핵심 본질인 인간 생명의 신성함은 세속적 포장지에 숨겨진 종교적 승리라고 주장했다(Jakelić 2020: 7-8).

마지막으로 인본주의는 전통적 가치를 반대하며 비현실적인 유토피아를 주장하여 가정의 가치를 파괴한다고 본다(Lamont 1997: 248). 다시 말해 인간은 더 이상 영혼이나 '더 고귀한 본성'을 가지고 있지 않으며 신의 형상도 아니므로 인본주의적 물질주의는 결국 인간성을 감소시킨다는 것이다(Norman 2004: 56). 따라서 세속적 인본주의의 궁극적인 실패는 그것이 본질적으로 성취할 수 없는 것을 약속한다는 사실에 있다. 사람들이 지상의 행복을 신뢰하도록 부추기면서 세속적 유토피아에 대한 그들의 계획만이 가능한 유일한 계획이라고 주장한다는 것이다(Hitchcock, 1982: 141). 하지만 이 유토피아는 결국 환상에 불과하다.

## 5. 인본주의의 단점들에 대한 기독교 세계관의 대안

그렇다면 이러한 인본주의의 단점들에 대해 기독교 세계관은 어떤 대안들을 제시할 수 있는가? 먼저 먼저 인본주의는 인간에 대해 매우 낙관적이며 인간의 본성과 한계를 과소평가하거나 무시하는 데 비해 성경적 세계관은 인간에 대해 낙관적인 면과 비관적인 면, 긍정적인 면과 부정적인 양면성을 동시에 강조하면서 균형 있는 태도를 견지한다. 인간은 하나님의 형상으로 창조된 고귀한 존재이며 따라서 인권이나 인간의 자유 및 책임성을 보장하는 동시에 인간은 타락한 존재로 죄의 노예로 살아갈 수밖에 없는 비참한 존재라는 점도 인정한다. 따라서 인본주의와 같이 인간에 대해 지나친 기대를 하면서 교만함에 빠지지 않으며 현실적인 인간은 매우 개인적이며 이기적이고 그런 인간이 모인 집단은 더욱 비도덕적이고 이기적일 수밖에 없음을 직시한다(Niebuhr, 1932). 나아가 기독교적 세계관은 그러므로 인간은 구속이 필요하며 예수 그리스도 안에서 그것이 가능함을 제시하는 동시에 하나님 나라의 비전이 궁극적인 해결책임을 강조하는 것이다.

둘째로 인본주의는 인간의 목적과 존재의 근원에 대해 충분한 답변을 제공하지 못하지만, 기독교 세계관은 이에 대해 매우 분명한 답변을 제시한다. 즉 인간은 창조주가 아니라 피조물이며 단지 물질이 아니라 하나님의 형상으로 만들어진 존귀한 존재이며 생육하고 번성하면서 이 세상을 창조주를 대신하여 다스리도록 위임받은 청지기임을 강조한다(창세기 1:26-27). 나아가 창조주는 땅의 흙으로 사람을 지으시고, 그의 코에 생명의 기운을 불어넣으심으로 사람이 생명체가 되었음을 강조한다(창세기 2:7). 따라서 성경적 세계관은 인간이 물질적인 면과 비물질적이고 영적인 면을 동시에 가진 독특한 존재임을 분명히 보여준다. 나아가 만물이 그분에게서 나왔고, 그분으로 말미암아 있으며, 궁극적으로 그분을 위하여 있음을 강조한다(로마서 11:36a). 즉 만물의 기원과 현재 존재하는 근거 및 미래의 궁극적인 방향을 보여주면서 인간의 삶은 하나님을 사랑하고 이웃을 사랑하는 것임을 분명히 제시하고 있다.

셋째로 인본주의는 명확하고 일관된 도덕적 기반이 부족하고 옳고 그름에 대한 주관적이고 상대적인 기준에 의존하지만, 성경적 세계관은 신적인 명령을 통해 분명한 윤리적인 기준을 제시한다. 하나님의 자녀들은 하늘나라의 백성으로서 이 땅에서 거룩한 삶을 살아야 할 책임이 있으며 그것은 십계명에 잘 나타나 있다(출애굽기 20:1-17; 신명기 5:6-21). 이것은 다시 신약 성경에서 예수 그리스도에 의해 하나님 사랑과 이웃 사랑으로 요약되었으며(마태복음 22:36-40; 마가복음 12:29-31; 누가복음 10:27) 이웃 사랑은 다시 무엇이든지, 남에게 대접을 받고자 하는 대로, 남을 대접하라는 황금률에 잘 나타나 있다(마태복음 7:12). 나아가 이웃을 사랑하는 부분에 대해서는 '선한 사마리아인의 비유'를 통해 희생적인 사랑의 실천을 강조한다(누가복음 10:30-37). 동시에 이러한 사랑은 피조물 전체에 대한 청지기적 책임으로 확대된다. 다시 말해 우리는 이웃을 사랑할 뿐만 아니라 이 세상을 창조주의 뜻대로 잘 돌보면서 올바르게 발전시켜 나가야 할 사명이 있다는 것이다(창세기 2:15).

넷째로 인본주의적 가치가 억압과 윤리적 다양성의 결여로 이어지는 신식민주의의 한 형태인 서구의 도덕적 지배의 도구가 되었지만, 기독교 세계관은 이에 대해 사랑과 공의의 원칙으로 대안을 제시한다. 서구 열강의 제국주의와 식민주의는 사실상 인본주의의 한 형태인 사회진화론이 낳은 결과이며 이것은 공리주의 등에 의해 합리화되었다. 일부 로마 가톨릭교회는 식민지 개척과 선교를 동시에 진행하면서 원주민들을 착취하고 인권을 억압하였으며 인본주의자들 또한 이 부분을 약육강식 및 자연도태의 진화론적 논리로 정당화하였다. 하지만 가령 영국의 윌리엄 윌버포스(William Wilberforce, 1759-1833)는 모든 인간은 하나님 앞에서 평등함을 주장하면서 노예제를 폐지하는데 일생을 헌신하여 마침내 열매를 맺었고 미국의 링컨(Abraham Lincoln, 1809-1865) 대통령 또한 마찬가지였다. 성경은 분명히 유대 사람, 그리스 사람, 종이나 자유인, 나아가 남자와 여자 모두가 그리스도 예수 안에서 하나라고 강조한다(갈라디아서 3:28). 따라서 어떤 사람도 차별받아서는 안 되며 오히려 몸의 지체 가운데서 비교적 더 약하게 보이는 지체들이 오히려 더 요긴하고 덜 명예스러운 것으로 여기는 지체들에게 더욱 풍성한 명예를 덧입히며, 볼품없는 지체들을 더욱더 아름답게 꾸며 주어야 하고 모자라는 지체에게 더 풍성한 명예를 주어야 한다고 말한다(고린도전서 12:22-24).

마지막으로 인본주의는 전통적 가치를 반대하며 비현실적인 유토피아를 주장하여 가정의 가치를 파괴하고 인간성을 감소시키는 데 비해 기독교 세계관은 예수 그리스도의 죽으심과 부활에 근거한 구속을 통해 하나님께서 통치하시는 하늘나라가 이미 이 땅에서 시작되었으며 장차 완성되는 매우 구체적이고 현실적인 비전을 제시한다. 반면에 인간에 대한 지나친 낙관주의에 기초한 유토피아는 결국 바벨탑과 같이 내적인 모순으로 인해 결코 완성될 수 없는 비현실적인 꿈에 불과함을 분명히 지적한다. 하지만 하나님의 나라는 그리스도의 사역을 통해 선포되고 자세히 설명되었으며 다양한 상황 가운데 매우 구체적으로 제시되었다. 즉 병든 자가 나음을 얻고 악한 영의 지배를 받던 사람이 온전해지며 배고픈 사람들은 먹을 것을 얻었고 목마른 사람들은 영원한 생수를 마실 수 있게 되었으며 궁극적으로 죽음의 권세도 깨어져 부활과 영원한 생명을 확실한 약속으로 받을 수 있게 된 것이다. 따라서 헬레니즘으로부터 시작된 인본주의가 르네상스와 근대의 모더니즘 그리고 현대의 포스트모더니즘으로 계속해서 많은 사람을 미혹하려 하지만 결국 이 모든 노력은 실패로 끝날 것이며 하나님의 나라가 마침내 완성될 것을 성경은 분명히 보여준다(요한계시록 21-22).

## III. 결론

이 장에서는 인본주의 사상에 대해 기독교 세계관적으로 고찰해 보았다. 이 인본주의는 고대 그리스 철학에서 시작되어 지금까지도 이어지고 있으며 르네상스, 이신론, 자연주의, 마르크스주의, 허무주의, 모더니즘, 실증주의, 공리주의, 실용주의, 사회진화론, 포스트모더니즘 및 뉴에이지 등 매우 다양한 모습으로 표출되었다. 나아가 20-21세기에 들어와 인본주의 선언문이 세 번이나 수정되어 발표되면서 지금도 많은 추종자를 보유하고 있다. 따라서 이 세계관의 구체적인 내용과 대표적인 학자들의 사상을 먼저 살펴보았다.

그다음에는 이 인본주의 세계관의 장점으로 먼저 인간의 존엄성과 권리를 존중하고 보호함을 강조하며 둘째로는 인간의 성장과 발전을 촉진하고 셋째로 사회적 진보와 변화에도 이바지함을 강조하며 마지막으로 인간의 가치와 주체성을 강조하여 독단이나 미신보다 비판적 사고와 증거를 선호함을 인정했다.

하지만 이 사상의 단점들에 대해 먼저 인간에 대해 매우 낙관적이며 인간의 본성과 한계를 과소평가하거나 무시하고 둘째로는 인간의 목적과 존재의 근원에 대해 충분한 답변을 제공하지 못하며 셋째로 명확하고 일관된 도덕적 기반이 부족하여 옳고 그름에 대해 주관적이고 상대적인 기준에 의존하고 넷째로 억압과 윤리적 다양성의 결여로 이어지는 신식민주의의 한 형태인 서구의 도덕적 지배의 도구가 되었으며 마지막으로는 전통적 가치를 반대하며 비현실적인 유토피아를 주장하여 가정의 가치를 파괴함을 살펴보았다.

이러한 인본주의의 약점들에 대해 기독교 세계관은 먼저 성경적 세계관은 인간에 대해 낙관적인 면과 비판적인 면, 긍정적인 면과 부정적인 양면성을 동시에 강조하면서 균형 있는 태도를 견지하며 둘째로 인간의 목적과 존재의 근원에 대해 충분한 답변을 제공하고 셋째로 성경적 세계관은 신적인 명령을 통해 분명한 윤리적인 기준을 제시하며 넷째로 인본주의가 억압과 윤리적 다양성의 결여로 이어지는 신식민주의의 한 형태인 서구의 도덕적 지배의 도구가 되었음에 대해 기독교 세계관은 이에 대해 사랑과 공의의 원칙으로 대안을 제시하고 마지막으로 성경적 세계관은 예수 그리스도의 구속을 통해 하나님의 나라가 이미 이 땅에서 시작되었으며 장차 완성되는 매우 구체적이고 현실적인 비전을 제시한다. 하지만 이 인본주의적 세계관은 현대 사회에 여전히 많은 사람에게 적지 않은 영향을 미치고 있다. 따라서 그리스도인들은 계속해서 이 세계관에 대해 예의 주시하면서 올바로 대응해 나가야 할 것이다.

6장

# 사이언톨로지
(Scientology)

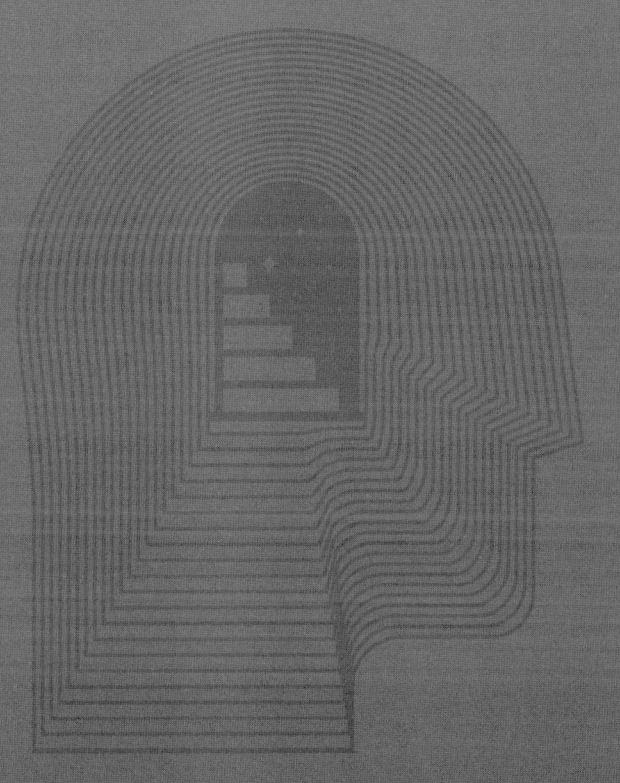

# I. 서론

사이언톨로지(Scientology)는 미국의 론 허버드(L. Ron Hubbard, 1911-1986)가 창설한 세계관이며 컬트, 사업 또는 새로운 종교 운동 등 다양하게 정의된다(Behar, 1991). 그는 처음에 치료의 한 형태로 표현한 『다이어네틱스(Dianetics)』라고 부르는 저서를 통해 일련의 아이디어를 개발했다(Hubbard, 1950). 이것을 홍보하기 위해 그는 1950년에 한 조직을 설립했으나 파산했으며 그 후 그는 세금 감면을 목적으로 자기 생각을 종교로 특성화하면서 '사이언톨로지'로 이름을 변경했고 사이언톨로지 교회를 설립했다. 추정에 따르면 전 세계적으로 사이언톨로지스트의 수는 약 40,000명 미만이다.

사이언톨로지는 환생을 인정하며 충격적인 사건이 마음에 '엔그램(engram)'을 유발하지만 '오디팅(auditing)'이라는 활동을 통해 이것을 제거할 수 있다고 주장한다. 하지만 이 '오디팅'의 각 세션에 대해 수수료가 부과된다. '오디터(auditer)'가 '엔그램'이 있던 개인에게 없는 것으로 간주하면 몇 년 후에 '클리어(clear)'라는 상태가 부여된다. 일부 학자들은 이 과정을 종교적인 것으로 간주하는 반면 다른 학자들은 단지 신도들로부터 돈을 거두는 수단으로 간주한다. '클리어' 상태를 얻은 사람은 추가 지불이 필요한 '오퍼레이팅 세탄(Operating Thetan)' 레벨에 참여할 수 있다. 이 레벨의 텍스트는 대부분 추종자에게 비밀로 유지되며 일반적으로 수십만 달러를 낸 후에야 공개된다. 하지만 이 텍스트의 비밀을 유지하려는 노력에도 불구하고 위키릭스(WikiLeaks)와 같은 사이트에서 온라인으로 자유롭게 사용할 수 있다. 이 텍스트에 의하면 전생은 외계에서 일어났다고 말한다(Christensen, 2016: 155-227). 나아가 수십억 명의 외계인을 지구로 데려와 핵무기로 그들을 죽인, 7천만 년 전 행성 통치자로 묘사된 제누(Xenu)라는 외계인이 등장한다. 대부분 추종자에게 비밀로 유지되고 있음에도 불구하고 이것은 사이언톨로지의 표면적 구원론의 중심인 신화적 틀을 형성하는데(Rothstein, 2009: 365-387) 이것은 대중의 조롱거리가 되었다.

　이 단체는 형성 직후부터 불법 활동으로 상당한 반대와 논란을 불러일으켰다. 1970년대에 그의 추종자들은 미국 정부의 범죄 침투 프로그램에 참여하여 조직의 임원이 미국 연방 법원에서 여러 범죄로 유죄 판결을 받고 투옥되었다. 허버드도 1978년 프랑스 법원에서 사기죄로 유죄 판결을 받고 4년형을 선고받았으며 1992년 캐나다 법원은 토론토의 사이언톨로지 조직이 법 집행 기관과 정부 기관을 염탐하고 범죄를 배임한 혐의로 유죄 판결을 내렸고 나중에 온

타리오 항소 법원에서 이를 인정했다. 사이언톨로지 교회는 다시 2009년 프랑스 법원에서 사기 혐의로 유죄 판결을 받았고 2013년 대법원은 이 판결을 지지했다. 결국, 이 단체는 정부 조사, 국제 의회 기관, 학자, 법조인 및 수많은 상급 법원 판결로 위험한 컬트이자 교활한 영리사업으로 간주되었다. 독일은 이 그룹을 '반헌법적 분파'로 분류하는 반면, 프랑스 정부는 이 집단을 위험한 컬트로 분류한다. 하지만 여러 국가에서 광범위한 소송을 진행한 후 이 단체는 호주, 이탈리아, 미국을 포함한 일부 지역에서 종교 기관으로 법적 인정을 받았다.

지금도 이 사이언톨로지는 큰 영향을 미치고 있는데 해외에서 이 주제를 다룬 문헌은 다수 있으며(Behar, 1991; Christensen, 2016; Rothstein, 2009 등), 국내에서도 허버드의 책이 번역되었고(Bridge Publications, 2011) 이러한 주제로 출판한 학자는 있으나(김영화 & 안신, 2021), 기독교 세계관으로 이를 다룬 학자는 별로 없다. 따라서 이 장에서는 기독교 세계관으로 사이언톨로지를 더 깊이 고찰하되 먼저 그 내용을 구체적으로 분석한 후 대표적인 사상가인 허버드에 대해 살펴보겠다. 나아가 이 세계관의 장점들이 무엇인지 생각해봄과 동시에 이 사상이 가진 단점들은 무엇인지 살펴보겠다. 그 후 이 단점들에 대해 기독교 세계관은 어떤 대안을 제시할 수 있는지 언급한 후 결론을 맺겠다.

## II. 사이언톨로지에 대한 기독교 세계관적 고찰

### 1. 사이언톨로지의 내용

허버드가 만든 사이언톨로지라는 단어는 라틴어 동사 scīre('알다')에서 유래한 scientia(지식, 기술)과 그리스어 로고스(λόγος)의 접미사 '-ology'를 합성한 것으로 '지식에 대해 아는 것 또는 지식의 과학'을 의미한다(Urban, 2011). 이 이름은 '과학'이라는 단어를 사용하여(Bigliardi, 2016: 661-683) 대중에게 과학의 '인정된 합법성'으로부터 지지를 얻으려 한다는 점에서 유사한 전략을 사용하는 크리스천 사이언스(Christian Science)와 사이언스 오브 마인드(Science of Mind) 같은 단체와 비교된다(Lewis, 2012: 136).

허버드는 다른 수천 개의 신조어도 개발했는데 추종자는 이 전문용어를 배워야 하며, 이 용어를 통해 추종자와 비추종자를 구분할 수 있다고 말한다(Bigliardi 2016: 665). 이 단체는 그러한 관행을 '기술'이라고 부르는데, 사이언톨로지스트는 이 '기술'의 '표준성'을 강조하며 그것의 무오류성에 대한 믿음을 표현한다(Flinn, 2009: 217). 추종자는 책을 읽을 때 이해하지 못하는 단어를 지나치지 말아야 하며 모르는 단어의 의미에 대해 사전을 참조해야 한다고 주장하면서 이것을 '단어 지우기'라고 한다(Thomas 2021: 42-43).

사이언톨로지는 최상의 존재를 말하지만, 수행자들은 그를 숭배하지 않으며(Lewis 2012: 137) 일상생활에서 그의 도움을 구하는 기도

도 하지 않는다(Dericquebourg 2009: 176). 허버드는 우주를 '물질, 에너지, 공간 및 시간(MEST: Material, Energy, Space, Time)'으로 말하면서 (Thomas 2021: 52) 이 우주는 생명, 영성, 생각으로 구성된 우주와 분리되어 있으며 모든 세탄(thetan, 영혼 또는 정령)의 동의를 통해 조작되었고 따라서 세탄 자신의 행동을 통해서만 현실이 되는 환상이라고 가르친다(Bromley 2009: 91).

분류, 등급 및 인식 차트로도 알려진 "완전한 자유로 가는 다리(The Bridge to Total Freedom)"는 사이언톨로지의 영적 자유 개념을 달성하기 위한 순차적 단계를 통해 사람을 안내하는 기본 로드맵이다(Urban, 2011: 134-135). 허버드는 인간에게 영, 정신, 육체가 있다고 말하면서(Thomas, 2021: 51), 이 중 첫 번째는 사람의 '진정한' 내면의 자아, 즉 '세타 존재(theta being)' 또는 '세탄(thetan)'이라고 본다(Thomas, 2021: 52). 여기서 그는 그리스어 알파벳 '세타(θ)'를 사용하는데 이것은 아마도 '신'을 의미하는 그리스어 '세오스(θεός)'와 죽음을 의미하는 '사나토스(θάνατος)'가 모두 '세타'로 시

완전한 자유로 가는 다리
(The Bridge to Total Freedom)
https://www.whatisscientology.org/html/Part02/Chp06/pg0181_1.html

작하기 때문일 것이다. 그에 따르면 세탄은 신체를 제어하는 수단으로 마음을 사용한다(Thomas, 2021: 54). 사이언톨로지는 이 세탄이 일반적으로 인간의 두개골 안에 존재하지만, 신체를 떠나 몸과 밀접하게 접촉하거나 완전히 분리될 수도 있다고 말한다(Thomas, 2021: 53). 이 사상에 의하면, 사람의 세탄은 수조 년 동안 존재했으며(Bromley 2009: 91) 셀 수 없이 많은 생애를 살았고(Westbrook, 2019: 21) 지금 거주할 수 있는 육체에 들어가기 훨씬 전부터 있었다(Thomas, 2021: 53). 원래 세탄은 물리적 우주와 분리된 단순한 에너지였는데 각 세탄은 자신의 '고향 우주(Home Universe)'를 가지고 있었고, 물리적인 우주가 출현한 것은 이들의 충돌을 통해서였다는 것이다(Bromley 2009: 91). 사이언톨로지는 이 우주가 만들어지면서 세탄이 인간의 형태로 실험을 시작했고 궁극적으로 그들의 기원에 대한 지식을 잃고 육체에 갇히게 되었다고 가르친다(Bromley 2009: 91). 허버드는 세탄이 자신의 즐거움을 위해 물질적 우주를 만들었고(DeChant & Jorgenson 2003: 221-236) 이 세탄이 창조물과 동일시하기 시작하자 은총에서 떨어졌다고 말하는데(DeChant & Jorgenson 2003: 221-236) 이 부분은 성경적 세계관과 유사하다. 결국, 그는 세탄이 진정한 본성에 대한 기억을 잃었다고 본다(Chryssides, 1999: 282-3).

나아가 사이언톨로지는 환생의 존재를 가르치는데(Lewis 2012: 137) 이는 힌두교 또는 불교의 영향으로 보인다. 허버드는 각 개인이 '전생'을 경험했으며(Barrett 2001: 449) 육체가 죽으면 세탄이 태어날 준비를 하는 다른 육체로 들어간다고 주장하고(Bromley 2009:

91) 세탄이 지구상의 비인간 동물로 태어날 것이라는 생각은 거부한다(Grünschloß 2009: 233). 또한, 사이언톨로지에서 '외부화(exteriorization)'는 세탄이 물리적 우주에 의해 방해받지 않고 원래 상태로 존재하는 짧은 시간 동안만 육체를 떠나는 것을 의미한다(Westbrook, 2019: 21). 이 세계관은 세탄을 몸에서 '외부화'하는 것, 즉 물리적 우주의 한계로부터 해방해 원래 상태로 되돌리는 것을 목표로 한다 (Thomas, 2021: 53). 물질적 우주로부터 영적 자아를 해방한다는 이 생각은 불교와 유사하다(Thomas, 2021: 52). 1950년대에 허버드의 불교에 대한 이해는 제한적이었지만, 사이언톨로지는 그의 가르침을 붓다 사상의 연속이자 성취라고 제시했다(Grünschloß 2009: 232, 429). 한 간행물에서 허버드는 자신이 대승불교의 어떤 형태로 예언된 미래의 깨달은 자 그리고 심지어 적그리스도라고까지 주장했는데 이는 또한 20세기 중반의 다양한 UFO 종교와도 유사하다(Grünschloß 2009: 231, 233).

사이언톨로지를 설립하기 전 허버드는 '다이어네틱스'라는 시스템을 만들었고 그 후부터 사이언톨로지가 성장했다(Lewis 2009a: 5). 다이어네틱스는 정신의 두 주요 부분인 분석 정신과 반응 정신을 제시하는데 분석 정신이 정확하고 합리적이며 논리적이라고 주장하며 허버드는 '완벽한 컴퓨터'라고 불렀다(Urban, 2011: 46). 반응 정신은 모든 고통과 정서적 트라우마를 기록하는 것으로 생각된다(Bednarowski, 1995: 60). 그는 '반응적' 마음이 외상 경험을 '엔그램'이라는 그림 형태로 저장하며(Thomas, 2021: 44) 충격적인 경험은 잊더라도 이 엔그램은 반응 정신에 남아 있다고 주장한다(Barrett, 2001: 448). 그는 인간이 '전생'뿐만 아니라 자궁에서 잠복하는 기간부터 엔그램을 발달시키며 이것이 신경증과 신체적 질병에서 광기에 이르는 사람들의 문제를 일으킨다고 주장했다(Urban 2011: 46). 엔그램의 존재는 과학적 조사를 통해 확인된 적이 없지만(Bigliardi 2016: 674) 사이언톨로지는 마음이 '타임 트랙'이라고 하는 기억 타임라인을 보유하고 있다고 주장한다(Thomas, 2021: 44).

앞서 언급한 바와 같이 다이어네틱스에 따르면 엔그램은 '오디팅'이라는 과정을 통해 삭제할 수 있는데(Urban 2011: 46) 이 오디팅은 사이언톨로지의 중심 활동이며 종교학자들은 사이언톨로지의 '핵심 의식', '주요 의식 활동' 및 '가장 신성한 과정'으로 설명한다(Harley & Kieffer 2009: 202). 오디팅을 받는 사람을 '프리클리어(preclear)'라고 하며 절차를 수행하는 사람은 '오디터'이다. 오디팅은 보통 오디터와 프리클리어 간의 질의응답 세션을 포함한다. 허버드는 일렉트로미터(Electrometer) 또는 일렉트로-사이코미터(electro-psychometer), 또는 더 일반적으로 이미터(E-meter)라고 하는 전자 장치를 개발했다(Harley & Kieffer 2009: 196). 클라이언트는 케이블을 통해 장치의 메인 박스에 연결된 두 개의 금속 손잡이를 잡고 있다. 이것은 클라이언트를 통해 작은 전기 흐름을 방출한 다음 바늘에서 측정되는 상자로 다시 들어가 고객의 신체 내에서 전기 저항의 변동을 감지한다. 오디터는 장치의 주요 부분에 있는 두 개의 다이얼을 작동하는데 큰 것은 전압을 조정하는 데 사용되는 반면 작은 것은 바늘의 움직임

진폭에 영향을 준다. 그런 다음 오디터는 클라이언트가 질문을 받고 대답할 때 바늘의 움직임을 해석한다. 바늘의 움직임은 고객에게 보이지 않으며 오디터는 관찰한 내용을 기록하고 허버드는 이미터가 "생각에 따라 생성된 작은 전기 자극으로 감정적 반응을 측정한다"고 주장했다(Bigliardi 2016: 665, 670). 사이언톨로지스트들은 오디터가 저항 지점을 찾고 그 형태를 에너지로 변환한 다음 방출할 수 있다고 믿는다(Bromley 2009: 94). 오디터는 클라이언트가 인정하고 싶지 않거나 클라이언트의 의식 아래에 숨겨져 있는 항목을 감지할 수 있다고 믿는다(Harley & Kieffer 2009: 201). 이 오디팅은 고객에게 감정적인 경험이 될 수 있으며 일부는 그동안 울기도 한다. 많은 전 사이언톨로지스트들도 여전히 다이어네틱스의 효능을 믿고 있으며 어반은 "가장 냉소적인 전직 사이언톨로지스트들조차 오디팅을 통해 얻은 많은 긍정적인 경험, 통찰력 및 실현에 관해 이야기했다"라고 보고했다(Urban, 2011: 47).

사이언톨로지는 오디팅을 통해 사람들이 문제를 해결하고 엔그램에서 벗어나 세탄으로서의 '자연 상태'로 회복되어 일상생활에서 더 합리적이고 창의적으로 반응할 수 있게 한다고 주장한다(Cowan & Bromley 2006: 175). 관심 영역이 식별되면 오디터는 어려움을 제거하는 데 도움이 되도록 개별적인 특정 질문을 하고 이미터를 사용하여 '전하'가 소멸하였는지 확인한다. 개인이 '완전한 자유로 가는 다리'로 올라가면서 오디팅의 초점은 단순한 엔그램에서 점점 더 복잡해지고 다른 어려움이 있는 엔그램으로 이동하며 더 발전된 수준에서 사이언톨로지스트는 '단독 오디터' 역할을 한다(DeChant & Jorgenson 2003: 229-230).

클리어 레벨 이상의 각도는 '오퍼레이팅 세탄(Operating Thetan 또는 OT)'이라고 한다(Harley & Kieffer 2009: 190). 허버드는 거기에 15개의 OT 레벨이 있다고 설명했지만, 그의 생애 동안 이 중 8개만 완료했다(Urban 2012: 356). 어떤 사이언톨로지스트도 OT 레벨 9에서 15에는 도달하지 못했다(Thomas 2021: 81-82). 1988년에 사이언톨로지 조직은 OT 레벨 9와 10은 확장의 특정 벤치마크가 달성된 경우에만 출시될 것이라고 밝혔다(Westbrook, 2015: 31). OT 수준의 교육을 받으려면 교회 회원은 로스앤젤레스, 클리어워터, 이스트 그린스테드, 코펜하겐, 시드니, 요하네스버그에 기반을 둔 고급 조직 또는 조직 중 한 곳으로 가야 한다(Westbrook 2022: 32). 추정에 따르면 OT 레벨 8에 도달하려면 최소 35만 불에서 40만 불을 지급해야 하며 OT 레벨 6과 7은 클리어워터에서만 사용할 수 있다(Westbrook, 2022: 32). 가장 높은 수준인 OT 8은 플래그십 서비스(Flag Ship Service Org.)에서 운영하는 사이언톨로지 선박인 '프리윈즈(Freewinds)'에서만 공개된다. 토마스는 개인의 지위가 사이언톨로지 교회 내에서 내부 계급 체계를 만든다고 지적했다(Thomas 2021: 82). 이 교회는 구약 수준에서 가르치는 자료는 이전 자료에 숙달한 후에만 이해할 수 있으므로 필요한 수준에 도달할 때까지 비밀로 유지한다고 주장한다(Thomas, 2021: 47, 81). 더 높은 수준의 회원들은 보통 이러한 OT 수준의 내용에 관해 이야기하기를 거부한다(Barrett 2001: 454).

OT 레벨을 통해 진행하는 사람들은 추가로 고급 오디팅 기술을 배운다(Thomas, 2021: 46). 가르친 기술 중 하나는 자신을 오디팅하는 방법이며(Thomas, 2021: 47) OT 레벨 7에 도달하는 데 필요한 절차이다(Westbrook, 2022: 32).

사이언톨로지는 인간을 본래 선한 존재로 간주하며(Dericquebourg 2009: 175) 추종자들이 준수해야 할 명확한 윤리적 지침을 제시한다(Lewis 2009b: 132). 이런 점에서 이 세계관의 그 가치체계는 개신교 세계관과 대체로 양립할 수 있었다(Willms 2009: 253). 가령 사이언톨로지는 기본적인 인권에 대한 믿음을 고백하며(Thomas 2021: 72) 개인의 자유 또는 개인의 권리도 신조의 핵심으로 강조하고(Willms 2009: 251), 세계 인권 선언을 촉진하기 위한 캠페인도 주도한다(Westbrook 2019: 43).

사이언톨로지는 '생존'의 중요성을 강조하며 이를 '역학(dynamics)'이라고 하는 8가지로 세분화한다. 첫 번째 역학은 개인으로서 생존하려는 충동이며 두 번째는 출산과 가족에 관한 것이다. 세 번째는 사람이 속한 그룹 또는 그룹이며 네 번째는 인류이다. 다섯 번째는 환경이며 여섯 번째는 물리적 우주이다. 일곱 번째는 영적 우주이며 여덟 번째는 무한 또는 신성이

사이언톨로지 십자가
en.wikipedia.org/wiki/Scientology#/
media/File:Scientology_Cross_Logo.png

다. 이것을 8개 방향이 있는 사이언톨로지의 십자가에 형상화하고 있다. 허버드는 모든 문제에 대한 최적의 솔루션은 가장 많은 수의 역학에 가장 큰 이익을 가져다주는 것이라고 주장하는데(Urban, 2011: 67) 이는 공리주의의 영향을 받은 것으로 보인다.

ARC 및 KRC 삼각형은 세 가지 개념 간의 관계를 표시하여 다른 개념을 형성하는 개념도인데 이 두 삼각형은

ARC 및 KRC 삼각형
https://www.symbols.com/images/symbol/1/1876_scientology-symbol.png

사이언톨로지의 상징이다. 아래쪽 삼각형인 ARC 삼각형은 사이언톨로지스트가 추구하는 지식을 요약한 것으로 Affinity(애정), Reality(현실) 및 Communication(소통)을 포함한다(DeChant & Jorgenson 2003: 221-236). 사이언톨로지는 이 세 가지 측면 중 하나를 개선하면 다른 두 가지 측면의 수준도 높아진다고 가르치지만, 이 중 소통이 가장 중요하다고 생각한다(Cowan & Bromley, 2006: 176). 위쪽 삼각형은 KRC 삼각형으로, Knowledge(지식), Responsibility(책임) 및 Control(제어) 사이의 관계를 나타낸다.

사이언톨로지스트들은 허버드를 비범한 사람으로 알지만 그를 신으로 숭배하지는 않으며(Westbrook, 2022: 14) 다른 사람들에게 영적 해방의 길을 보여주기 위해 지구에 남아 있던 뛰어난 사람으로(Bigliardi, 2016: 665), 인간 불행의 근원과 모든 사람이 자신의 진정한

잠재력을 인식할 수 있는 기술을 발견한 분으로 본다(Bromley, 2009: 88). 이 교회는 그의 책 『다이어네틱스』가 출판된 그 해인 1950년을 0년으로 간주하는 달력도 운영한다. 그 날짜 이후는 'Dianetics 이후'로 'AD'라고 한다(Thomas, 2021: 99). 그들은 또한 대재앙으로부터 보존하기를 바라며 안전한 지하 금고의 스테인리스 스틸 디스크에 보존된 그의 저서 사본을 묻었다. 하지만 비평가들은 그가 제시한 삶의 많은 세부 사항은 거짓이라고 주장한다(Urban 2012: 338).

이 단체는 홍보하고 개종자를 유치하기 위해 다양한 매체를 사용한다. 허버드는 광범위한 책, 기사 및 강의를 통해 사이언톨로지를 홍보했으며 Source, Advance, The Auditor, Freedom을 비롯한 여러 잡지를 발행하고 New Era 출판사 및 시청각 출판사인 Golden Era를 설립했으며 판촉 목적으로 인터넷도 활용했다. 이 조직은 2014년과 2020년 슈퍼볼 기간에도 텔레비전 광고와 같이 세간의 이목을 끄는 위치를 포함하여 잠재적인 개종자를 유치하기 위해 광고를 사용했으며 특히 오랫동안 유명인을 홍보 수단으로 사용해 왔는데 이를 위한 본사는 할리우드에 있고 다른 지점은 댈러스, 내슈빌, 라스베이거스, 뉴욕 및 파리에 있다. 1955년 허버드는 사이언톨로지로 개종시키기 위해 63명의 유명인 목록을 만들었는데 나중에 들어온 유명 인사로는 존 트라볼타(John Travolta), 톰 크루즈(Tom Cruise), 커스티 앨리(Kirstie Alley), 낸시 카트라이트(Nancy Cartwright) 및 줄리엣 루이스(Juliette Lewis)가 있다. 이 집단은 자신을 더 매력적으로 보이게 하려고 이러한 유명인의 참여를 이용한다(Cusack, 2009: 389, 396).

이 사이언톨로지를 사업으로 보아야 할지, 종교로 간주해야 할지에 대한 논쟁은 수년간 계속되었다. 많은 회원은 이것을 그들의 종교로 생각한다. 허버드도 그렇게 말했지만, 초기 역사와 정책 지침, 서신 및 부하 직원에 대한 지시를 보면 그렇게 한 동기는 사실 면세를 위한 조치였음을 알 수 있다(Beit-Hallahmi, 2003: 1-56). 많은 국가에서 이 단체는 비영리 종교법인으로 인정받기 위해 여러 소송에 참여했으며 미국을 포함하여 운영되는 소수의 관할권에서 그 지위를 획득했다. 하지만 타임(TIME)지의 기사 "탐욕과 권력으로 번창하는 이교(The Thriving Cult of Greed and Power)"는 이 사상을 '무자비한 글로벌 사기'로 보았다(Behar, 1991). 이 출판사를 명예 훼손으로 고소하고 해외에서 재출판하는 것을 막으려는 이 집단의 시도는 기각되었고 심리학에 대한 이론은 이 단체가 고객의 돈을 받기 위한 속임수라는 견해가 있다(Shermer, 2020: 93-103). 바이트-할라미(Benjamin Beit-Hallahmi)도 "사이언톨로지와 그 많은 전선 및 자회사가 수행하는 대부분의 활동은 세속 제품의 마케팅과 관련이 있다"고 보았다(Beit-Hallahmi, 2003: 1-56).

그러나 다른 학자는 이 사이언톨로지를 종교로 언급했으며 옥스퍼드 영어 사전도 마찬가지다. 사회학자 윌슨(Bryan R. Wilson)은 이 사상을 종교와 연관시킨 20가지 기준과 비교하면서 이 운동이 종교로 특징지어질 수 있다고 결론지었다(Barrett, 2001). 블랙(Allan W. Black)은 스마트(Ninian Smart)가 제시한 7가지 "종교의 차원"을 통해 이 세계관을 분석한 후 종교가 되기 위한 기준을 충족한다고 말했다(Barrett, 2001). 사회학자 배럿(David V. Barrett)도 "사이언톨로지를 종교로 간주하는 것이 이치에 맞다는 것을 암시하는 강력한 증거"가 있다고 했으며, 종교학자 루이스(James R. Lewis)는 한 걸음 더 나가 "사이언톨로지가 종교라는 것은 명백하다"고 말했다(Lewis, 2012: 133-149). 보다 구체적으로, 많은 학자는 사이언톨로지를 새로운 종교 운동으로 묘사했다(Barrett 2001: 471). 다른 학자들도 이것을 서양 밀교의 범주 내에서 보았으며(Westbrook, 2019), 종교학자인 그륀슐로스(Andreas Grünschloß)는 이것이 UFO 종교와 밀접하게 연결되어 있다고 주장했다(Grünschloß, 2009: 225-243). 다른 학자는 이것을 '정신치료 지향적인 종교'(Lewis, 2012: 133), '세속화된 종교'(Grünschloß, 2009: 237), '포스트모던 종교'(Rothstein 2009: 365), '사적인 종교'(Andersen, & Wellendorf, 2009: 143) 및 '진보적 지식' 등으로 다양하게 묘사했다(Barrett 2001: 452).

사회학자인 켄트(Stephen A. Kent)는 사이언톨로지를 "단지 종교적인 요소가 있는 다각적인 다국적 기업"으로 보고 있지만(Kent, 1999: 1-56) 종교 역사가 어반(Hugh Urban)은 "거대하고 복잡하며 다면적인 운동"으로 묘사했다(Urban, 2011). 정부 조사, 국제 의회 기관, 학자, 법조인 및 수많은 상급 법원 판결은 사이언톨로지가 종교가 아니라고 주장한다(Willms, 2009: 245-265). 사이언톨로지는 예식, 기도의 구조, 목사들이 입는 옷차림은 모두 개신교의 영향을 받았으나 그 내용은 어반이 말한 것처럼 힌두교와 불교, 새로운 과학적 아이디어, 공상 과학, 심리학 및 20세기 중반에 입수할 수 있는 대중적인 자조 문학의 요소를 포함하는 '풍부한 혼합주의'적 세계관이다 (Urban, 2012: 335-68).

그 결과 사이언톨로지는 그동안 여러 번 분열을 경험했다(Lewis, 2012: 133-149). 사이언톨로지 교회가 이 운동의 최초 발기인이었지만, 다양한 독립 그룹이 분리되었으며 종교학자인 토마스(Aled Thomas)는 '다른 유형의 사이언톨로지'도 언급했다(Thomas, 2021). 종교 사회학자인 브롬리(David G. Bromley)는 이 세계관을 허버드의 "철학, 물리학 및 심리학의 개인적인 종합"이라고 설명한다(Bromley 2009: 97). 허버드는 초자연적인 출처로부터의 계시를 통해서가 아니라 연구와 실험을 통해 자신의 아이디어를 발전시켰다고 주장했다(Grünschloß, 2009: 231). 그는 평생 수백 편의 기사와 책을 출판했으며 사이언톨로지스트는 이를 경전으로 간주한다(Rothstein, 2009: 378). 이 교회는 사람들이 그의 작품을 연대순, 즉 기록된 순서대로 읽을 것을 권장하면서(Thomas 2021: 43, 79) 그의 작업은 완벽하며 어떤 변경도 허용되지 않는다고 주장한다(Bigliardi, 2016: 665). 그는 사이언톨로지가 형이상학적 교리, 심리학 이론, 도덕에 대한 가르침으로 구성되어 있으므로 '응용된 종교 철학'이라고도 설명했다(Dericquebourg, 2014). 그는 사이언톨로지가 '모든 종파'이며(Westbrook, 2019) 회원이 다른 종교에 적극적으로 참여하는 것도 허용된다고 주장했다(Cusack, 2009: 389-409). 종교학자인 웨스트브룩(Donald Westbrook)은 회원 대부분이 사이언톨로지를 그들의 유일한 헌신으로 여기며, 교회에 더 깊이 관여할수록 다른 전통을 계속 실천할 가능성은 적다고 지적했다(Westbrook, 2019). 종교학자 크리스텐센(Dorthe R. Christensen)은 사이언톨로지를 '믿음의 종교'라기보다는 '실천의 종교'라고 설명했다(Christensen 2009b: 412). 이 사상의 신념과 실천은 엄격한 연구에 기반을 두고 있으며, 그 교리는 과학적 법칙과 동등한 의미를 부여받기에 지지자들은 개인적인 경험을 통해 검증하도록 권장된다(Cowan & Bromley 2006: 170-171).

이 단체는 종종 심한 비판을 받았기 때문에 비판자들에 대해 강력히 공격했다(Barrett, 2001: 463). 특히 1966년에 이 집단은 그들에 적대적인 자들을 약화하는 데 전념하는 정보기관인 가디언스 오피스(GO: Guardian's Office)를 설립하여 부정적인 홍보에 대응하고, 정보를 수집하며, 적대적인 조직에 침투하는 광범위한 프로그램을 시작했다(Barrett 2001: 466). 소위 "백설 공주 작전(Operation Snow White)"에서 이 기관은 미국국세청과 기타 여러 정부 부서에 잠입하여 교회, 정치인, 유명인사에 관한 수만 건의 문서를 훔치고 복사한 다음 반환했다(Barrett, 2001: 467). 그러자 1977년 7월, 경찰은 이 단체를 급습하여 정부 부처와 기타 단체에 침투한 증거를 발견하여 11명의 관리인과 대리인을 기소했다. 1979년 12월에 그들은 각각 4-5년의 실형을 선고받고 만 불의 벌금도 부과되었다. 유죄 판결을 받은 사람 중에 허버드의 당시 부인인 메리(Mary S. Hubberd)도 있었고(Barrett 2001: 467) 이로 인해 이 단체는 광범위한 비난을 받았다.

1967년에 허버드는 가장 헌신적인 회원들로 구성된 '바다 조직(Sea Organization)' 또는 'SeaOrg'라는 새로운 엘리트 그룹을 설립했다

(Barrett, 2001: 464-465). 1981년에 여기서 그의 가장 가까운 보좌관 중 한 명이었던 21세의 데이비드 미스캐비지(David Miscavige)가 유명해졌다(Barrett, 2001: 468). 허버드가 1986년 1월 24일 캘리포니아에서 사망하자 미스캐비지가 그를 승계하여 대표가 되었다(Thomas 2021: 27).

## 2. 대표적인 사이언톨로지 사상가

사이언톨로지를 대변하는 사상가는 당연히 앞서 언급한 론 허버드이다. 그는 1911년 네브래스카주(State of Nebraska)에서 태어나 어린 시절 대부분은 몬태나주(State of Montana) 헬레나(Helena)에서 보냈다. 아버지가 1920년대 후반 괌(Guam)의 미 해군 기지에 배치되는 동안 그는 아시아와 남태평양을 여행했다. 1930년에 그는 토목 공학을 공부하기 위해 조지 워싱턴 대학교(George Washington University)에 등록했지만 2년 차에 중퇴하여 픽션 작가로 경력을 시작했으며 제2차 세계대전 중 해군 장교로 잠시 복무하다 마지막 몇 달은 병원에서 치료를 받으며 보냈다. 그는 1923년과 1930년에 해군 정신과 의사인 조셉 톰슨(Joseph Thompson)과 만났는데 톰슨이 나중에 사이언톨로지에

론 허버드
commons.wikimedia.org/wiki/File:L._Ron_Hubbard_in_1950.jpg

통합된 것으로 알려진 불교 격언인 "당신에게 사실이 아니라면 그것은 사실이 아니다"라는 속담을 그에게 가르쳤다(Wright 2013: 22). 그 후 그는 주류 출판물에 글을 쓰려고 노력했다.

친구의 공상 과학 소설에서 영감을 얻은 그는 "슈퍼맨을 만든다"고 주장하는 책을 쓸 계획을 발표했고 1950년에 초인적인 상태인 '클리어(Clear)'에 도달할 기회를 제공하는『다이어네틱스』를 출판했다. 그 후 그는 이 책에 대해 강의하며 다른 사람들을 교육하기 시작했다. 이 책의 기본 내용은 사실상 오스트리아의 심리학자였던 프로이드(Sigmund Freud, 1856-1939)와 같이 뇌가 무의식에 저장된 기억('엔그램')을 기록하며 이것은 나중에 심리적, 정서적, 심지어 신체적 문제를 일으킬 수 있지만 친근한 청취자와 기억을 공유함으로써 과거의 고통을 극복하고 스스로 치유할 수 있다는 것이다. 나아가 그는 관절염, 피부염, 알레르기, 천식, 관상 동맥 장애, 안구 질환, 활액낭염, 궤양, 부비동염, 편두통 등 대부분 질병이 심인성이며 엔그램에 의해 발생하지만 다이어네틱스 요법으로 치료할 수 있다고 주장했다(Christensen, 2016).

그의 책은 즉각적인 상업적 성공을 거두었고 '놀라운 규모의 전국적인 컬트'를 불러일으켜 500개의 다이네틱 오디팅 그룹이 미국 전역에 설립되었으며 허버드는 '허버드 다이네틱 연구재단'을 만들었다. 하지만 로스앤젤레스에서 그가 발표한 행사가 참담하게 실패하면서 대중의 신뢰를 잃었고 1950년 후반에 이 재단은 금융 위기에 처하여 이 책의 저작권을 채권자들에게 빼앗기자 그는 사이언톨로지라는 새로운 조직을 구성하였다. 다이어네틱스의 목표가 초인적인 상태인 '클리어'에 도달하는 것이라면, 사이언톨로지는 '오퍼레이팅 세탄'이라는 상태에서 신과 같은 힘을 얻을 기회를 약속했다. 그는 앞서 언급한 'E-미터'라는 장치를 도입했는데, 이것이 '개인의 가장 깊은 생각을 드러내는 거의 신비한 힘'을 가진 것으로 제시했다(Miller 1987: 204). 이 단체는 미국과 영국 전역에 퍼졌고 수입의 상당액이 그에게 전달되었다. 미국에서 세금 면제를 상실하자 그는 영국의 세인트 힐 매노(Saint Hill Manor)를 구매하여 이사했지만 1968년까지 영국은 외국 사이언톨로지스트의 입국을 금지하고 그를 '바람직하지 않은 외국인'으로 선언했다(Atack, 1990: 183).

사이언톨로지는 분권화된 다이어네틱스 운동과는 매우 다른 방식으로 조직되어 HAS(Hubbard Association of Scientologists)가 유일한 공식 조직이었으며 지점은 프랜차이즈 형식으로 각 프랜차이즈 소유자는 중앙에 수입의 10%를 지급해야 했다. 1954년까지 미 국세청은 캘리포니아의 사이언톨로지 교회를 비영리 종교 단체로 면세 혜택을 주었고 1966년까지는 전국적으로 면세 혜택을 받아 수익성이 높았다. 그는 전 세계 사이언톨로지 조직으로부터 통계와 수입을 보고하는 텔렉스 메시지를 매일 받았으며 일주일에 15,000달러와 은행 계좌로 수백만 달러를 받았다. 사이언톨로지 교회 특사들이 정기적으로 도착하여 통화 수출 제한을 피하려고 영국에서 밀수한 현금을 운반했다고 한다(Miller 1987: 290-300).

그는 1965년에 사이언톨로지 내부 규율을 강화하기 위해 '윤리

기술'을 도입하여 가족 구성원을 포함하여 파괴적이거나 '억제적'인 것으로 간주되는 조직이나 개인으로부터 '연결을 끊을' 것을 요구했다(Atack, 1990: 155.). 사이언톨로지가 점점 더 부정적인 언론의 관심에 직면하자 1966년 3월 초, 그는 가디언스 오피스(GO)를 만들어 수백 건의 영장으로 보복했다. 1966년 말과 1967년 초에 북아프리카를 항해하던 자신의 배에서 그는 『OT III』를 저술했는데 당시 전 세계의 많은 추종자가 이 함대에 탑승하기 위해 지원했다. 하지만 그들의 대부분은 항해 경험이 전혀 없어 기계적 어려움과 실수로 인해 많은 재난이 발생했다. 폭풍으로 인해 방향타가 손상된 한 사건 이후 선원들은 기진맥진할 정도로 일했으나 빈약한 배급을 받았고 몇 주 동안 옷을 빨거나 갈아입는 것도 금지될 정도로 그는 함대에서 가혹한 징계 체제를 유지했다고 한다(Miller 1987: 286).

1972년 프랑스 검찰은 허버드와 프랑스 사이언톨로지 교회를 사기 및 관세 위반 혐의로 기소했다. 프랑스로 송환될 위험에 처한 그는 1972년 말에 일시적으로 Sea Org 함대를 떠나 뉴욕(New York) 퀸스(Queens)에서 은둔 생활을 했다(Miller 1987: 314). 이때 그의 건강은 크게 악화하였는데 연쇄 흡연으로 활액낭염과 과체중을 앓았다(Miller 1987: 316). 1975년 여름, 카리브해(Caribbean Sea)의 퀴라사오(Curaçao)섬에서 그는 심장마비와 폐색전증을 겪었다(Atack 1990: 255). 1976년 6월 11일, 미국 연방 수사국(FBI: Federal Bureau of Investigation)이 워싱턴 D.C.의 미국 법원 내부에서 두 명의 GO 요원을 체포하자, 그는 캘리포니아에 있는 안전한 집으로 이동했다.

1978년 2월, 그는 허위로 돈을 받은 혐의로 프랑스 법원에서 유죄 판결을 받아 벌금형과 4년 형을 선고받았고 1978년 8월 18일에는 사막에서 촬영하다 쓰러졌다. 폐색전증으로 고통받던 그는 혼수상태에 빠졌으나 나중에 회복되었다. 1979년 4월, 그는 더 은신하여 캘리포니아(California) 헤멧(Hemet)에 있는 아파트로 이사했다. 1979년 8월에 그는 아내를 마지막으로 만났다. 그는 뉴욕 언론인 쿠퍼(Paulette Cooper)에 대한 GO의 캠페인에서 자신의 역할에 대해 기소될 가능성에 직면하자 1980년 2월 그는 두 명의 신뢰할 수 있는 메신저와 함께 은신처로 사라졌다(Atack 1990: 259). 그는 생애 마지막 2년 동안 공적 생활에서 물러나 주로 캘리포니아주 한 목장에 있는 호화로운 캠핑카에서 시간을 보냈다. 하지만 이곳에서 만성췌장염을 포함해 그의 건강은 더욱 악화하였다. 1985년 9월에 미국세청이 그를 세금 사기로 기소하는 것을 고려하고 있다고 교회에 알리자 그해 12월, 그는 자살을 시도했으며 1986년 1월 17일 뇌졸중을 앓았고 일주일 후에 사망했다. 그의 시신은 화장되었고 재는 바다에 뿌려졌다(Miller 1987: 375).

   허버드는 여러 사상가의 영향을 받았다. 그중에 앞서 언급한 프로이드의 사상 외에도 '적자생존(survival of the fittest)'이라는 문구를 만든 사회진화론의 창시자 허버트 스펜서의 영향도 받았다. 그는 모든 생명에게 주어진 '하나의 명령'은 '생존'하는 것이라고 가르쳤고 『생존의 과학(Science of Survival)』이라는 책도 저술했다(Hubbard, 1951). 또 다른 영향을 준 사람은 코르지프스키(Alfred Korzybski, 1879-

1950)였다. 반응 정신에 대한 허버드의 견해는 코르지프스키의 사상과 유사하며 그의 '인체 측정기'는 허버드의 E-미터 발명에 영감을 준 것일 수 있다.

한 가지만 덧붙인다면 그의 결혼 생활이다. 그는 1933년에 마가렛 그럽(Margaret Grubb)과 결혼하여 1947년에 이혼했다. 하지만 마가렛과 결혼한 상태에서 그는 다시 1946년에 사라 홀리스터(Sara Northrup Hollister)와 결혼했다. 사실상 중혼인 셈이다. 그 후 다시 1951년에 그녀와 이혼한 후 마지막으로 그는 1952년에 메리(Mary Sue Hubbard)와 결혼하여 사망할 때까지 함께 했다.

## 3. 사이언톨로지의 장점들

그렇다면 사이언톨로지는 어떤 장점이 있는지 알아보겠다. 먼저 사이언톨로지는 마약 중독, 문맹, 학습 장애 및 범죄 행위와 싸우기 위한 봉사 프로그램을 개발했다. 이것들은 허버드의 저술에 기초한 세속적인 기술로서 학교, 기업 및 지역 사회에 제시되었다(Neusner, 2009). 이 교회는 다양한 사회봉사 프로그램을 통해 사회에 영향을 미치는 것을 강조한다(Lewis, 2009a: 9). 이를 위해 인도주의적 노력에 관련된 조직의 네트워크를 구축했으며 이들 대부분은 비영리 기반으로 운영된다. 가령 1966년에 시작된 나르코논(Narconon)은 약물에 대한 허버드의 이론을 사용하고 오디팅, 운동, 사우나, 비타민 보충제 및 건강한 식습관을 통해 중독자를 치료하는 교회의 약물 재활 프로그램이다(Lewis, 2009a: 9). 크리미논(Criminon)은 교회의 범죄 재활 프로그램이다(Bromley, 2009: 97).

둘째로 사이언톨로지 교회는 1972년에 설립된 응용 스콜래시틱스(Applied Scholastics) 프로그램은 학생들을 돕기 위해 허버드의 교수법을 사용한다(Bromley, 2009: 98). 행복에 이르는 길 재단(The Way to Happiness Foundation)은 현재까지 40개 이상의 언어로 번역된 허버드가 작성한 도덕 규범을 장려하면서(Cowan & Bromley 2006: 183) 더 나은 삶과 교육을 위한 협회의 경영 기치 아래 운영된다. 세계 사이언톨로지 기업 연구소(WISE: World Institute of Scientology Enterprises)는 사이언톨로지 관행을 비즈니스 관리에 적용하며 허버드의 기술을 사용하는 가장 유명한 교육 공급업체는 스털링 관리 시스템(Sterling Management Systems)이다(Cowan & Bromley 2006: 183).

마지막으로 허버드는 1973년 자원봉사자 프로그램을 고안했다(Cusack & Digance, 2009: 436). 독특한 노란색 셔츠를 입은 교회의 자원봉사 목사들은 어려움에 부닥친 사람들에게 도움과 상담을 제공한다. 여기에는 '지원'을 제공하는 사이언톨로지 기술이 포함된다. 2001년 9월 11일 뉴욕시 테러 공격 이후, 자원봉사자들은 공격 몇 시간 내에 그라운드 제로 현장에 있었고, 구조대원들을 도왔다. 자원봉사자들의 효율성에 대한 설명은 혼합되어 있으며 터치 지원은 과학적 증거에 의해 뒷받침되지 않았다(Goodman, 2005). 물론 이 교회를 비판하는 사람들은 이러한 활동을 단지 홍보 활동으로 간주한다(Lewis, 2009a: 9).

## 4. 사이언톨로지의 단점들

그렇다면 사이언톨로지의 단점들은 무엇인지 살펴보겠다. 먼저 켄트(Kent)는 미성년 자녀를 둔 성인 Sea Org 회원의 경우 업무 의무가 우선시되고 부모-자식 관계가 손상되며 심각한 아동 방치 및 위험에 처한 사례가 발생했다고 설명했다(Kent, 1999: 7-11). 어반은 사이언톨로지 교회를 "세계에서 가장 논란이 많은 신종 종교"라고 묘사했고, 루이스는 그것을 현대 신종교 운동 중 "가장 끈질기게 논란이 되는 종교"라고 불렀다(Lewis, 2012: 133). 어반에 따르면, 교회는 "정부 기관에 대한 스파이 활동에서 교회 비평가에 대한 충격적인 공격 및 교인에 대한 학대에 이르기까지 극도로 문제가 되는 행위에 대한 기록된 역사"를 가지고 있었다(Urban, 2011: 7).

둘째로 이 교회는 불법을 자행한다. 그 결과 많은 국가(미국, 영국, 캐나다, 프랑스 및 독일 포함)의 정부 및 경찰과 충돌했다(Leiby, 1994). 이것은 역사상 가장 소송이 많은 종교 운동 중 하나였으며 정부, 조직 및 개인을 상대로 수많은 소송을 제기했다(Richardson, 2009: 283). 여러 국가의 언론인, 법원과 정부 기관은 사이언톨로지 교회가 비평가들을 괴롭히고 교인들을 잔인하게 착취하는 부도덕한 상업 기업이라고 보고하고 주장했으며 언론에서 정부 기관에 이르는 그룹에 의해 상당한 양의 조사가 조직을 겨냥했다(Leiby, 1994). 사이언톨로지 교회 본부에 대한 미국 연방 수사국(FBI)의 급습으로 조직에 대한 다양한 비판자들에 대한 사이언톨로지의 범죄 행위를 자세히 설명하는 문서가 공개되었다. 이 조직의 요원들은 이 운동을 비판했던 초기 책인 『사이언톨로지의 스캔들(The Scandal of Scientology)』의 저자인 쿠퍼(Paulette Cooper)를 해치려고 시도했다(Stafford, 1979). 이 문서 중에는 플로리다 주 클리어워터 시장을 계획된 뺑소니 사고로 누명을 씌우려는 계획도 있었다. 이 사건과 관련된 9명이 절도, 절도, 음모 및 기타 범죄 혐의로 기소되었다. 1988년에 사이언톨로지 회장인 히버 젠츠쉬(Heber Jentzsch)와 그 조직의 다른 10명의 회원은 불법 결사, 강압, 사기, 노동법 위반을 포함한 다양한 혐의로 스페인에서 체포되었다(Koff, 1988: 1, 6). 2009년 10월 사이언톨로지 교회는 프랑스에서 조직적인 사기 혐의로 유죄 판결을 받았고 선고는 2012년 2월 항소 법원과 2013년 10월 대법원에서 확정되었다(CBS News, 2012).

셋째, 사이언톨로지 교회는 적으로 인식되는 사람들에 대해 조직적인 괴롭힘을 감행한다. 사이언톨로지의 이러한 단절 정책으로 일부 구성원은 조직에 '적대적'인 친구나 가족을 피해야 한다(Farley, 2006: 1A, 14A). 조직을 돌보던 사이언톨로지스트 맥퍼슨(McPherson)의 죽음에 대해 로버트 밀턴(Robert Minton)은 이 교회를 상대로 한 수백만 달러 규모의 소송을 후원했으며 2004년 5월, 맥퍼슨 측과 이 교회는 기밀 합의에 도달했다(Farley, 2004). 언론인, 정치인, 전직 사이언톨로지교인 및 다양한 반종교 단체는 1960년대부터 사이언톨로지에 대한 잘못을 고발했으며, 사이언톨로지는 거의 예외 없이 이러한 비판자들을 개인적 잘못에 대한 소송 및 공개적 반발의 형태로 보복하기 위해 표적으로 삼았다. 많은 사이언톨로지 비평가들은 사생활에서 위협과 괴롭힘을 당했다고 보고했다. 1990년 「Los Angeles Times」 기사에 따르면, 사이언톨로지는 교회 회원을 사용하는 것에서 전현직 로스앤젤레스 경찰관을 포함한 사설탐정을 사용하는 것으로 크게 전환했다.

넷째, 1951년 1월, 뉴저지 의학 검사 위원회(New Jersey Board of Medical Examiners)는 자격증 없이 의학을 가르치는 혐의로 다이네틱 연구재단(Dianetic Research Foundation)을 상대로 소송을 제기했다. 그의 생애 동안 허버드는 면세 상태를 유지하고 허위 의료 청구에 대한 기소를 피하려고 종교를 사이언톨로지의 외관으로 사용했다는 비난을 받았다. 미국국세청(IRS: Internal Revenue Service)은 부자가 되는 방법은 종교를 창시하는 것이라고 허버드가 자주 언급한 진술을 인용했다. 그 외에도 허버드와 사이언톨로지는 수많은 범법행위로 기소를 당했으며 유죄 선고도 많이 받았다.

다섯째, 오디팅 과정에서 오디터는 클라이언트로부터 개인 정보를 수집하고 기록한 후 이 정보를 사용하여 이전 회원들을 공격하고 심리적으로 학대한 전력이 있다. 예를 들어, 1969년 12월 16일 메리 허버드의 가디언스 오피스 명령(G. O. 121669)은 '내부 보안' 목적으로 오디팅 기록의 사용을 명시적으로 승인했다(Atack, 1990: 332). 이전 회원들은 오디팅에서 얻은 정보가 비평가에 대한 비방 캠페인에 사용될 수 있는지 확인하기 위해 샅샅이 뒤졌다고 보고한다(Koff, 1988).

마지막으로, 2003년 「The Times of India」는 "강제 낙태, 구타, 기아는 이 교회의 징계 도구로 간주된다"라고 보도했다(The Times of India, 2003). 전직 고위 소식통은 '1,500여 건의 낙태'가 "80년대 후반에 바다 조직(Sea Org)에서 아이를 갖기로 하면 조직에 남을 수 없다는 규칙이 시행된 이후 여성에 의해 수행되었다"라고 보고했다. 소식통은 "그리고 바다 조직에 10년 동안 있었던 회원이 아이를 갖기로 하면 그들은 퇴직금으로 $1,000 이하로 해고된다"고 언급했다(New York Post staff, June 29, 2005: 011). 많은 이전 회원들이 낙태하라는 압력을 받았다고 말했다. 오랜 회원인 우드크래프트(Astra Woodcraft)는 교회가 그녀에게 낙태하도록 압력을 가했을 때 영원히 사이언톨로지를 떠났다(Los Angeles Times staff, February 29, 2008). 전 Sea Org 회원 프레슬리(Karen Pressley)는 그들이 낙태를 받고 Sea Org에 남을 수 있도록 동료 사이언톨로지스트로부터 대출을 자주 요청받았다고 회고했다(Pressley, 2017: 222). 사이언톨로지 직원인 헤들리(Claire Headley)는 "직장을 유지하기 위해 낙태를 강요받았으며 강제노동을 위해 개인의 권리와 자유를 침해당했다"라고 말했다(Perrault, March 26, 2009: C01). 그 외에도 많은 여성이 인신매매, 강간, 강제노동, 아동 학대를 포함한 다양한 불만 사항을 주장하며 사이언톨로지 교회를 고소했다(Mark, 2019).

## 5. 사이언톨로지의 단점들에 대한 기독교 세계관의 대안

그렇다면 이러한 사이언톨로지의 단점들에 대해 기독교 세계관은 어떤 대안들을 제시할 수 있는가? 먼저 성경적 세계관은 가정의 가치를 소중히 여긴다. 가정은 하나님께서 고안하신 창조물이며 천국을 이 땅에서 맛볼 수 있는 축복의 장소다. 따라서 십계명에서 인간에 관한 첫 계명은 부모를 공경하는 것이며 부모 또한 자녀를 사랑으로 훈육해야 한다(출애굽기 20:12; 신명기 5:16; 에베소서 6:1-4).

둘째로 기독교 세계관은 교회가 불법을 자행해서는 안 되며 오히려 세상의 질서를 존중하여 준수하면서(로마서 13:1-7) 빛과 소금이 되어야 함을 가르친다(마태복음 5:13-16). 사랑과 겸손한 희생으로 세상 사람들로부터 인정받는 천국 공동체가 되어야 할 것이다.

셋째로 성경적 세계관은 자신을 대적하는 원수까지도 미워하지 말고 사랑하라고 가르친다(마태복음 5:44; 누가복음 6:27, 35). 이것은 자기를 비판하는 사람들을 공격하는 사이언톨로지와는 분명히 대조된다.

넷째로 기독교 세계관은 세상의 법도 준수해야 함을 강조한다. 자격없이 의술을 행하는 것은 매우 위험한 행동이며 정식 교육을 받고 자격을 갖춘 의사는 환자를 치료하고 교회는 병든 자를 위해 기도하는 사역에 전념해야 한다(야고보서 5:14).

다섯째로 성경적 세계관은 개인 정보와 프라이버시를 존중한다. 어떤 이유로도 상담한 내용이나 개인적인 사항을 공개하거나 다른 목적으로 사용하는 것을 금한다. 하지만 각자 하나님과 사람 앞에서 자신의 모든 언행 심사에 대한 책임을 져야 한다(전도서 12:14).

마지막으로 기독교 세계관은 결코 강제로 낙태를 강요하거나 폭력을 행사하지 않아야 함을 강조한다. 오히려 생명을 존중하며 자녀를 낳는 것은 축복임을 가르친다. 폭력을 통해 위협하는 것이 아니라 사랑과 인내로 설득해야 한다. 나아가 인신매매, 강간, 강제노동, 아동 학대를 포함한 어떤 인권에 대한 침해도 반대한다. 왜냐하면, 모든 인간은 하나님의 형상으로 창조된 고귀한 존재이기 때문이다(창세기 1:26-27).

## III. 결론

이 장에서는 사이언톨로지라고 하는 세계관에 대해 기독교 세계관적으로 고찰해 보았다. 먼저 이 사상은 론 허버드에 의해 창시되었으며 동서양의 다양한 세계관이 혼합된 것임을 살펴보았다. 동양적 세계관으로는 힌두교와 불교의 영향으로 윤회 사상 및 환생에 대한 요소가 있으며 서양의 세계관으로는 헬레니즘 및 공상 과학소설의 내용이 많이 담겨 있으며 재정적인 이익을 위해 '교회'라는 이름을 붙여 비영리 재단법인으로 등록하여 활동하는 것도 지적했다. 그리고 기독교 세계관의 일부도 사용함도 고찰해 보았다.

나아가 이 사이언톨로지 세계관의 장점에 대해서는 먼저 마약 중독, 문맹, 학습 장애 및 범죄 행위와 싸우기 위한 봉사 프로그램을 개발했고, 둘째로는 응용 스콜래스틱스(Applied Scholastics) 프로그램으로 학생들을 돕기 위해 허버드가 작성한 도덕 규범을 장려하면서 더 나은 삶과 교육을 도모한다. 마지막으로 사이언톨로지는 자원봉사자 프로그램을 개발하여 운영한다.

하지만 이 세계관의 단점들에 대해서는 먼저 업무 의무가 우선시되고 부모-자식 관계가 손상되며 심각한 아동 방치 및 위험에 처한 사례가 발생했다. 둘째로는 불법을 자행하며, 셋째로는 적으로 인식되는 사람들에 대해 조직적인 괴롭힘을 감행한다. 넷째로 사이언톨로지는 자격증 없이 의학을 가르치며, 다섯째로 수집한 개인 정보를 임의로 사용하고, 마지막으로 사이언톨로지는 강제 낙태, 구타, 기아 등이 이 교회의 징계 도구로 사용한다.

이러한 사이언톨로지의 약점들에 대해 기독교 세계관은 이론적이면서도 실제적인 대안을 제시할 수 있음을 논증하였다. 먼저 성경적 세계관은 가정의 가치를 소중히 여긴다. 둘째로 기독교 세계관은 교회가 불법을 자행해서는 안 되며 세상의 빛과 소금이 되어야 함을 가르친다. 셋째로 성경적 세계관은 자신을 대적하는 원수까지도 사랑하라고 강조한다. 넷째로 기독교 세계관은 세상에서의 법도 준수해야 함을 가르치며 다섯째로 성경적 세계관은 개인 정보와 프라이버시를 존중한다. 마지막으로 기독교 세계관은 결코 강제로 낙태를 강요하거나 폭력을 행사하지 않는다.

하지만 이 사이언톨로지 세계관은 현대 사회에 여전히 많은 사람에게 적지 않은 영향을 미치고 있다. 특별히 할리우드 스타들을 앞세워 매우 공격적인 마케팅을 하고 있으며 현대인의 불안한 심리적 문제를 해결해 준다고 하는 논리로 많은 사람을 미혹하고 있다. 특별히 유명인을 모방하려는 심리가 강한 한국의 청소년들이 이러한 세계관의 유혹을 극복하기가 쉽지 않을 것이다. 따라서 그리스도인들은 계속해서 이 세계관에 대해 예의주시하면서 올바로 대응해 나가야 할 것이다.

7장

# 사회진화론
(Social Darwinism)

# I. 서론

사회진화론(社會進化論, Social Darwinism)은 19세기에 영국의 과학자 찰스 다윈이 『종의 기원』에서 주장한 생물 진화론의 자연선택(自然選擇, natural selection)이론을(Darwin, 1859) 영국의 사회사상가 허버트 스펜서가 사회과학에 적용하여 사회, 경제, 정치를 해석하는 세계관으로 인간사회와 인종도 자연의 동식물처럼 자연선택 법칙에 종속된다는 이론이다. 이러한 세계관은 특히 19세기 말과 20세기 초에 유행했으며, 자유방임적 자본주의, 정치적 보수주의, 제국주의, 식민주의, 인종차별주의, 파시즘(fascism), 나치즘(Nazism) 및 우생학(優生學, eugenics)을 정당화하는 데 사용되었다. 스펜서는 사회에서의 자연선택 과정을 설명하기 위해 '적자생존(適者生存, survival of the fittest)'이라는 용어도 만들어 내어 약하고 생존에 부적합한 사람들은 국가의 도움이나 보호를 받아서는 안 되지만 강하고 건강한 사람들은 부와 권력으로 보상을 받아야 한다고 주장했다.

이러한 세계관을 주장한 사람들로 영국의 성직자이자 경제학자로 자신의 저서 『인구론(An Essay on the Principle of Population)』을 통해 인구 증가가 식량 공급을 능가하여 빈곤과 불행으로 이어질 것이라고 말한 토마스 맬서스(Thomas Malthus, 1766-1834)가 있는데(Malthus, 1798) 스펜서는 그의 영향을 받았으며 그 외에도 국가와 인종 간의 경쟁과 협력에 관해 글을 쓴 영국의 언론인이자 경제학자인 월터 배젓(Walter Bagehot, 1826-1877), 자유방임적 자본주의를 옹호하고 사회개혁에 반대한 미국의 사회학자이자 정치 경제학자였던 윌리엄 섬너(William Sumner, 1840-1910) 그리고 영국의 과학자이자 다윈의 사촌으로 인간의 유전적 특성을 개선하는 우생학을 창시한 프랜시스 골턴 경(Sir Francis Galton, 1822-1911) 등이 있다. 그러나 이 세계관은 제2차 세계대전 이후 특히 홀로코스트(Holocaust)를 자행한 나치즘과의 연관성 및 과학적 근거의 부족으로 인해 많은 비판을 받았다.

그런데도 이 세계관은 여전히 직접, 간접적으로 많은 사람에게 적지 않은 영향력을 미치고 있는데 해외에서 이 주제를 다룬 문헌은 다수 있으며(Hofstadter, 1944; Kaye, 1986; Bannister, 1989; Hawkins, 1997; O'Connell & Ruse, 2021; Weikart, 2022; Oluniyi, 2023), 국내에서도 이러한 주제로 논문이나 책을 출판한 학자는 있으나(전복희, 1993; 박창호, 2004; 우남숙, 2011), 기독교 세계관으로 이를 다룬 학자는 별로 없다. 따라서 이 장에서는 기독교 세계관으로 이 사회진화론을 깊이 고찰하되 먼저 이 세계관의 내용을 구체적으로 분석한 후 대표적 사상가들을 더 자세히 언급하고 이 세계관이 매력적으로 보이는 장점들이 무엇인지 생각해봄과 동시에 이 사상이 자체적으로 드러내는 내적 모순이나 단점들은 없는지 살펴보겠다. 그 후 이 약점들에 대해 기독교 세계관은 어떤 대안을 제시할 수 있는지 언급한 후 결론을 맺도록 하겠다.

## II. 사회진화론에 대한 기독교 세계관적 고찰

### 1. 사회진화론의 내용

사회진화론은 18세기 유럽 사회에서 매우 보편화된 세계관이었다. 당시 유럽에는 계몽사상이 크게 유행했는데, 헤겔과 같은 철학자는 인간사회와 역사는 변증법적으로 발전한다고 보았고 스펜서 이전에 사회진화론적 의견을 가졌던 이들은 사회 본연의 모습이 투쟁임을 강조하였다. 가령 영국의 정치철학자 토마스 홉스(Thomas Hobbes, 1588-1679)는 그가 1651년 출간한 유명한 책 『리바이어던, 혹은 교회 및 세속적 공동체의 질료와 형상 및 권력(Leviathan, or The Matter, Forme and Power of a Common-Wealth Ecclesiastical and Civil)』에서 사람이 자연 상태에서는 제각각 살아남기 위해 서로서로 싸움을 벌이는 '만인에 대한 만인의 투쟁(Bellum omnium contra omnes)' 상태가 될 수밖에 없으므로 '평화'를 위해 자연법적 계약을 맺게 됐다고 주장했다(Hobbes, 1651).

스펜서는 다윈이 제창한 생물 진화론의 영향을 받아 이 이론을 범우주적 법칙으로 확대할 수 있다고 보았고 사회학은 사회의 진화를 밝히는 학문이라고 주장했다. 즉 그는 다윈의 생물 진화론과 마찬가지로, 사회는 단순한 상태에서 더욱 복잡한 형태로 진화된다고 보았으나 생물 진화론에서 복잡한 생물체가 진화하여 단순한 형태로 변할 수도 있다는 사실은 무시했다. 또한, 생물이 진화하면서 몸의 기능이 분화하거나 통합하는 것처럼, 사회도 발전하면서 그 기능이 분화하거나 통합한다고 주장했고 따라서 생물 진화론처럼, 사회도 적자생존의 원칙에 적용된다고 주장했다.

그 후 사회진화론은 앞서 언급한 월터 배젓 등과 같은 학자들에 의해 연구되었고 다양한 의견이 나오게 되었다. 나아가 이 세계관은 영국 외에 독일과 미국 등지에도 알려지면서, 제국주의, 소수 자본가의 독점 및 나치즘의 등장 등을 정당화하는 데 쓰였고 다양한 방식으로 정치와 사회에 영향을 미쳤다. 또한, 애덤 스미스(Adam Smith, 1723-1790)가 그의 『국부론(An Inquiry into the Nature and Causes of the Wealth of Nations)』에서 자유방임적 자본주의를 지지하고 노동법, 복지 프로그램 또는 누진세와 같은 경제에 대한 정부 개입이나 규제에 반대하면서 시장의 자율적 기능에 맡겨야 한다고 주장했는데(Smith, 1776) 이러한 입장은 당시 영국에서 일어나던 산업혁명을 더 발전시켰다. 나아가 사회진화론자들은 더 강하고 문명화된 국가가 더 약하고 덜 문명화된 국가를 지배하고 착취할 권리와 의무가 있다고 주장함으로써 제국주의와 식민주의를 정당화했다. 나아가 심지어 일부 인종과 집단이 다른 인종과 집단보다 생물학적으로 우월하며 열등한 인종과 집단이 유전자를 오염시키는 것을 방지하기 위해 제거되어야 한다고 주장함으로써 인종주의와 우생학도 조장했다. 나아가 백신 접종, 위생 및 검역 조치는 병들고 부적합한 사람들을 제거하는 자연적인 과정을 방해하는 것으로 여겨졌기 때문에 이를 억제함으로써 공중 보건 정책에도 영향을 미쳤다.

특별히 이 우생학은 특정한 바람직한 유전적 특성을 가진 사람들을 선택적으로 짝짓기함으로써 인종을 개선하려는 실천적인 학문이며 따라서 이것은 질병, 장애 및 소위 바람직하지 않은 특성을 인구로부터 '교배'하여 인간의 고통을 줄이는 것을 목표로 한다. 이 학문은 20세기 초에 특히 미국에서 인기를 얻었으며, 이민 제한, 불임법, 인종 분리와 같은 정책으로 이어졌다. 나아가 이 세계관은 나치 독일이 열등하거나 적합하지 않은 것으로 간주한 유대인, 장애인 및 기타 집단에 대한 대량 학살을 정당화하는 데 사용되었다. 하지만 이 학문은 과학적, 윤리적, 정치적 비판에 직면하면서 20세기 중반에 쇠퇴했고 사이비 과학이자 일종의 차별로 드러났다. 이처럼 19세기 말부터 20세기 초까지 유럽에서 사회진화론은 여러 방향으로 해석되었으며 영국과 독일에서 크게 유행하면서 주로 식민지 확대와 군사력 강화의 측면에서 많은 영향을 주었다. 또한, 이들 국가에서 사회진화론은 인종과 종족 간의 화합과 협동이라는 측면보다 투쟁이라는 측면에서 주로 해석했다.

1870년부터는 미국에도 사회진화론이 알려졌는데 앞서 언급한 윌리엄 섬너 같은 경제학자가 유명하며 그 외에도 대표적인 예는 앤

드루 카네기(Andrew Carnegie, 1835-1919)와 존 록펠러(Lewis John Davison Rockefeller, 1839-1937) 같은 독점 자본가들의 무자비한 상행위를 정당화하는 데 쓰였다. 나아가 이 세계관이 미국 사회 전반에 널리 알려진 것은 1944년에 출판된 미국의 역사학자인 리처드 호프스태터(Richard Hofstadter, 1916-1970)의 저서 『미국 사상에서의 사회진화론, 1860-1915(Social Darwinism in American Thought, 1860-1915)』 때문이었다(Hofstadter, 1944). 그 이후 이 사회진화론을 분석하고자 하는 이들이 많이 생겨났는데 이들은 주로 이 세계관을 옹호하기보다는 비판하는 시각이 강했다.

사회진화론은 동양에도 소개되어 일본이 교육 풍토를 바꾸는 원인이 되었고 중국에서는 유럽 근대기술의 도입으로 봉건체제를 유지하고 보강하려 했던 청나라의 자강 운동(自强運動)이었던 양무운동(洋務運動)이 실패한 후 중국의 몸통으로 서양을 이용한다는 의미인 중체서용(中體西用)의 한계를 느낀 중국의 정치사상가 캉유웨이(康有爲, 1858-1927) 등이 이 세계관을 적극적으로 받아들여 법과 제도까지 서양의 것을 받아들이는 개혁 운동인 변법자강운동(變法自强運動)을 실시하였다(정치학대사전 편찬위원회, 2010). 또한, 조선에도 1880년 이후 이 사상이 알려지기 시작했으며 그 이후에 등장한 대한제국 때에는 학술 잡지나 신문 등에 이 사회진화론에 대한 글이 많이 등장했다. 유길준, 윤치호, 서재필, 박중양, 김규식, 이범석, 안호상, 이광수 등은 사회진화론을 적극적으로 받아들여 부국강병과 계몽 운동을 위한 여러 활동을 벌였는데, 이는 조선이 일본의 식민지가 되어가는 까닭을 국민이 무지하고, 나라가 약하다는 것으로 인식했기 때문이다. 하지만 이러한 세계관은 일부 지식인들이 자국의 사회적 수준이 일본에 뒤떨어졌다는 생각에 스스로 독립 의지를 포기하는 원인이 되기도 하였으며, 실제로 이에 따라 변절한 이들도 있었는데 가령 이광수는 처음에 독립운동에 적극적으로 참여하였다가 후에 철저한 친일파로 변절했다. 하지만 이 이론을 비판하고 부정한 인물도 있었는데 가령 이승만, 장면, 윤보선, 김성수, 장덕수 등이 있었다.

이러한 사회진화론은 유교적 사상과도 대립하였다. 구한말 당시에 사회는 갈수록 퇴보하고 타락하기 때문에 예전의 이상 사회로 되돌아가야 한다는 과거지향적 역사관을 가진 유교적 세계관이 일반적이었는데, 사회는 갈수록 진화하고 발전한다는 이 세계관은 이러한 유교적 역사관을 비판했기 때문이다. 따라서 이 세계관은 지식인들의 역사관을 바꾸었으며 계몽에 대한 의지도 심어주었다(정치학대사전 편찬위원회, 2010).

## 2. 대표적인 사회진화론 사상가들

사회진화론을 대변하는 사상가는 앞서 언급한 바와 같이 영국의 허버트 스펜서이다. 그는 실증주의에 바탕을 둔 현대 사회학의 창시자인 프랑스의 오귀스트 콩트의 체계에 필적할 대규모의 종합사회학 체계를 세워 영국 사회학의 창시자가 되었다. 빅토리아 시대에 활약한 그는 주 활동 분야인 사회학과 정치철학뿐만 아니라 인류학, 심지어는 당시 형태를 갖춰나가던 진화론을 비롯한 생물학에도 큰 발자취를 남겼으며 사회진화론의 시조로 알려져 있다.

그는 10대 후반부터 20대 초반까지는 철도공으로 일하면서 지역 신문에

허버트 스펜서
commons.wikimedia.org/wiki/
File:Herbert_Spencer.jpg

많은 글을 기고했다. 그 후 자유 무역을 옹호하는 잡지인 「이코노미스트(The Economist)」의 부편집장을 지내면서 1851년 첫 저서인 『사회정학(Social Statics)』을 출판했는데, 여기서 그는 인류가 진보할수록 사회적 상태에 적합하게 되며, 국가의 역할이 감소할 것이라고 예언했다(Spencer, 1851). 이 책의 출판으로 어느 정도 명성을 얻게 된 후 나온 두 번째 저서가 바로 『심리학 원리(Principles of Psychology)』이다(Spencer, 1855). 여기서 그의 사상의 대표적인 또 다른 특징이 나타나는데 바로 인간의 심리조차도 자연법칙에 지배된다는 것이었다. 이것은 비단 개인뿐만 아니라 사회, 그리고 더 나아가 인류라는 종족 전체에도 적용된다고 주장했다. 그 후로도 광범위한 집필 활동을 계속했고, 철학, 교육학, 심리학, 인류학, 사회학, 정치학 등의 방면에서 방대한 저술을 남겼다. 또한, 자연과학, 특히 당시 형성되고 있던 진화론에도 큰 관심을 표방해 『생물학 원리(Principles of Biology)』라는 책을 펴내기도 했다(Spencer, 1864-67).

일찍이 자연과학에 흥미를 느꼈던 그는 진화 철학을 주장하고, 진화가 우주의 원리라고 생각하여, 인간이 살아가는 사회에도 강한 사람만이 살 수 있다는 '적자생존설'을 믿었으며, '사회 유기체설'도 주장하였다. 비록 그의 진화론에 관한 이해는 오해된 부분이 많았고 또한 인문사회과학 분야에서 이러한 입장은 더는 지지받지 못하고 있지만, 당시에 그의 영향력은 대단했다. 그는 심리학에서 의식의 진화 과정, 도덕적으로는 제레미 벤담과 존 스튜어트 밀이 주장했던 공리주의를 지지하였다.

이런 저술 활동으로 스펜서는 1870년대까지 영국에서 가장 영향력 있는 사상가의 한 명으로 알려졌으며, 그의 사상은 당대에 이미 서유럽을 넘어서 동아시아까지 소개되어 세계적인 영향력을 끼치게 되었다. 그의 사상 중 가장 주목해야 할 부분은 진화 사상이다. 사실, 진화 사상을 제외하면, 스펜서 사상의 방향은 영국 전통 사상의 범주에서 크게 벗어나지 않는다. 즉, 그의 사상의 전반적인 방향은 스미스나 맬서스 등의 자유 방임론, 벤담 등의 공리주의의 연장선에 있다. 그러나 그는 발생학, 지질학, 열역학, 진화론 등 당대의 최신 과학적 성과를 적극적으로 받아들여 자신만의 독창적인 진화 사상을 발전시켰다. 이렇게 자연과학의 최신 성과를 적극적으로 반영한 자신의 사상을 스스로 '종합 철학(Synthetic Philosophy)'이라고 불렀다(Spencer: 1862).

이런 스펜서의 진화 사상은 사실 당시의 시대정신(Zeitgeist)에 영향을 받은 것이었다. 찰스 다윈을 진화론의 시조라고 보는 일반적인 인식과는 달리 19세기 초중반의 유럽 지성계에는 이미 생물의 진화는 부인할 수 없다는 인식이 광범위하게 퍼져있었다. 그는 이미 다윈의 『종의 기원』이 출판되기 2년 전인 1857년에 『진보: 그 법칙과 원인(Progress: Its Law and Cause)』이라는 저술을 통해 그의 진화사상을 발표했으며(Spencer, 1857), 그 이후에도 그는 다윈의 학설을 적용하여 자신의 사상을 더 다듬기는 했지만, 그 핵심은 그대로 가지고 있었다. 이렇게 스펜서는 다윈의 영향을 받았지만, 역으로 다윈에게 큰 영향도 끼쳤는데, 『종의 기원』 초판을 발표한 후, 저서에 대한 반응을 보면서 4판까지 개정판을 내고 있던 다윈은 스펜서와 직접적 교류는 없었지만, 스펜서가 고안한 용어인 '진화(evolution)'나 '적자생존(survival of the fittest)'이라는 단어를 5판(Darwin, 1869)에서 사용하기 시작했다. 그러므로 스펜서와 다윈은 서로 영향을 주고받았다고 말할 수 있다.

스펜서의 사회진화사상을 한마디로 요약한다면, 단순성(homogeneity)에서 복잡성(heterogeneity)으로 가는 법칙이 전 우주에 보편적으로 적용된다는 것이다. 그러므로 천지 창조뿐만 아니라 동물의 진화, 인류의 진화, 그리고 사회의 진화까지도 모두 이 법칙의 적용을 받는다고 그는 보았다. 그리고 이렇게 환경이 단순함에서 복잡함으로 변화하면서 동식물뿐만 아니라 인간, 그리고 사회도 이에 적응하면서 복잡해진다는 것이다. 여기서 단순성과 복잡성은 하등과 고등 혹은 열등과 우등의 개념으로 간주할 수 있으며, 이는 진화가 자연이 선택한 결과일 뿐, 하등, 고등의 정도와는 무관하다고 본 다윈의 생각과는 차이가 있다. 이런 의미에서 스펜서의 진화론은 환경의 적응도에 따라 생물의 진화 정도에 차이가 있다고 보면서 용불용설(用不用說, Lamarckism, Lamarckian inheritance, theory of use and disuse)을 주장한 프랑스의 생물학자 라마르크(Jean-Baptiste Pierre Antoine de Monet, chevalier de Lamarck, 1744-1829)의 생각과 더 가깝다고 평가받고 있다.

둘째로 언급할 사회진화론자인 배젓은 1872년에 『물리학과 정치학(Physics and Politics)』를 저술했는데, 여기서 그는 '성취한 남자(accomplished man)'와 '무례한 남자(rude man)'의 자질 사이를 구별하면서 개인의 '신경 조직(nervous organization)'이 세대를 거쳐 점점 더 세련되게 되는 반복적인 유전의 결과라고 보았다. 그는 그 구분을 의지의 행동을 통해 '완성된(accomplished)' 엘리트가 '유전적 훈련(hereditary drill)'을 통해 '무례한 사람'과 도덕적으로 구별할 수 있는 도덕적 성취로 간주했다. 나아가 그는 유사 과학적 인종주의(pseudoscientific racism)의 한 형태를 개발하기 위해 그러한 추론을 동등하게 적용했으며 그에 따라 혼혈인에게는 인간 본성이 의존하는 '전승된 신조(inherited creed)' 또는 '고정된 전통적 감정(fixed traditional sentiments)'이 부족하다고 주장했다(Bagehot, 1872).

월터 배젓
commons.wikimedia.org/wiki/
File:Picture_of_Walter_Bagehot.jpg

세 번째로 중요한 사상가로 앞서 언급한 섬너는 미국에서 처음으로 사회학을 예일대에서 가르친 교수였다. 그는 스펜서의 영향을 받아 1881년에 "사회학(Sociology)"이라는 제목의 에세이를 썼는데 여기서 그는 사회학과 생물학의 연결에 초점을 맞췄다. 그는 인간의 생존을 위한 투쟁에는 두 가지 측면이 있다고 설명했는데 첫 번째

섬너
commons.wikimedia.org/wiki/
File:Photo_of_William_Graham_
Sumner.jpg

측면은 인간과 자연의 관계인 '생존을 위한 투쟁'이며 두 번째 측면은 인간과 인간의 관계로 확인할 수 있는 '생존 경쟁'이라고 보았다 (Hawkins, 1997: 109-110). 첫 번째는 자연과의 생물학적 관계이고 두 번째는 사회적 연결, 즉 사회학이다. 인간은 음식이나 물과 같은 필수적인 필요를 얻기 위해 자연과 투쟁할 것이고, 이는 제한된 공급에서 필요를 얻기 위해 인간과 인간 사이에 갈등을 일으킬 것이다. 그는 인간이 '적자생존'의 법칙을 폐지할 수 없으며 인간이 그것에 간섭할 수 있을 뿐이고 그렇게 함으로써 '부적합자(unfit)'를 낳을 수 있다고 믿었다(Hawkins, 1997: 109-110). 따라서 그는 사회주의적인 복지 국가 제도를 반대했으며 재산과 사회적 지위에 대한 개인의 경쟁을 약하고 부도덕한 사람들을 제거하기 위한 도구로 보았다. 하지만 그는 제국주의의 뿌리는 '민족중심주의(ethnocentrism)'라는 단어를 만들어내면서 이를 비판하였고 엘리트주의(elitism)를 지지하기보

다는 미국의 중산층을 더욱 옹호했다.

마지막으로 다룰 학자는 사회진화론에서 한 걸음 더 나아가 우생학이라는 용어를 처음 사용하면서 주장한 골턴 경이다. 그는 자신의 조카인 다윈이 출간한 『종의 기원』에 큰 충격을 받아 남은 생애를 인류학, 특히 유전학 연구에 헌신했다. 그는 1869년에 『유전적인 천재, 그 법칙과 결과(Hereditary Genius, its Laws and Consequences)』를 저술하였는데 이 책에서 그는 1촌에서 2촌으로, 2촌에서 3촌으로 갈 때 저명한 친척의 수가 감소한다는 것을 보여주면서 이것을 능력이 유전되는 증거라고 주장했다. 하지만 그는 자신의 방법론적 한계를 인식하고 쌍둥이를 비교하여 문제를 더 잘 연구할 수 있다고 생각했다. 그래서 태어날 때 비슷했던 쌍둥이가 서로 다른 환경에서 달라지는지, 그리고 태어날 때 비슷하지 않은 쌍둥이가 비슷한 환경에서 자랐을 때 같아지는지를 확인하기 위한 실험을 구상했다. 그는 설문지 방법을 사용하여 다양한 종류의 자료를 수집했으며, 이 데이터는 1875년에 "쌍둥이의 역사(The history of twins)"라는 논문으로 발표되었다. 이렇게 함으로써 그는 쌍둥이 연구에 크게 의존하는 현대 행동 유전학 분야를 개척했으며 양육(nurture)보다는 자연(nature)을 선호한다고 결론지었다. 그는 또한 유전과 환경의 영향을 분리하기 위해 초인종 입

골턴 경
commons.wikimedia.org/wiki/File:Sir_
Francis_Galton_by_Gustav_Graef.jpg

양 연구(trans-racial adoption studies)를 포함한 입양 연구도 제안했다. 그는 문화적 환경이 문명 시민의 능력과 번식 성공에 영향을 미친다는 점을 인식했다. 나아가 1874년에는 그는 『영국 과학자, 그들의 본성과 양육(English Men of Science, their Nature and Nurture)』를 출판하였으며 1883년에 '우생학'이라는 용어를 발명하여 그의 관찰과 결론 중 많은 부분을 『인문학부 및 그 발전에 관한 탐구(Inquiries into Human Faculty and its Development)』라는 책에 정리했다. 그는 1884년에는 『생활사 앨범(Life-History Album)』과 『가족 학부 기록(Record of Family Faculties)』, 1889년에는 『자연적 유산(Natural Inheritance)』을 출간하여 인류의 발전을 위해서는 부적격자의 탄생률 감소와 적격자의 탄생률 증진을 위해 체계적인 노력이 필요한데 금전적 인센티브 제공을 통해 고위 가문 간의 조혼을 장려해야 한다고 주장하는 동시에 저명한 사람들의 늦은 결혼과 이질적인 자녀의 결혼을 비판하였다.

### 3. 사회진화론의 장점들

그렇다면 사회진화론은 어떤 장점들이 있는지 크게 세 가지로 살펴보겠다. 첫째로 사회진화론은 사회의 변화와 발전을 과학적으로 설명하려고 시도한 것으로, 당시에는 새로운 사회 이론이었다. 당시에 자연과학의 눈부신 발전과 더불어 다윈의 진화론은 많은 학자에게 영감을 불어넣으며 사회현상에도 같은 법칙과 방법론이 적용될 수 있을 것이라는 생각을 하게 만들었을 것이다. 그 결과 프랑스에서는 콩트가 실증주의적 사회학을 발전시켰으며 영국에서는 스펜서가 사회진화론을 주장하게 된 것이다. 스펜서는 다윈의 생물 진화론을 범우주적 법칙으로 확대할 수 있다고 보면서 사회학은 사회의 진화를 밝히는 학문이라고 주장했다. 이러한 사고방식은 당시의 유럽 사회에서 유행하던 계몽사상과 함께 인류사회의 역사와 진보에 대한 새로운 시각을 제공했으며 그 결과 사회과학에서 사회학은 매우 중요한 학문으로 발전하게 되었다.

둘째로 이 세계관은 각 나라의 부국강병과 계몽 운동을 촉진하는 데 이바지했다. 특히 당시 서양의 열강들은 자유방임적 자본주의, 산업혁명 및 제국주의를 정당화하는데 이 사상을 사용하였고 그 결과 거대 자본가 및 기업이 출현하게 되었고 근대 산업의 발전을 가져왔으며 나아가 군사력 강화를 통해 전 세계에 식민지를 개척하게 되었으며 자유방임적 시장 경제가 더욱 발전하게 되었다. 나아가 이 사회진화론은 서구 문명의 우월성과 제국주의의 정당성을 강조하는 동시에 비서구 문명의 근대화와 개혁도 촉구했다. 특히 동아시아에서는 일본과 중국, 조선 등이 이 사상을 수용하면서 서구 문명에 뒤떨어지지 않기 위해 스스로 근대화하여 강자가 되어야 한다고 생각했다.

마지막으로 이 사회진화론은 인류사회에 존재하는 불평등과 갈등을 현실적으로 인정하면서, 그것들을 극복하기 위한 도전과 희망도 제시했다. 섬너와 같은 경제학자는 자유경쟁과 개인주의를 옹호했으며, 카네기와 같은 독점 자본가들도 자신들의 부와 권력을 정당화하는 데 이 사상을 이용했다. 그러나 그들은 단지 강자의 권리만을 강조한 것이 아니라, 강자가 약자에게 자비와 도움을 베풀어야 한다고도 주장했다. 또한, 로이드 조지(David Lloyd George, 1st Earl Lloyd-George of Dwyfor, OM, 1863-1945)와 윈스턴 처칠(Sir Winston Leonard Spencer-Churchill, KG, OM, CH, 1874-1965)과 같은 정치인들은 라운트리(Seebohm Rowntree, 1871-1954)의 보고서에 근거하여 사회개혁을 추진하게 되었으며, 이 보고서는 요크(York) 지방의 빈곤층을 중심으로 왜 빈곤층은 아무리 노력해도 가난에서 벗어나는 것이 불가능한지를 설명하였다. 이러한 견해는 기존의 빈곤층이 가난한 원인을 단지 게으르고 멍청하기 때문이라는 견해는 틀렸다는 시각을 확대하였고, 영국 정부가 빈곤층들의 복지에 더 중점을 두게 하였다. 그리하여 영국에서는 '요람에서 무덤까지(From the cradle to the grave)'라는 표어가 대표하듯이 모든 국민의 삶을 책임지는 사회복지제도를 발전시켜 나가는 계기가 되었다고 할 수 있겠다.

## 4. 사회진화론의 단점들

그렇다면 사회진화론의 단점들은 무엇인지 네 가지로 살펴보겠다. 먼저 이 사회진화론은 생물 진화론의 적자생존과 자연선택을 사회학에 잘못 적용하였다. 생물학적 현상에 대한 설명을 인간사회에 적용할 때에는 도덕적 차원이 포함된다는 점을 스펜서는 간과한 것이다. 네덜란드의 기독교 철학자였던 헤르만 도여베르트는 앞서 언급한 그의 양상 구조(modal structure) 이론을 통해 이 점을 매우 분명하게 보여주었다. 그는 이 세계에 15가지 양상, 즉 수적, 공간적, 운동적, 물리적, 생물학적, 감각적, 분석적, 역사적, 언어적, 사회적, 경제적, 미적, 법적, 윤리적 그리고 신앙적 양상이 구별됨을 주장하면서 사회적 양상은 분석적/논리적 양상부터 적용되는 인간의 규범성을 전제로 함으로 이러한 규범성이 없는 생물적 양상과는 전혀 다른 차원임을 강조하였다(최용준, 2005). 나아가 인간의 근본적인 신앙과 생물학 또는 사회학 등의 개별 학문은 서로 분리될 수 없으며 학문의 주체인 인간의 중심인 마음에서 창조주 또는 우연이라는 기원(Origin)을 향하므로 원천적으로 통합될 수밖에 없음을 그의 주저『이론적 사고의 신 비판(A New Critique of Theoretical Thought)』에서 명쾌히 보여주었다(Dooyeweerd, 1953). 따라서 그에 의하면 스펜서의 사회진화론은 그가 이미 성경적 세계관과 신관을 배제하였으며 그 결과 규범적 차원과 비규범적 차원을 혼동하게 되었음을 잘 알 수 있다.

둘째로 이 세계관은 인종차별주의와 나치즘 등을 정당화하는 데 사용되었다. 인종과 종족 간의 투쟁과 우월성을 강조하면서, 약자와 빈곤층을 무자비하게 탄압하고 잔인하게 차별하는 정치나 행동의 근거가 되었다. 특별히 나치즘의 인종 차별은 나치당과 독일 국가가 과학적 정당성을 주장한 아리안 인종의 우월성을 주장하는 특정한 인종차별주의에 기초하여 채택하고 시행한 일련의 신념과 정책이다. 나치는 아리안 인종을 지배 인종으로 여겼고, 흑인, 혼혈인, 슬라브인, 로마니, 유대인 및 기타 민족을 인종적으로 열등한 하위 인간으로 간주했으며, 이들의 구성원은 노예 노동과 근절에만 적합하다고 보았다. 나치는 또한 우생학, 불임화 및 대량 학살을 통해 인종적 위생을 유지하고 인종적 순수성에 위협이 된다고 생각하는 사람들을 제거했다. 나치즘의 인종 차별은 독일의 피히테(Johann Gottlieb Fichte, 1762-1814), 프랑스의 드 고비노(Arthur de Gobineau, 1816-1882), 영국계 독일 철학자인 체임벌린(Houston Stewart Chamberlain, 1855-1927) 및 발틱계 독일인으로 나치즘을 옹호한 로젠버그(Alfred Rosenberg, 1893-1946)와 같은 인종에 대한 철학적, 과학적, 생물학적 관점의 지지자들과 19세기와 20세기 초 사상가들의 영향을 받았다. 이러한 나치즘 세계관은 홀로코스트와 제2차 세계대전의 주요 원인 중 하나였으며 실제로 독일의 중부 지역에 있는 작은 도시 하다마르(Hadamar)와 현재는 폴란드에 있는 아우슈비츠(Auschwitz) 등 여러 곳에서 수많은 장애인과 유대인들이 귀중한 생명을 잃었다. 이것을 'T4 계획(Aktion T4)'이라고 부르는데 이것은 1939년 9월 1일에 시작되어 1941년에 중지되었지만, 안락사 정책 자체는 계속되었다. 'T4'는 이 정책을 담당하던 건물의 소재지 주소인 베를린의 티어가르텐가(Tiergartenstraße) 4번지에서 유래되었다. 이 작전으로 독일과 오스트리아에서 약 20만 명, 다른 유럽 국가에서는 10만여 명의 장애인이 학살당했다.

만약 스펜서가 가난한 하류층에서 태어났다면 이러한 주장을 할 수 있었을까? 결코, 그렇지 못했을 것이다. 결국, 이 세계관은 가진

자의 자기 합리화이며 가지지 못한 자에 대한 무자비하고 잔인하며 비인간적이고 인위적인 제거를 정당화한 것이다. 스펜서가 히틀러의 광기 어린 홀로코스트를 목격했다면 과연 계속 그의 주장을 견지할 수 있었을까? 그의 자녀 중에 혹시라도 장애인이 있었다면 이 세계관을 강조할 수 있었을까? 결단코 그렇지 못할 것이다. 나아가 이 세계관을 일관성 있게 따른다면 우리는 사회의 약자들에 대해 자비를 베풀거나 도움을 주어서는 안 될 것이다. 그들에게 사회 복지 혜택을 줄 수도 없고 그들은 자연스럽게 도태되도록 내버려 둬야 한다. 이것은 매우 비인간적인 사상이 아닐 수 없다.

셋째로 이 사회진화론은 사회의 변화와 발전을 지나치게 단순하게 해석하였다. 사회는 단순한 상태에서 복잡한 형태로 진화한다고 보았지만, 생물 진화론에서 복잡한 생물체가 진화하여 단순한 형태로 변할 수도 있다는 사실을 무시하였다. 또한, 사회의 기능이 분화하거나 통합되는 것이 반드시 발전이라고 볼 수 없다는 점도 간과하였다. 즉 이 세계관은 고정되거나 절대적인 것이 아니라 환경과 상황에 따라 상대적이고 우발적인 진화론과 적합도의 의미를 오해하고 있으며 나아가 자연과 같은 법칙이나 메커니즘에 의해 규율되지 않는 사회적, 도덕적 문제에 생물학적 개념을 잘못 적용하고 인간 사회에서 문화, 협력 및 이타주의의 역할을 무시한다. 또한, 이 사회진화론은 우월성과 열등성에 대한 자의적이고 편향된 기준에 근거하여 약자, 가난한 자, 병든 자, 다른 자에 대한 불평등, 억압, 착취 및 폭력을 정당화하는데 이것은 역사상 엄청난 고통과 불의를 낳았다.

　마지막으로 사회진화론은 국가나 인종 간의 투쟁이나 제국주의를 부추겼다. 예를 들어, 독일이나 영국에서는 사회진화론을 식민지 확대와 군사력 강화의 측면에서 받아들였다. 그 결과 수많은 노예가 아프리카에서 수입되었고 그들은 말로 이루 다할 수 없는 고통을 겪어야 했다. 이러한 비윤리적인 정책과 관행은 비판받아 마땅하다.

## 5. 사회진화론의 단점들에 대한 기독교 세계관적 대안

　그렇다면 이러한 사회진화론의 단점들에 대해 기독교 세계관은 어떤 대안들을 제시할 수 있는가? 먼저 모든 사람은 하나님의 형상으로 지음을 받아 평등함을 강조한다. 즉 성경적 대안은 하나님의 창조와 인간의 존엄성을 인정하는 것이다. 성경은 하나님께서 만물을 창조하셨고 그것은 매우 좋은 것이었다. 또한, 성경은 창조주께서 인간을 자신의 형상대로 만드신 후, 그들에게 피조계를 다스리고 발전시킬 책임과 권한을 부여하셨지만, 인간이 죄에 빠져 하나님과 사람, 사람과 사람, 사람과 자연 사이에 깨어진 관계가 생겼다고 말한다. 그러나 예수 그리스도를 통해 하나님께서는 이러한 깨어진 모든 관계를 회복하시고, 하나님의 나라를 회복시키시며 마침내 새로운 창조를 통해 완성하신다고 성경은 말한다. 이러한 성경적 대안은 사회진화론의 단점을 극복할 수 있다. 왜냐하면, 성경적 세계관은 사회가 단순히 정글의 법칙과 같이 생존 경쟁의 과정에 의해 변화하는 것이 아니라, 하나님의 지속적인 창조적 행위와 인간의 책임 있는 행동으로 변화하기 때문이다. 물론 여기에는 인간의 선택에 따라 그 결과는 달라질 수 있다.

둘째로 성경적 대안은 인종차별주의와 나치즘 등을 비판하며 대안을 제시한다. 인종과 종족 간의 투쟁과 우월성을 강조하는 것이 아니라, 모든 인간이 하나님의 형상대로 만들어진 존귀한 존재이므로 상호 존중하고 평화를 추구해야 할 것을 강조한다. 또한, 약자와 빈곤층을 열등하다고 간주하여 탄압하고 차별하는 것이 아니라, 그들에게 정의와 더 큰 자비를 베풀어야 함을 강조한다. 따라서 이러한 세계관은 사회의 변화와 발전을 다양성과 조화로운 공동체로 이끈다. 사회는 단순한 상태에서 복잡한 형태로 진화하는 것이 아니라, 하나님께서 주신 다양한 재능과 역할을 발휘하면서 서로 돕고 사랑하는 공동체로 발전해 나가야 한다.

더욱 구체적인 예로 나치 시절에 T4 정책을 정면으로 반대했던 로타 크라이식(Lothar Ernst Paul keyssig, 1898-1986)을 들 수 있다. 그는 바이마르(Weimar)와 나치 시대 독일의 기독 판사였다. 그는 이 안락사 정책에 대해, 모든 인간은 하나님의 형상으로 존귀하다는 성경적 세계관에 근거하여 반대하면서 장애인들의 인권을 변호했으며 나아가 유대인들을 숨겨주기도 했다. 2차 세계대전 이후, 그는 다시 판사직을 제안받았지만 거절했으며 그 대신 그는 독일이 침략한 국가들, 특히 홀로코스트 희생자들을 위해 화해를 위한 평화봉사단

(ASF: Aktion Sühnezeichen Friedensdieste)을 설립하여 진정한 성경적 화해를 시도했다(Weiß, 1998).

다른 예로는 독일 빌레펠트(Bielefeld)에 베델(Bethel) 재단을 설립하여 수많은 장애인을 돌본 프리드리히 폰 보델슈빙(Friedrch von Bodelschwingh, 1877-1946) 목사도 나치 시절에 T4 정책에 의해 장애인들을 제거하려는 히틀러에 대항하여 그들을 보호하려고 큰 노력을 기울였다. 현재 이 베델은 유럽에서 가장 규모가 큰 사회복지시설로 장애인들의 천국이라고 할 수 있다(Benad, 2002).

마지막 예로 제시하고 싶은 것은 필자가 허무주의를 다루면서도 언급한 네덜란드에서 활동하고 있는 '요스티(Josti) 밴드 오케스트라'이다(www.jostiband.nl). 이들은 200명으로 구성되어 있는데 모두 장애인들이다. 이 단체는 약 50년 전에 한 목회자가 몇몇 장애인들과 함께 작은 관악기 클럽을 만들면서 시작되었다. 모든 사람은 하나님의 형상이라는 성경적 세계관에 기초하여 이 취미 클럽을 운영하였는데 점점 참가자들이 늘어나 지금은 너무나 유명한 오케스트라가 된 것이다. 각자 다양한 장애가 있지만 이에 대해 비관하거나 절망에 빠지는 대신 그들에게 남아 있는 가능성에 집중하여 자신에게 맞는 악기를 찾아 함께 연주하면서 이들은 많은 사람에게 깊은 감동과 희망을 주고 있다. 이들이 연습하는 동영상을 보면(www.jostiband.nl/concerten/repetities) 심지어 많은 분이 악보조차 읽을 수 없지만 각 음에 색깔을 붙여 연주하며 여러 도우미가 함께 섬긴다. 이 단체의 슬로건은 '각 사람은 특별하다(Iedereen is bijzonder)'이다. 비록 장애가 있을지라도 그들이 가진 독특한 점들을 살리면서 만들어내는 아름다운 하모니는 장애인의 삶도 얼마나 아름다울 수 있는지를 분명히 보여준다. 허무주의를 주장했던 사람들의 생애 마지막 모습은 한결같이 불행했음을 우리는 보았다. 하지만 요스티 오케스트라 단원들의 연주하는 얼굴에는 기쁨과 행복한 웃음이 가득 찬 것을 볼 수 있다. 특히 매년 연말에는 네덜란드의 왕가 및 정부 고위 인사들이 참석한 가운데 송년 음악회를 하는데 전국에 생중계되며 연주가 끝난 후 왕이 직접 꽃을 들고 와서 축하해 주는 장면은 보는 모든 이들의 마음에 말로 표현할 수 없는 감동을 선사한다.

셋째로 사회의 발전에 대해서도 기독교 세계관은 인간의 책임을 강조한다. 창조부터 인간사회는 열린 체계(open system)으로 설계되었다. 마치 튤립의 꽃봉오리가 열리면서 아름다움이 더해 가듯 사회도 각자 창조주에 대해 책임의식을 가진 청지기로 맡은 분야에서 최선을 다할 때 발전하게 되는 것이다. 단지 환경에 적응하는 자만이 생존하는 정글이 아니라 약한 지체를 더욱 돌아보며 도움으로 함께 사랑으로 가득 찬 공동체를 이루어나가는 것이다. 신약 성경 사도행전 2장에 나타난 초대교회 공동체는 바로 이러한 모습을 우리에게 분명히 보여주고 있다.

마지막으로 성경적 세계관은 제국주의와 식민주의 그리고 모든 종류의 인종차별정책을 반대한다. 가령 영국의 윌리엄 윌버포스는 이러한 확신으로 당시 영국의 제국주의적 야망을 뒷받침하던 노예무역의 폐지를 주장하였고 마침내 1834년 영국 국회가 이를 통과시킨 것을 우리는 볼 수 있다. 미국의 제16대 대통령 에이브러햄 링컨도 같은 세계관에 따라 남북전쟁까지 감수하면서 1863년에 마침내 노예해방을 실현했다. 또한, 다양한 인종 차별정책에 대해 마틴 루터 킹 주니어(Martin Luther King, Jr., 1929-1968) 목사 등 수많은 사람이 목숨을 걸고 반대하였음을 우리는 잘 알고 있다. 나아가 수많은 식민지가 20세기 중반에 들어서면서 각각 독립을 쟁취하였고 주권국가로서 발전하려고 노력하고 있으며 선진국들과 비영리 단체들도 이들을 지원하는 다양한 정책을 시행하고 있다.

## III. 결론

이 장에서는 사회진화론이라고 하는 세계관에 대해 기독교 세계관으로 어떻게 접근해야 하는지 고찰해 보았다. 이 사회진화론은 다윈의 영향을 받은 스펜서가 생물학적 진화론을 사회현상에도 적용하려고 시도하면서 생겨났음을 보았다. 그리하여 이 세계관은 사실상 기득권자의 현 상황을 합리화하는 데 활용되어 자유방임적 자본주의, 정치적 제국주의 및 식민주의를 정당화했으며 결국 우생학과 나치즘으로 이어지면서 인종 차별을 노골화하면서 인류 최대의 비극인 2차 세계대전을 낳았음도 보았다. 이 세계관을 대표하는 사상가들로 스펜서 이외에도 배젓, 섬너 그리고 골턴의 견해를 살펴보았다.

이 세계관의 장점으로는 먼저 사회의 변화와 발전을 과학적으로 설명하려고 시도했으며 둘째로 각 나라의 부국강병과 계몽 운동을 촉진하는 데 이바지했고 마지막으로 인류사회에 존재하는 불평등과 갈등을 현실적으로 인정하면서, 그것들을 극복하기 위한 도전과 희망도 간접적으로 제시했음을 살펴보았다.

반면에 이 사상의 단점으로는 첫째로 생물 진화론의 적자생존과 자연선택을 사회학에 잘못 적용하였고 둘째로는 이 세계관이 인종차별주의와 나치즘 등을 정당화하는 데 사용되었으며 셋째로 사회의 변화와 발전을 지나치게 단순하게 해석하였고 마지막으로 이 사회진화론은 국가나 인종 간의 투쟁이나 제국주의를 부추겼음을 지적했다.

이러한 사회진화론의 단점들에 대한 기독교 세계관적 대안은 어떤지를 제시했는데 무엇보다 먼저 모든 사람은 하나님의 형상으로 지음을 받은 평등한 존재임을 강조한다. 둘째로 성경적 대안은 인종과 종족 간의 투쟁과 우월성을 강조하는 것이 아니라, 모든 인간이 상호 존중하고 평화를 추구해야 하면서 약자와 빈곤층을 열등하다고 간주하여 탄압하고 차별하는 것이 아니라, 그들에게 정의와 더 큰 자비를 베풀어야 함을 강조한다. 따라서 이러한 성경적 세계관은 사회의 변화와 발전을 다양성과 조화로운 공동체로 이끌며 사회는 단순한 상태에서 복잡한 형태로 진화하는 것이 아니라, 하나님께서 주신 다양한 재능과 역할을 발휘하면서 서로 돕고 사랑하는 공동체로 발전해 나가야 함을 강조한다. 셋째로 사회의 발전에 대해서도 기독교 세계관은 창조부터 인간사회는 열린 체계(open system)

로 설계되었으며 마치 튤립의 꽃봉오리가 열리면서 아름다움이 더해 가듯 사회도 각자 창조주에 대해 책임의식을 가진 청지기로 맡은 분야에서 최선을 다할 때 발전하게 된다고 주장한다. 마지막으로 성경적 세계관은 제국주의와 식민주의 그리고 모든 종류의 인종차별정책을 반대하면서 노예무역의 폐지를 이끌어낸 영국의 윌버포스, 미국에서 노예해방을 실현한 미국의 링컨 대통령 그리고 인종차별정책에 대해 평화적으로 저항했던 마틴 루터 킹 주니어 목사 등을 예로 들었다. 하지만 이 세계관은 현대사회에 여전히 적지 않은 사람들에게 영향을 미치고 있으므로 그리스도인들은 계속해서 이 세계관에 대해 예의주시하면서 올바로 대응해 나가야 할 것이다.

8장

# 주체사상
(主體思想)

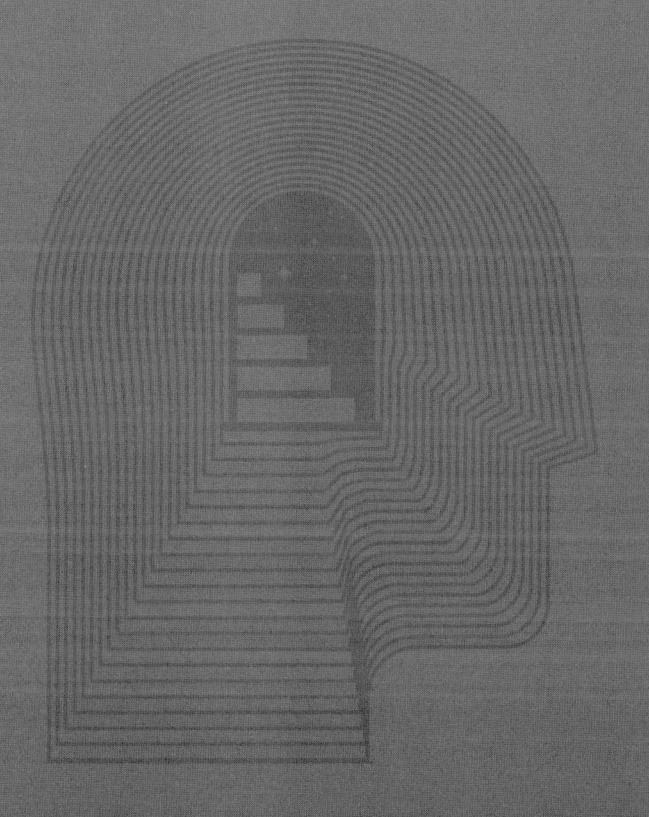

## I. 서론

주체사상은 북한의 공식이념으로 김일성주의(金日成主義)라고도 한다. 엄밀히 따지면 김일성주의는 '주체사상을 핵심으로 하는 사상·이론·방법의 전일적 체계'를 뜻해 주체사상보다 상위개념이며 김일성주의와 동일시되는 주체사상을 '넓은 의미의 주체사상', 그보다 협소하고 이론적인 부분의 주체사상을 '좁은 의미의 주체사상'이라고 한다. 2012년 5월에 성립된 조선로동당 당헌에는 김일성-김정일주의(金日成-金正日主義)라는 표현이 있는데, 이는 김정일의 선군정치와 결합한 전일적 체계로서의 주체사상을 뜻한다.

북한에서는 주체사상이 타도 제국주의동맹 회의에서 처음 주창되었고 김일성이 1930년 지린성 창춘 카륜회의에서 발표한 "조선 혁명의 진로"라는 연설에서 천명되었다고 보며, 실제로 주체라는 단어가 쓰이기 시작한 것은 1955년 12월 28일 "사상사업에서 교조주의와 형식주의를 퇴치하고 주체를 확립할 데 대하여"가 발표된 후부터이다. 김일성은 본래 마르크스-레닌주의에 정통했으나 조선 혁명을 겪으며 이를 북한의 현실에 맞게 수정한 것이 주체사상이다. 그 후 김정일이 이 주체사상을 체계적으로 확립했다고 볼 수 있으며 현재 북한을 통치하는 김정은 또한 이 세계관을 북한 주민들에게 주입하고 있다. 또한, 1982년 4월 15일, 평양 한

주체사상탑
commons.wikimedia.org/wiki/File:Pyongyang_Juche_tower.JPG

복판에 높이는 170미터로 세계에서 두 번째로 높은 추모비인 거대한 주체사상탑을 완공하여 이 세계관이 북한 사회에 얼마나 중요한지를 상징적으로 보여주고 있다 있다(https://www.youtube.com/watch?v=mH9zmcURlkc&ab_channel=TheGuardian).

지금도 이 주체사상은 북한에 절대적 영향을 미치고 있으며 해외에서 이 주제를 다룬 문헌은 다수 있으며(Belke, 1999; Myers, 2015; Suh, 2012; Fiedler, 2018; Mackerras, 1985 등) 국내에서도 이러한 주제로 출판한 학자는 있으나(김형찬, 1990; 신일철, 2004; 서재진, 2006; 탁양현, 2019; 김장민, 2022), 기독교 세계관으로 이를 다룬 학자는 별로 없지만, "기독교와 주체사상: 조국 통일을 위한 남북 해외 기독인과 주체 사상가의 대화"라는 제목으로 1989년부터 1992년까지 개최된

북미주 기독학자회 연례 대회에서 발간한 자료집은 있다. 따라서 이 장에서는 기독교 세계관으로 주체사상을 더 깊이 고찰하되 먼저 그 내용을 구체적으로 분석한 후 대표적인 사상가인 김일성과 김정일에 대해 살펴보겠다. 나아가 이 세계관의 장점들이 무엇인지 생각해봄과 동시에 이 사상이 갖는 모순이나 단점들은 무엇인지 살펴보겠다. 그 후 이 단점들에 대해 기독교 세계관은 어떤 대안을 제시할 수 있는지 언급한 후 결론을 맺겠다.

## II. 주체사상에 대한 기독교 세계관적 고찰

### 1. 주체사상의 내용

1956년 소련공산당 제20차 전당대회에서 흐루쇼프(Ники́та Серге́евич Хрущёв, 1894-1971)가 스탈린(Ио́сиф Виссарио́нович Ста́лин, 1878-1953)을 격하하면서 사회주의 종주국 소련이 유일 지도체계를 포기하고 국내에서 8월 종파 사건과 같은 정변 시도가 일어나자, 북한과 중국은 소련에 대해 수정주의라고 비판했다. 김일성은 이러한 수정주의를 타파하고 자신의 공산당 독재를 더욱 굳건히 하고자 앞서 말한 1955년 12월 28일 연설에서 주체라는 용어를 처음 사용했다. 주체사상이 사상적 내용을 갖추기 시작한 것은 김일성이 1965년 4월 인도네시아 알리 아르함 사회과학원을 방문하여 "북한에서의 사회주의 건설과 남조선혁명에 대하여"라는 연설을 했을 때인데 여기서 그는 "사상에서의 주체, 정치에서의 자주, 경제에서의 자립, 국방에서의 자위, 이것이 우리 당이 일관하게 견지하고 있는 립장"이라고 말했는데, 이것이 '주체사상 4대 원칙'이다.

주체의 10대 정강의 수립은 조선로동당의 사상적 통일을 일단락 짓는 것으로, 주체사상은 이 시기 이후 김정일의 이론적 종합화가 나타나기까지 안정된 형태를 갖추었다. 1970년 11월 2일 "조선로동당 제5차 대회 개회사" 이후부터 김일성 우상화가 시작되었고, 1972년 12월 27일 "북한 사회주의 헌법"에 주체사상을 명문화하면서 김정일 후계체계가 준비되기 시작하였다. 1982년에는 김정일의 이름으로 "주체사상에 대하여"가 발표되었는데, 이 논문에서 주체사상의 핵심이 완성되었다. 뒤이어 1985년에 북한은 총 10권인『위대한 주체사상 총서』를 발간했다. 따라서 주체사상은 김일성에 의해 시작되었고 김정일에 의해 종합되었으며 강한 반제민족주의 성격을 갖고 있는데, 이는 과거 일본에 의한 식민지시대 경험과 무관치 않다.

주체사상의 구체적인 내용을 살펴보면 첫째로 북한은 '김일성 동지의 사상, 리론, 방법을 주체사상'이라고 규정한다. 여기서 넓은 의미의 주체사상을 김일성주의라고 하며 이론은 주체사상의 기본 내용 및 제국주의, 봉건주의 등에 맞서 혁명을 하기 위한 이론이며 영도 방법은 수령을 중심으로 한 유일 영도체계를 구성하는 방법론을 뜻한다.

주체사상 이론은 '철학 원리', '사회역사 원리', '지도 원칙'의 세

부분으로 구성된다. 먼저 주체사상의 철학 원리는 "사람이 모든 것의 주인이며 모든 것을 결정한다"는 것이다. 여기서 사람이 모든 것의 주인이라는 말은 사람이 세계와 자기 운명의 주인이라는 것이며, 사람이 모든 것을 결정한다는 것은 사람이 세계를 개조하고 자기 운명을 개척하는 데서 결정적 역할을 한다는 것이다. 여기서 우리는 이 주체사상이 결국 인본주의 세계관임을 알 수 있다. 나아가 사람은 '가장 발전된 물질적 존재이며 물질 세계발전의 특출한 산물'이기 때문에 자주성·창조성·의식성을 가진 사회적 존재로 본다. 즉 주체사상은 동시에 물질주의적 세계관인 것도 알 수 있다. '사람이 모든 것의 주인'이라는 명제는 사회역사원리에서 '인민 대중은 사회역사의 주체'라는 명제로 표현된다. 또한, 철학 원리의 '자주성'은 사회역사원리의 '투쟁의 역사', '창조성'은 '창조적 운동', '의식성'은 '자주적인 사상의식'으로 나타난다. 이 사상은 종래의 철학사상을 비판하는 데서 시작하며, 이는 김정일의 논문인 "주체사상 교양에서 제기되는 몇 가지 문제에 대하여"에서 잘 볼 수 있다(김정일, 1987: 5).

동시에 김정일은 기존 마르크스주의의 유물론과 변증법이 세계운동 원리의 거시적 구조를 밝혔으나, 변혁을 이끄는 인간의 능동적 활동, 즉, 미시적 구조에 대해서는 그 규명을 완벽히 해내지 못했다고 지적한다. 이와 같은 기존 철학에 대한 비판을 통해 김정일은 사람 중심의 철학적 세계관만이 물질적 세계의 일반적 특징을 밝혀주는 원리와 인간의 본질적 특징을 밝혀주는 원리를 다 같이 포괄하게 되며 이런 점에서 주체 세계관은 지난 시기의 철학적 세계관이 가지고 있던 일면성을 극복하고 세계의 본질과 인간의 운명문제에 가장 심오하게 포괄적 해명을 준 철학적 세계관이라고 주장한다(김정일. 1987: 6).

인간 중심철학의 목적은 기존 마르크스주의 철학이 가진 기계주의적 성향을 비판하고 인간의 자주성, 창조성, 의식성을 규명하여 혁명 활동에서의 능동성을 보장하려는 것에 있다. 이러한 이론 작업은 마르크스-레닌주의의 『변증법적 유물론』이 밝힌 인간 의식의 일반성에 기반을 두어 이루어졌으며, 그 내용은 다음과 같이 요약할 수 있다. "물질의 양적 상승은 질적 전환의 계기가 된다. 이 원리로부터 의식성이 생겨난다. 의식 일반은 물질의 반영이다. 인간은 물질발전의 결과로 나타난 파생물 중 가장 우월한 물질이므로, 주변 물질과 저발전된 의식은 개조하고 발전시킬 수 있다. 모든 물질 사이에서 최고 지위를 가진 인간은 세계에 대하여 자주성, 창조성, 의식성을 가질 수 있다."(김정일. 1982: 81)

따라서 이 주체사상은 변증법적 유물론에 기반을 둔 인간관을 따른다. 인간의 인지와 인식을 구분하여 전자는 기계적인 원리를 따르며, 후자는 변증 투쟁에 들어서면 자유 의지적이라고 설명한다. 따라서 인간이 갖는 세계에 대한 3대 본성은 물질 또는 저차원의 의식을 변증법적으로 개조하고 재구현할 수 있게 하는 원인이라고 해석한다. 가령 스탈린은 1938년에 출판한 자신의 책 『변증법적 유물론(O диалектическом и историческом материализме)』 제4장에서 의식과 모순성을 규명하였는데, 주체사상은 이에 대한 충실한 반영에 기초한 능동주의라고 할 수 있다(스탈린, 김성환 역, 1988: 68-75). 주체사상의 인간관은 바로 이러한 기본 원칙에 근거한다. 결국, 인민 대중의 자주성, 창조성, 의식성을 강조하는 것은 공산주의로의 이행 과정에서 혁명의 퇴보를 불러오는 소극주의를 타파할 수 있다고 보기 때문이다.

김정일은 사람이 이러한 성질을 소유할 수 있게 되는 것은 사람이 가장 발전된 물질적 존재로서 발전된 뇌수 구조, 서서 걸을 수 있는 자세, 정교한 손 등 오랜 진화 과정에서 형성되고 발전된 육체적, 생물학적 기초가 있기 때문이라고 말한다. 이런 특징은 모두 본래 물질에서 비롯된 것이므로 주체사상은 유물론 철학임을 명시하며, 인간의 세 가지 본성을 만들어내는 것은 바로 생체 기관을 이루는 물질의 양적 전환에 따른 자연스러운 결과라고 말한다(리상걸, 1983: 52-53).

또한, 주체사상은 인간의 세 가지 본성을 '노동'과 결부한다. 이는 인간의 추상성이 오로지 현상 세계와 독립하여 존재하는 형이상학적 법칙을 사유할 때에만 생성되며 인식할 수 있다는 헤겔(Georg Wilhelm Friedrich Hegel, 1770-1831)의 주장을 비판한 마르크스의 입장을 견지한 것이다. 인간은 그 자체로 자주성·창조성·의식성을 가지나 이 세 본성은 오직 '자연 세계를 이성적 인식을 통해 재배열하는 활동', 다시 말해, '노동의 발현성'이 인간에 내재된 상태일 때에만 성립하는 것이다. 따라서 세 본성은 노동을 통해 구체적으로 발현되며, 노동이라는 개념에 의존하고 있다고 말할 수 있다. 김정일은 부단한 생물학적 진화와 진화 과정에서 추동되는 뇌의 발달 등이 본질적인 의미에서의 노동을 탄생시켰으며, 노동 없이는 세 본성이 존재할 수 없다고 말한다. 따라서 이 세 가지 본성을 참되게 발휘할 수 있는 인간을 '주체형의 공산주의적 인간'이라고 말한다(리상걸, 1983: 52-53).

자주성은 예속에서 벗어나고자 하는 인간의 본성으로 설명한다. 동물을 비롯한 다른 생명 물질은 자연에 전적으로 예속되어 있으나 사람만은 자연을 정복하여 파괴적으로 작용하는 자연의 맹목적인 힘의 작용을 조절 통제하며 사회관계도 자신에게 유리한 생활조건을 보장하는 사회관계로 만들어 나간다는 것이다(기세춘, 1997: 43-45). 이러한 사회적 존재로서의 사람의 특성은 또한 모든 착취계급에 반대하는 민중들의 투쟁 동력원이 된다. 주체사상은 인간의 자주성을 완전히 이뤄내기 위해, 이에 기반을 둔 고도의 추상적 활동인 노동을 전문으로 하는 주체인 노동계급을 필두로 해서 인간의 해방을 도모하려고 한 사상인 마르크스주의를 계승하였고, 혁명적 당이 가져야 할 기본적 방침을 마르크스-레닌주의에서 얻었다고 주장한다. 그리고 더욱 세분화하여 혁명지도 방법을 '수령'이라는 개념에 기반을 두어 집중적으로 연구하였는데, 이를 '혁명적 수령관'이라고 한다.

창조성은 본능에 따라 맹목적으로 활동하는 인간 외 동물과는 달리 사람은 자기의 지향과 요구로부터 출발하여 목적을 세우고 그 실현방도를 찾아낸 다음 실천 활동을 의도적으로 벌여나간다는 것이다. 창조성은 다음으로 낡은 것을 개조하여 새것을 만들어내는 사람의 활동으로 생각할 수 있다. 사람은 다른 생명 물질과는 달리 기성의 사물을 가공하여 그 형태를 변화시키며 새로운 사물을 만들어내는 능력을 갖추고 있어, 생활환경을 자기에게 이로운 것으로 변경시키지 못하는 다른 생명 물질들과는 달리, 사람은 자연환경과 사회적 조건을 자기에게 유리하게 개조한다는 것이다.

나아가 인간 외 동물들은 자체 지능의 한계로 인해 말초적 본능에 기초하여 행동하는 경우가 압도적인 것에 비해 인간은 자신의 이해관계에 따라 의식적으로 행동하는데 이것을 인간이 가진 의식성이라고 한다. 또한, 이 의식성은 다음으로 세계를 인식하고 개조하는 사람의 성질로 특징지어지며, 이는 의식, 특히 사상의식에 의해 조절, 통제되지 않고서는 진행될 수 없다. 이러한 세계를 인식하고 개조하는 사람의 활동을 의식적으로 보장하는 성질이 바로 의식성이다. 마르크스주의 변증법에서 의식 활동은 필연적으로 변증 과정으로 되기에 정(正)에 대해 투쟁하는 반(反)으로서의 의식 성격을 항상 가진다고 성찰하고 있으며, 의식을 통한 운동의 일반성은 하부 구조의 모순성으로부터 반영된 것이다. "모든 것은 본래 그것의 존재 양식을 유지하기 위한 본래의 힘이 있다. 의식은 그것의 모체인 물질의 본래적 성격을 되찾으려고 한다. 따라서 의식의 발로의 투쟁의 시작을 의미한다"는 마르크스의 철학적 견지(Engels, 한철 역, 1989: 177-180)를 종합하여 주체사상은 의식성이 적극적으로 발현될 경우 능동적인 투쟁(모순을 인식하고 모순을 좁혀나가는 방향으로)을 불러온다고 말한다.

주체사상의 의식에 대한 이런 견해는 마르크스와 그의 계승자라고 할 수 있는 엥겔스의 『반뒤링론(Anti-Dühring)』에서 크게 벗어난 관점은 아니다(Engels, 1878). 스탈린은 기계적인 반응일 뿐인, 비의식적 변증(물질의 기계적 운동)과 의식 활동을 구분하였고, 노동과 구체적 혁명 활동은 모두 후자에 속한다고 주장하였다. 주체사상은 여기에 인간 의식의 능동성을 강조하여, 이것을 최상의 형태로 발현할 수 있는 특수한 방법론을 규명한 사상이라고 할 수 있다. 여기서 분명한 점은 마르크스-레닌주의와 주체사상 모두 의식을 물질의 반영으로 간주한다는 점에서 같은 유물론이라는 점이다.

의식에 관한 마르크스주의적 인식론에 기초한 주체사상은 의식성 개념을 마르크스주의보다 훨씬 확대, 적용하고 있으며, 응용적 성격이 강하다. 주체사상이 의식성을 규정하는 데 있어서 엥겔스의 『반뒤링론』의 더 이전 주제인 헤겔의 대상의식까지 그 논의 주제를 확대하여 의식성의 능동성을 규명하려고 했다는 점은 주체사상이 의식성을 더욱 응용적이고 능동적으로 해석한 이유가 될 수 있다(김상일, 2007: 243-246).

또한, 주체사상은 진화론의 기본적 견해를 고수한다. 그러나 인식과 감각인지는 완전히 같다는 기계론적 결정주의와 인간 심리에 대한 행동주의적 해석은 일체 부정한다. 즉, 인간은 분자구조 물질의 복잡성 증대와 자연선택에 따라 등장한 생물체가 맞으나, 인간이 가진 의식성까지 이러한 물질성에 기반을 둔 기계주의로 해석하게 되면, 오히려 의식성을 규명하는 데 있어서 과학적이지 못하게 되며, 반동철학에 이용당하는 재료로 사용될 수 있다고 본다(김상일, 2007: 155-158).

주체사상의 사회역사원리는 인민 대중의 사회역사적 지위, 그들의 역할 등에 관해 서술하는 부분으로, "인민 대중은 사회역사의 주체이다."라는 중심 명제를 기반으로 인민 대중이 사회역사 원리에서 갖는 주체, 본질, 성격, 추진력을 해명하고 있다. 주체사상은 "인민 대중이 혁명과 건설의 주인이며 자연을 개조하고 사회를 발전시키는 결정적인 요인"이라고 하면서, "자연과 사회의 개조를 통해 인민 대중의 지위는 강화된다"고 말한다. 과거엔 인민 대중이 사회의 주인으로서 지위를 차지하지 못한 탓으로 역사를 자주적으로 개척할 수 없었으나, 노동계급의 혁명적 영도와 투쟁의 결과로 착취와 압박에서 해방되고 사회와 자기 운명의 참다운 주인으로서 역사를 의식적으로 창조해 나갈 수 있다고 한다. 여기서 주체사상은 옳은 지도 없이는 노동계급이 승리할 수 없음을 강조하면서 노동계급을 비롯한 인민 대중은 당과 수령의 올바른 영도를 받아야만 한다고 하며, 레닌이 말했던 혁명적 정당의 필요성을 고수하는 기반 위에서 수령의 지도성을 수호하는 태도를 취한다(김정일, 1982: 86-87). 이를 통해 역사 발전의 주체는 인민 대중이며, 그들의 자주적, 창조적, 의식적 활동에 따라 역사가 움직인다는 것을 알 수 있으며 이를 '주체사관(主體史觀)'이라고 할 수 있다.

따라서 주체사상은 인류 역사 진보의 본질을 '인류사회의 발전역사는 자주성을 옹호하고 실현하기 위한 인민 대중의 투쟁사'라고 정의한다. 더불어 인류의 오랜 역사를 통하여 사람들은 사회적 예속과 자연의 구속에서 자신을 해방하기 위한 투쟁을 벌여왔는데, 여기서 사회 개조 투쟁은 인민 대중이 계급과 민족의 예속을 벗어나기 위함이고, 자연개조 투쟁은 자주적 생활을 누릴 수 있는 물질적 조건을 마련하기 위함이라는 것을 밝히고 있다. 동시에 "제국주의 세력이 국제적으로 연합되어 있는 것만큼 제국주의의 지배와 억압을 반대하고 자주성을 옹호하기 위한 투쟁 역시 국제적인 것"이라고 말한다(김정일, 1982: 89). 결국, 주체사상은 역사 성격에 대하여 "사회역사적 운동은 인민 대중의 창조적인 운동'이라고 규정한다. '인류 역사가 시작된 이래 인민 대중은 창조적 노동으로 자연을 정복하고 자기의 생존과 발전에 필요한 재부를 만들어 왔으며, 낡은 것을 변혁하는 창조적 활동으로 사회는 발전했다. … (중략) … 인민 대중은 자연을 개조하고 사회를 발전시키면서 동시에 자기의 창조적 능력을 키워왔다."라고 말한다(김정일, 1982: 95).

위에서 언급되는 '노동(Arbeit)'은 마르크스가 『1844년 경제학 철학 초고(Ökonomisch-philosophische Manuskripte aus dem Jahre 1844)』에서 언급한 '의식의 일반성으로부터 도출된, 인간이 가진 제반 자연 창조성'의 정의로 대표할 수 있다. 이후에 나오는 '창조적 노동을 통한 자연 정복 및 생존 번영 문제'도 이러한 의식성에 기초하고 있다. 주체사상은 이러한 인간노동의 성격이 가진 창조성을 극대화하는, 인간의 능동적 성격이 역사를 발전으로 이끄는 성격의 본질이라고 규정하는 것이다. 이러한 점에서 주체사상은 다시 한번 기계주의와 소극주의의 가능성을 엄격하게 차단하고 인민의 주체성을 강조하고 있다.

김정일은 '현 단계의 창조성'에 대하여 다음과 같이 규정하고 있다. 창조적 활동의 주도집단은 인민 대중이다. 자연과 사회를 개조하는 투쟁은 시대발전을 고려한다. 시대에 뒤처진 과학이론과 사회과학적 방법을 과감히 버리고 모든 방면에서의 최신화를 추구한다. 사상활동에서의 교조주의와 형식주의를 적극적으로 퇴치하고 변화하는 시대에 걸맞은 혁명이론체계를 세운다. 이에 따라 '역사 성격으로서 창조성'은 시대의 요구에 맞게 혁명의 전략과 투쟁방침을 과학적으로 규정하고 인민 대중의 창조력을 끊임없이 높이 발양시킴으로써 혁명의 승리를 믿음직하게 담보하는 것이라 할 수 있다(김정일, 1982: 86-87). 또한, 주체사상은 역사 추진력이란 혁명투쟁에서 결정적 역할을 하는 인민 대중의 자주적인 사상의식이라고 본다. 이는 '자주적인 사상의식'이라고 단순화할 수 있다. 인민 대중이 가져야 할 자주적인 사상의식은 온갖 난관을 이겨내는 강인한 의식과 간결하고 명료한 의식에게서 나오며, 이것은 인민 대중의 자주성과 직결되는 것이다.

지도 원칙은 당, 국가 등 정치적 단위에 관해 서술하는 부분으로, '자주적 입장', '창조적 입장', '사상 기본적 입장'이라는 세 가지 주제로 구성된다. 자주적 입장에서는 주체사상 4대 원칙이라고 불리는 '사상에서의 주체(主體), 정치에서의 자주(自主), 경제에서의 자립(自立), 국방에서의 자위(自衛)'가 설명된다. 주체사상은 사상에서 주체를 세워야 정치, 경제, 국방 등 모든 분야에서 주체를 세울 수 있다고 한다. 또한, 사상에서 주체를 세운다는 것은 혁명과 건설의 주인이라는 자각을 가지며 자기 나라의 혁명을 중심에 놓고 모든 것을 사고하고 실천하며 모든 문제를 자기 힘으로 풀어나가는 태도를 보이는 것이다(김정일, 1982: 103-105).

이와 함께 노동계급의 혁명사상과 자기 당의 노선과 정책으로 무장하여야 한다고 하여 조선로동당의 유일사상체계를 정당화한다. 이를 위해 북한은 당원의 교양 및 인민 대중을 상대로 하는 사상사업에서 소련의 영향을 줄이고 『볼셰비키당사』 대신 『조선로동당략사(朝鮮勞動黨略史)』를 교재로 교양 사업을 하기로 하는 등의 움직임을 보였다. 이러한 움직임은 중소 분쟁 사이에서 북한이 갖고 있던 현실적인 외교 문제와도 연결되어 있다. 주체사상에서 말하는 정치에서 자주는 노동계급과 인민 대중이 국가와 사회의 주권을 쥐고 주인이 되는 것을 말하며, 동시에 대외관계에서 완전한 자주권과 평등권을 행사하는 것이 필요하다. 이를 기초로 자주성과 국제주의를 결합한다는 것이 목표이다. 이러한 입장은 당시 소련의 수정주의화와 중국의 개혁개방 노선에 대한 안티테제로 등장한 것이다. 가령, 소련은 위성국인 중앙 유럽 공산권의 정치를 사실상 좌지우지하고 있었는데 소련이 수정주의 노선으로 정치를 지도하자, 이들 국가도 사실상 마찬가지로 수정주의 노선을 받아들이게 되었다. 김일성과 김정일은 이러한 수정주의 노선을 세계 공산주의운동에서의 제일 악한 질병으로 간주하였고, 이를 막기 위한 독자적인 정치를 내세우게 된 것이다.

경제에서의 자립은 자립적 민족경제를 건설하는 것을 말하며, 이는 곧 자기 나라의 자원과 자기 인민의 힘에 따라 발전하는 경제를 말한다. 그리고 중공업과 함께 경공업과 농업을 동시에 발전시켜야 하며, 이를 위해 '기술적 자립'이 요구된다. 또한 '민족기술 인재문제'와 '자력갱생의 원칙' 또한 중요한 문제이다. 더불어 '인민 경제의 주체화, 현대화, 과학화'를 전략적 노선으로 삼는다.

국방에서 자위는 주로 제국주의를 반대하는 것을 목표로 하는데, 특히, 제국주의는 전쟁의 항시적 근원이며 오늘 침략과 전쟁의 주되는 세력은 미 제국주의라고 하여 미국에 적대감을 드러낸다. 국방에서 자위를 실현하기 위해선 '자위적 무장력'을 가져야 하는데, 이를 위해 전 인민적, 전 국가적 방위체계를 세워야 한다고 강조한다. 동시에 '전 인민의 무장화와 전국의 요새화'를 요구한다.

김정일은 주체사상의 지도적 원칙의 또 하나의 요소로 '창조적 입장'을 들고 있다. 이 입장은 크게 '인민 대중에 따르는 방법'(군중노선)과 '실정 상황에 맞게 행하는 방법'(실정성)이라는 두 가지 방법론으로 나눠진다(김정일, 1982: 115). 군중 노선이란 인민 대중에 대해 혁명과 건설을 밀고 나가는 결정적 역량으로 규정한다. 그렇기에, 인민 대중에 따라 혁명과 건설을 성공적으로 수행해야 하는데 그 방법은 크게 세 가지로 나눠서 설명할 수 있다. 먼저 대중의 요구와 지향을 반영하여, 올바른 노선과 정책을 세우며, 그것을 대중 자신의 것으로 만들어야 한다. 그 후, 군중의 요구와 계급 노선을 옳게 결합하여 대중을 하나의 정치적 역량으로 묶어 세워야 한다. 마지막으로 인민 대중이 혁명과 건설의 주인으로서 입장을 지키고 주인으로서 역할을 다하게 하는 혁명적 사업방법을 확립해야 한다(김정일, 1982: 116-118).

주체사상의 기본적 입장은 '사상개조 선행' 및 '정치 사업 선행'이라는 두 개념으로 이루어진다. 주체사상은 공산주의 이념에 우선권을 부여한다. 김정일은 만약 현실성이 이념보다 우위에 서면 현존하는 사회주의국가는 마르크스-레닌주의의 기본 원칙을 무시하게 될 것이고 그 결과 세계사적 퇴행을 불러오는 정치 사업만 하고 결국 혁명을 망칠 것이라고 지적하며 이를 예방하기 위해 '사상 기본적 입장'을 강조했다.

김일성과 김정일은 사회의 모든 성원을 혁명화, 노동 계급화하여 그들을 주체형의 공산주의적 인간으로 개조하는 것을 온 사회를 주체 사상화하기 위한 중요한 혁명과업으로 제시하며 사상개조를 통한 공산주의적 인간개조를 강조한다. 사상개조는 사람들의 사상의식영역에서 구시대의 사회 유물을 없애고 모든 근로자를 선진적인 노동계급의 사상, 공산주의 사상으로 무장시키기 위한 투쟁이며, 착취계급이 청산된 사회주의사회에서 벌어지는 계급투쟁의 기본형식을 말한다. 이 사상개조는 혁명적 세계관을 세우는 것으로 총체적으로 '주체혁명관' 또는 '품성론'이라고 부르며 사회 전반에서 공산주의 도덕 배양과 당과 국가 그리고 수령에 대한 충성으로 요약할 수 있다(김정일, 1982: 122-124).

정치 사업을 선행한다는 것은 다른 모든 사업에 앞서 인민 대중을 당의 노선과 정책으로 무장시키고 그들의 혁명적 열의를 불러일으킴으로써 대중 자신이 높은 자각성과 적극성으로 혁명투쟁과 건설 사업을 성과적으로 수행토록 하는 것이라고 할 수 있다. 김정일은 이러한 정치 사업 선행 작업은 절대 관료주의로 이룰 수 없는 것이라는 것을 강조하면서, 당원의 정예화를 주장하고 있다. 즉, 당은 앞서 논의된 실정성을 바탕으로 인민 대중을 꾸준히 설득하고, 그들의 동의를 얻어내어 그들과 함께 정치 사업을 완수해야 한다(김정일, 1982: 125-126).

주체사상은 대한민국을 미제국주의의 영향력 아래에 부르주아 민주주의의 이로운 점이 온전히 실행되지 않는, 종속된 식민지 반봉건사회로 보며, 이로 인해 남조선혁명의 과제는 당대 현실에 맞게 반제반봉건 민주주의 혁명이라는 것이다. 물론, 여기서 언급되는 '남조선 인민이 만들어야 할 민주주의'는 '인민 민주 독재 정부'이므로, 이것은 노동계급과 농촌노동 대중에 의해 주도되는 민주주의라고 할 수 있으며, 사회주의로 나아가기 위한 객관적 조건을 마련하는 시기라고 할 수 있다.

이와 더불어 김정일은 남아메리카, 동남아, 아랍, 아프리카 등지의 혁명운동을 적극적으로 지원해야 함도 주장했는데 이는 반제국주의와 국제주의 연대를 강화하려는 적극적 시도로 보인다. 실제로 이 시기 북한은 아프리카 빈국에 수많은 기반 시설 및 의료 시설 건설을 위한 자금 지원을 해주기도 하였으며, 이는 현재까지 이어지는 국제 혁명사업이기도 하다. 또한, 주체사상 문헌은 남아메리카와 아프리카 등지의 민족해방 운동가들에 의해 폭넓게 읽히고 있다.

러시아 혁명가인 레닌이 "프롤레타리아 전위당만이 프롤레타리아와 전체 근로자 대중의 전위를 통일하고 육성하며 또 조직할 수 있고 그들을 혁명대열에 끌어들일 수 있다"라고 했던 것처럼(레닌, 김민호 역, 1988: 125) 김정일도 인민 대중이 실제로 사회역사의 주체가 되기 위해서는 당과 지도자의 지도가 결합해야 한다고 말한다. 이는 혁명적 당의 역할을 중시한다는 점에서 마르크스-레닌주의와의 공통점이라고 할 수 있으나 주체사상은 수령의 지도를 배제하고 당의 지도만을 강조하는 혁명적 당은 그 당에 대한 인민의 이반을 필연적으로 불러온다고 규정하여 수령의 지도를 강조하며 이를 '혁명적 수령관'이라고 한다.

김정일은 혁명적 수령관의 두 개념을 제시하였는데 첫째는 '혁명 투쟁에서 수령이 차지하는 지위와 역할에 대한 노동계급의 올바른 관점'이다. 여기서 그는 항일투쟁 시기 조선 공산주의운동의 종파성을 언급한 후 당의 민주주의적 중앙집권제 원칙이 실제로 어떻게 지켜질 수 있는가에 대해 고찰한다. 민주집중제 원칙에 따라 당이 결정한 것을 하부조직이 기본적으로 따라야 하지만 만약 당의 주제를 결정하는 상위집단 내부에도 종파주의가 침투한 상태라면 민주집중제는 작동할 수 없게 된다. 결국, 당 일꾼들은 어떠한 것이 '결정된 사안'인가를 알 수 없으며, 혁명 활동은 퇴조기를 맞을 수 있다는 것이다. 김정일은 당내 종파주의가 과거 공산주의운동에서 어떠한 해악을 끼쳤고, 현재 그것이 어떻게 수정주의를 불러오고 있는지 분석한 후, 최종적으로 그 해결책을 혁명적 수령관에 기반을 두어 설명한다. 그 골자는, 혁명 활동은 당의 포괄적 결정보다는 수령의 능동적 결정에 맡겨야 한다는 것이다. 그리고 혁명을 이끌 수령이 갖춰야 할 세 가지 품성으로 '혁명사상의 위대성', '혁명적 영도의 위대성', '혁명적 풍모의 위대성'을 말한다(김정일, 1982: 160-163).

두 번째는 '수령을 모시는 태도와 자세'인데, 이는 혁명 활동에서 수령에 충성을 다해야 한다는 것이다. 이러한 일인 지도화를 실현하기 위해 조선로동당은 수령의 권위를 절대화하는 여러 선전물 제작을 지도하고 있다. 고대 그리스의 철학자 플라톤이 『국가론』에서 철인(수령)을 영웅으로 만들기 위해서는 몇 가지 역사 조작도 해야 하며, 이것을 생산자에게 지속해서 세뇌해야 한다고 주장했듯이, 혁명적 수령론도 이 플라톤적 철인 정치와 다르지 않다고 본다.

영도 방법은 영도체계, 영도예술 등 수령의 지휘를 실현하기 위한 당-국가의 조직체계, 인민 대중을 움직이는 방법 등을 설명한다. 주체의 영도 방법은 모든 것을 인민 대중의 힘에 따르고 인민 대중의 창조적 힘을 발동하여 해결해 나간 데 대한 요구를 제시함으로써 세계와 역사의 주체로 자각된 사람들의 창조력을 배가하고 그 힘을 자주의 새 세계를 창조하는 데로 이끌어 갈 수 있는 방도이다(탁 진, 김강일, 박홍재, 1984: 17-18). 이 영도 방법은 기본적으로 혁명 이론의 군중 노선을 기본으로 하고 있으며, 이것은 또한 김일성의 항일유격대식 혁명사업 방법과 밀접하게 연관된 것이다. 이것은 크게 세 가지로 분류될 수 있는데, 바로 '청산리 방법', '대안 사업체계', '3대 혁명소조운동'이 그것이다.

김정일은 주체사상의 혁명사업방법이란 '돈과 채찍으로 사람을 움직이는 방법이나 행정식, 명령식 사업방법과는 근본적으로 대립되는 것'으로 늘 군중 속에 들어가 실정을 깊이 이해하여 문제 해결의 올바른 방도를 세우며, 위가 아래를 실속있게 도와주며, 모든 사업에 정치 사업을 앞세워 군중이 혁명과업 수행에 자각적으로 동원되게 하며, 격식과 틀이 없이 모든 문제를 구체적 특성과 환경에 맞게 창조적으로 풀어가는 혁명적이고 공산주의적인 사업방법이다(김정일, 1982: 117-118). 또한, 김정일은 『마르크스-레닌주의와 주체사상의 기치를 높이 들고 나아가자』에서 "일꾼들의 사업방법과 작풍을 개선하는 데서 우리 당이 견지하고 있는 기본방침은 김일성 수령이 창조한 청산리 정신, 청산리 방법을 관철하는 것이다"라고 하여 이 방법이 주체의 영도 방법의 핵심이 되는 것임을 표명하고 있다(김정일, 1983: 17).

김정일은 사회주의경제란 국가의 중앙집권적 지도에 의해서만 성과적으로 관리, 운영될 수 있다고 하면서 특히, 대안 사업체계를 기본적으로 하는 주체적인 사회주의 경제관리 체계의 우월성을 높이 발전시켜야 한다고 주장한다. 그는 『마르크스-레닌주의와 주체사상의 기치를 높이 들고 나아가자』에서 대안 사업체계에 대해 "사회주의제도의 본성에 가장 알맞고 우월한 경제관리 체계이다. 대안 사업체계는 당 위원회의 집체적 지도 밑에 군중 노선을 철저히 관철하며 경제를 과학적으로, 합리적으로 관리 운영하는 주체의 경제관리 형태"라고 하였다(김정일, 1983: 15). 대안 사업체계는 사회주의 체제의 고유한 난점을 해결하려고 마련한 것으로 이전의 단독책임제에서 공장 당 위원회에 의한 집체적 지도제로 전환한 것이다. 이것은 당 우위 원칙에서 관리 간부, 당 간부, 기술 간부 사이의 대립을 해결하려는 것이며 공장 당비서가 단독으로 책임을 지는 것이 아니라 공장 당 위원회가 기업 관리의 최고결정기관이 된다. 자재를 중앙집중적으로 공급하여 각 직장은 생산에만 전념토록 하고, 종합적·집중적으로 생산 지도를 한다. 주변 협동농장과 연계하여 공장경영위원회가 용역, 일용품 부문에서 노동자의 생활을 보장하는 후방공급체계를 갖춘다. 결과적으로 이 체계는 공장에서 당의 주도성을 확립하고 공장과 노동자의 일체감, 노동자의 전 생활과정을 긴밀히 결합한 형태로 체계화하려고 시도한 점에서 특징이 있다.

김정일은 '사회주의사회의 과도기적 성격'을 극복하고 공산주의사회를 건설하려면 사상, 문화, 기술의 낙후성을 청산하기 위해 계속 혁명을 하여야 한다는 논리로 '3대 혁명소조운동'을 주장한다. 이는 북한 현실에 맞는 독자적인 마르크스-레닌주의 이론을 구축하고 이 노선에 따라 인민 대중을 지도하고 지속해서 사상교육을 하여 전 인민을 혁명화해야 한다는 이론이다.

김일성과 김정일은 사상혁명에 따라 노동계급과 농촌의 농민계급에 대한 지속적인 사상교육사업을 진행했으며 학교 교육에도 별도의 사상교육시간을 새로이 구성하여 학생들을 혁명화하였다. 김정일은 공산주의 인간에게 맞는 품성을 개발하기 위해 단순 경제주의 투쟁이 아닌 문화의 투쟁을 적극적으로 감행해야 한다고 하였다. 그것은 사회주의제도에 걸맞은 인성 배양과 공산주의 인간으로 나아가는 데에 도움이 되는 예술(문학·영화·음악 등) 확립에 있다. 동시에 외부에서 유입되는 자본주의 문화에 대한 검열은 한층 더 강화되었다. 김정일은 인간을 비천하게 만들고 욕구 중심적인 사고를 하게 하여 결국 전 인민의 반동화를 이루려는 것이 자본주의 문화 예술의 본질이라고 하면서 문화혁명의 노선에 따라 자본주의 유입물은 더욱 엄격히 통제되었다. 기술혁명도 사상혁명처럼 당시 소련과 중국 모두에게 경제적 지원을 받기 곤란한 특수한 환경에서 나온 산물로서 모든 기술에 대해 대국에 의존하지 않고 자국 인민 대중의 창조력과 지적 활동에 기반을 두어 기술발전을 꾀하는 것을 의미한다.

## 2. 대표적인 주체사상가들

### 1) 김일성

그러면 주체사상의 주요 사상가인 김일성에 대해 먼저 살펴보겠다. 김일성(金日成. 1912-1994)은 조선민주주의인민공화국의 초대 최고지도자였다. 일제강점기 때에 반일인민유격대에 가입했고 해방 후 조선공산당 북조선분국, 북조선 공산당, 북조선 로동당의 소비

김일성
commons.wikimedia.org/wiki/File:Kim_Il_Sung_Portrait.png

에트 연방 대리자로 활동하였으며, 남북조선의 로동당 통합 이후 조선로동당의 위원장이 되었다. 1948년 8월 최고 인민 회의를 구성하고, 9월 9일 내각 총리가 되었다.

1950년 6월 25일 04시 소련의 스탈린과 중공의 마오쩌둥을 설득해 한국 전쟁을 일으켰고 조선인민군 최고 사령관으로 인민군을 지휘했으나 한국군과 UN군이 협력하여 반격하자 중국 인민 지원군 지원군과 소련군의 도움으로 1953년 7월 27일 22시 휴전을 하고 휴전선 북쪽을 지배하게 되었다. 전후 천리마 운동으로 조선민주주의인민공화국의 경제를 복구하려고 시도하였다. 1952년에 허가이, 1953년에 박헌영, 리승엽 등의 국내파 공산주의자들을 숙청했고, 1956년에는 8월 종파 사건으로 연안파 최창익, 윤공흠을, 1958년에는 중국파 김원봉 계열을, 1961년에는 김두봉 일파를 숙청했으며, 1972년에는 사회주의 헌법을 제정, 국가주석직을 신설하여 공식적인 국가원수가 되어 1인 독재체제를 확립하였다.

원래 그의 이름은 김성주(金成柱 또는 金聖柱)이고, 만주 빨치산 시절인 1938년 무렵부터 이후 소련군 시절 8.15해방 때까지 한자로 金日成이란 이름을 쓴 것이 확인된다. 그러나 그는 자신의 이름을 김일성 아닌 중국 발음 진르청(Jin Richéng)으로 읽었으며, 러시아어로 된 소련군 문서에도 이름이 진지첸(Цзин Жи Чен, 또는 Цзин Жичэн, Jing Zhichen)으로 적혀 있다(김국후, 2008; 61-63). 해방 직후 평양에 온 초기에는 김영환(金英煥)이란 가명을 쓰다가, 10월 14일 대중 앞에 김일성(金日成) 장군의 이름으로 처음 나섰다. 한편 한국 전쟁, 전쟁 범죄, 한국 전쟁 장본인 의혹과 반정부 인사 및 정적 숙청, 인권 탄압 등에 대해서 논란을 받고 있다. 개신교 가계 출신인 그는 원래 개신교 신자였으나 공산주의자가 되면서 무신론자로 바뀐 것으로 추정된다.

1960년대 초반부터 그는 주체사상을 국가이념으로 정착시키며 중화인민공화국·소련에 대한 자주노선을 선언하였다. 한국 전쟁으로 대규모의 산업 시설과 교통 시설, 그리고 복지 시설이 모두 파괴되자 산업 시설들을 복원하기 위해 전후복구사업인 천리마 운동을 1957년에 처음으로 실시했으며, 항운 교통의 중심인 남포항에 현대적인 시설들을 갖추고, 통제경제를 받아들였다. 그는 제2세계 간 외교에서 크게 벗어나서 제1세계와 제3세계 국가 간의 폭넓은 외교활동을 하였으나 1994년 7월 8일 평양 집무실에서 82세의 나이로 심근경색으로 갑작스럽게 사망하였다. 그가 사망한 후 1998년에 개정된 조선민주주의인민공화국 헌법에서 정한 공화국의 영원한 주석으로 추대되었다. 조선민주주의인민공화국에서 김일성을 호칭할 때에는 그 이름 앞에 최상의 수식어, 최상의 존댓말을 붙여야 하기에 조선민주주의인민공화국에서는 김일성을 "위대한 수령", "어버이 수령님", "아버지 장군님"으로 호칭한다.

## 2) 김정일

김정일(金正日)은 조선민주주의인민공화국의 최고지도자로서 국방위원회의 위원장이었으며, 아버지 김일성과 어머니 김정숙 사이에 태어난 첫째 아들이다. 그는 어린 시절 한국 전쟁 당시 평양시를 떠나 간도 지역으로 은신하였으나, 중국 인민 지원군이 참전하면서 귀환했다. 그는 김일성종합대학 정치경제학과를 졸업하였으며, 1961년 7월 22일에 조선로동당에 입당한 이후부터 조선로동당 중앙위원회 위원과 비서 등에 임명되었다. 1974년부터 김일성의 후계자로 내정된 그는 1980년 제6차 당 대회를 통해서 공식적인 후계자가 되었다. 1994년 김일성 국가 주석의 사망 이후 그는 권력을 세습해 조선민주주의인민공화국의 실권을 잡아 통치자가 되었고 경제적 상황이 매우 좋지 않았던 1993년부터 6년 동안 이른바 '고난의 행군' 시기를 거치면서 재정 낭비 등으로 무능력한 지도자로 비판받았다.

그는 앞서 언급한 바와 같이 김일성의 주체사상을 체계화하였고 과학기술발전 5개년 계획을 3차례에 걸쳐서 시행하여 전자 공학과 화학 공학 그리고 생명 공학에서 어느 정도 성과를 거두었다. 하지만 1993년부터 역사적으로 유례없는 자연재해와 공산주의권 나라들의 붕괴, 그리고 서방 세력의 경제봉쇄 등으로 최악의 경제난 및 식량난을 겪었다. 2011년 12월

김정일
commons.wikimedia.org/wiki/File:Kim_Jong-il_on_August_24,_2011.jpg

17일에 희천발전소 현지 지도 방문을 위해 탑승한 열차에서 그는 과로로 인한 급성 심근경색과 심장 쇼크로 인해 71세의 나이로 사망하였고 김정일의 후계 자리는 그의 셋째 아들인 김정은에게 승계되었다. 조선민주주의인민공화국에서는 "조선로동당 총비서이시고 조선민주주의인민공화국 국방위원회 위원장이시며 조선인민군 최고사령관이신 우리 당과 우리 인민의 위대한 령도자 김정일 동지"로 불린다.

## 3. 주체사상의 장점들

그렇다면 이 주체사상에는 어떤 장점들이 있는지 세 가지로 살펴보겠다.

첫째로 주체사상은 독립성, 창조성 및 자주성을 강조한다. 주체사상의 세계관은 인간을 이 세 가지 사상을 가지고 자주적으로 살아가는 개척자로 정의한다. 따라서 이 세계관은 상당히 낙관적인 인간관을 가지고 있으며 인간은 자신의 의지와 정신력으로 무엇이든 할 수 있다고 주장한다. 이러한 특징으로 인해 이 세계관은 인간을 국가의 추동력이라고 본다. 주체사상의 철학적 원리는 인간이 모든 것의 주인이며 모든 것을 결정한다는 것이다. 인간이 만물의 주인이라는 사실은 인간이 세상의 주인으로 모든 것을 결정하며, 따라서 인간이 세상을 바꿀 수 있다는 것이다. 이처럼 주체사상은 매우 인간 중심적 세계관이라고 할 수 있다. 이것은 세상을 단순히 물질로 보는 물질주의와는 상당히 다른 세계관이다. 인간을 '독립성, 창조성 및 자주성을 가진 사회적 존재'로 보는 것은 인간의 독립성을 강조하며 스스로 세상의 주인이 된다는 말이다. 창조성이란 사회적 인간이 목적에 맞도록 세상을 변화시키는 것을 말하며 이러한 사회적 인간은 자주성을 가지고 변화를 위해 모든 것을 통제한다. 이것은 주체사상을 받아들이는 사람들에게 상당한 자부심을 심어줄 수 있으며 어려운 상황에도 견디며 인내하도록 도울 것이다.

둘째로 주체사상은 단순한 생활양식을 강조한다. 북한에서는 국가가 모든 중요한 결정을 하므로 제한된 선택이란 우리가 당연하게 생각하는 자유의 개념을 빼앗아 가버리기 때문에 매우 부정적으로 보인다. 하지만 항상 그런 것은 아니다. 왜냐하면, 개인들은 선택의 폭이 더욱 적으며 결과에 대한 책임을 회피하는 것은 의사 결정을 하는 것과도 연결된다. 더 중요한 결정을 하는 기관은 더 큰 책임을 지게 되는 것이다. 따라서 선택이 적은 개인의 삶은 더욱 단순해질 것이다. 이는 개인의 목적을 확인하고 그에 따른 삶을 살도록 도와준다. 나아가 개인은 집단 문화에 강조점을 둘수록 인간 간의 관계적 가치를 더 중요하게 생각한다. 따라서 개인보다 공동체 구성원들을 위한 충성, 사랑 및 희생과 같은 가치들이 최우선시된다. 이것은 사실 북한에서 남한으로 온 탈북 이주민들이 겪는 가장 큰 어려움 중의 하나이다. 왜냐하면, 남한 국민은 북한 주민보다 훨씬 더 개인주의적이고 자기중심적이어서 많은 탈북자는 남한에서 매우 큰 상실감과 고독감을 느낀다는 것이다. 따라서 주체사상은 적어도 표면적으로는 전체 국민의 유익과 행복을 먼저 앞세우는 공리주의적 세계관이라고 할 수 있다.

따라서 마지막으로 이 주체사상은 집단의 독립심과 결속력을 강조한다. 주체사상의 기초는 물론 공산주의이며 국가의 번영과 방어에 초점을 맞춘다. 왜냐하면, 국가의 번영과 방어라는 공통의 목표는 모든 국민에게 주어져 있으며 이는 인민의 단결에 이바지하게 되기 때문이다. 국가에 대한 결속력을 강조하면 사회의 행정 시스템도 강화된다. 따라서 강력한 전체적 문화는 지도자가 중심에 선 수직적 구조와 함께 놀라운 통일성을 만들어낸다. 이는 국가를 더욱 안정적으로 그리고 효과적으로 통제할 수 있게 된다. 따라서 이 주체사상은 북한의 민족주의를 고양하여 애국심을 보존하며 영감을 준다고 말할 수 있다. 이로 인해 단결심을 강조하며 이 주체사상을 일상 생활화하여 어떤 어려움도 극복하고 마침내 승리하도록 도와준다. 처음에 이 주체사상은 애국심을 고취하여 외부의 제국주의에 맞설 수 있도록 국민을 의식화하는 데 초점을 맞추었다. 나아가 이 주체사상은 '국가 우선주의'를 강조하여 외세에 의존하는 것을 전적으로 거부한다. 따라서 이 주체사상은 공동체에 기준을 제공한다. 즉 행동 원리를 발전시켜 공동체의 실제적인 규범을 제시하며 나름대로 도덕성과 윤리를 강조하면서 당과 국가 행동의 모든 분야에 기준을 확립하고자 한다. 따라서 주체사상은 국가 이데올로기, 정치, 경제 및 국방에 실제적인 지침을 제공한다. 이러한 점 때문에 북한 사회는 비록 경제적으로 낙후되었으나 견고하게 그 체제를 유지하고 있다고 볼 수 있다. 나아가 자신의 세계관과 체제에 대한 자부심이 매우 강하여 이를 모독하는 경우 매우 강경한 반발을 불러일으킬 수 있음을 우리는 직시해야 할 것이다.

## 4. 주체사상의 단점들

그렇다면 이 세계관의 약점들은 무엇일까? 첫째로 경제적 불평등이다. 북한은 겉으로는 평등한 사회주의를 표방하지만 실제로 빈부격차는 매우 크다. 가령 1999년에서 2000년 사이에만 33만 명이 기아로 사망했고 그전에 소위 '고난의 행군'시기에는 수백만 명이 희생되었다. 하지만 이 기간에도 실세를 가진 부자들은 사치스러운 삶을 즐겼다. 북한은 모든 사람이 함께 생산하고 소유하는 공산주의를 표방하지만 실제로 주체사상은 영도자와 노동당이 모든 재산을 소유하며 노동자들은 생산만 담당한다. 그 결과 국민은 경제적 및 정치적 자유를 누리지 못하며 빈부격차는 더욱 심화하고 있다. 경제적 자립을 외치고 있으나 사실상 중국의 도움이 없다면 국가 경제가 유지되기 어려울 정도이다. 결국, 이 주체사상은 북한 주민을 통제하기 위한 이념이지 실제로는 전혀 도움이 되지 않음을 보여주는 것이다.

둘째로는 인간을 우상화하는 것이다. 인간은 모든 것에 대해 주인이라고 이 사상은 가르친다. 인간을 우상화한다는 것은 인간이 절대적인 권력을 가지고 있다는 뜻이다. 이 절대 권력을 통제할 수

인간을 우상화
https://i.namu.wiki/i/ytieNjEubdAqGcHvaPU_yQTrg9Q-PGI3BMoG9IA3WU_
gvr2elnSZnwb519T-t8prhwSulT0qXT6nQ8iRrrar-Mxmee8VOb3D1YZtYRLlClUtdmJurLC
Y5Eryi9NlSqJsYYGsaeCaCeikIzPN4Kt3W2TgTE0zebJRvMCt3T23aMU.webp

단은 없다. 이것은 전체주의이며 독재이다. 북한에는 김일성 동상만 38,000개나 있다고 한다. 김정일도 사망 후 우상화되었으며 북한의 정권은 심지어 김정은을 우상화하기 위한 교육 가이드북도 배부했다. 이 책을 보면 김정은이 세 살 때 이미 총을 쏠 줄 알았고 여덟 살 때 큰 트럭을 운전할 줄 알았다고 한다. 그러므로 이 주체사상은 사실상 김일성과 김정일 그리고 김정은을 숭배하는 하나의 종교이다. 기독교 세계관에서 말하는 성부 하나님 대신 1994년에 사망했지만 지금도 '영원한 영도자'이며 국가의 원수로 계속해서 통치하는 김일성을 숭배한다. 성자 하나님 대신 김일성의 아들 김정일을 숭배한다. 김정일은 사망하기 직전까지 아버지의 대리인처럼 통치했다. 그리고 성령 하나님 대신 북한에는 주체사상이 있는 것이다. 이것은 기독교의 삼위일체와 매우 유사하다. 필자가 벨기에에서 사역할 때 한 탈북동포를 만나 전도하여 세례 교육을 할 때 이 교리를 이해시키는 것이 어려웠다. 하지만 앞서 설명한 것처럼 말해주니까 금방 이해를 하던 것을 지금도 분명히 기억한다. 하지만 이분은 북한에서 '우상화'라는 말을 수없이 들었지만, 이것이 왜 문제인지 깨닫지 못했는데 성경을 알고 십계명을 공부하면서 그것이 얼마나 잘못된 것인지 알게 되었다고 고백했다. 주체사상의 철학적 원리의 기본은 사람이 모든 것의 주인이며 모든 것을 결정한다고 말한다. 하지만 이 절대 수령론으로 인해 주체사상은 사실상 주체성을 잃었고 일인 독재체제의 도구화된 철학으로 변질되었다고 평가받는다. 즉, 주체사상의 '인간 중심 세계관'은 인간이 자기 운명의 주인이며 개척자라고 주장하지만, 이는 마르크스가 객관적인 사회적 존재가 인간의 의식을 결정한다는 전제하에서 이론을 전개한 것과 차이가 있다는 것이다. 또한, 이 '인간 중심'의 세계관은 노동대중 중심주의에서 레닌주의적인 노동계급의 선도자로서의 당의 역할로 그리고 당의 유일한 지도자로서 김일성과 김정일의 개인 독재를 합리화시키기에 이르며, 1967년 조선로동당 당중앙위원회 4기 16차 전원회의 이후 개인숭배 운동으로 이어지는 사상적 근거가 되었다. 하지만 인간은 언제나 인간일 뿐 결코 신이 될 수 없다.

마지막으로 따라서 이 주체사상은 인권을 침해한다. 이 세계관에는 생각이나 표현 또는 발언의 자유가 없다. 북한에는 전국적으로 적어도 480개의 정치범 수용소가 있다고 한다. 그리고 열 개 중 세 개는 연좌제에 따라 수용된 사람들이다. 여기서 많은 사람은 계속해서 고문당하며 인권을 유린당하고 있다. 2013년 3월에 유엔 인권 위원회는 북한의 인권에 대해 조사 위원회를 구성했는데 이 위원회의 보고에 의하면 북한에는 음식을 먹을 권리가 침해당하며 강제 노동수용소에서 수많은 인권이 유린당하고 있고 고문 및 비인간적인 대우를 받으며 자의적인 체포와 구금이 자행되는 동시에 차별적 행위가 가해진다고 한다. 그리하여 기본적인 인간의 자유가 침해당하며 표현의 자유, 생명의 자유, 이동의 자유 등이 침해를 받아 갑자기 납치되어 사라지기도 한다. 그래서 지금도 진정한 자유를 찾기 위해 많은 북한 주민이 목숨을 걸고 탈출하는 것이다.

## 5. 주체사상의 단점들에 대한 기독교 세계관의 대안

그렇다면 이 주체사상의 약점들에 대한 대안은 무엇일까? 먼저 경제적 불평등에 대해 구약성경에는 '희년(禧年, Jubilee)'을 통해 완벽한 복지제도를 제시하고 있다. 즉, 안식년이 일곱 번 지난 50년마다 돌아오는 해가 되면 유대인들은 하나님께서 가나안 땅에 나누어 준 자기 가족의 땅으로 돌아가고 땅은 쉬게 한다. 그들은 분배받은 땅을 영구히 팔지 못하도록 하였으며, 따라서 땅의 매매는 희년까지 한시적으로만 이루어졌고 희년 전이라도 매도자가 원할 경우, 언제든지 매도자, 혹은 매도자의 친족이 희년까지 남은 기간에 따라 정당한 값을 치르고 땅을 회복하는 것이 허용되었다(레위기 25:8-54; 신명기 15:1-3). 나아가 신약 성경 사도행전 2장 45절에 보면 초대 예루살렘 교회의 성도들은 자발적으로 자신들이 가진 소유물들을 팔아 필요한 사람들에게 나누어 주었다. 또한, 구약성경 레위기 19장 10절에도 보면 "포도를 딸 때에도 모조리 따서는 안 된다. 포도밭에 떨어진 포도도 주워서는 안 된다. 가난한 사람들과 나그네 신세인 외국 사람들이 줍게, 그것들을 남겨 두어야 한다. 내가 주 너희의 하나님"이라고 말씀한다. 따라서 한반도는 '개성공단 프로젝트'와 같은 남북 간의 경제협력을 통해 상호 간의 빈부격차를 해소해 나가는 노력이 필요하다.

둘째로 인간을 우상화하는 것에 대해 성경은 인간은 피조물이지 결코 절대적인 존재가 될 수 없음을 강조한다(창세기 1:26-27; 출애굽기 20:3-6, 신명기 5:7-10). 나아가 영국의 역사가였던 액튼 경(Lord Acton: John Dalberg-Acton, 1st Baron Acton, 1834-1902)의 말을 기억할 필요가 있다. 즉, "절대 권력은 절대로 부패한다"는 것이다. 김씨 일가는 절대 권력을 70년간 유지해왔다. 그러면서 북한 주민을 주체사상으로 세뇌하여 자신의 권력을 유지하고 있다. 하지만 이러한 우상화는 결코 오래가지 못할 것이다. 인간을 우상화하는 것에 대해서 우리는 하나님만을 섬겨야 함을 강조해야 할 것이다. 성경은 결코 인간을 우상화하지 않는다. 십계명 중 첫 계명도 하나님 외에 다른 누구도 그 무엇도 우상이 되어서는 안 됨을 강조한다.

마지막으로 인권을 침해하는 부분에 대해서는 모든 인간은 하나님의 형상으로 지음받은 소중한 존재임을 성경은 강조한다(창세기 1:26-27). 따라서 우리는 이웃을 내 몸같이 사랑하라고 하신 주님의 말씀을 기억해야 한다(레위기 19:18; 마태복음 22:39; 마가복음 12:31; 누가복음 10:27; 로마서 13:9; 갈라디아서 5:14; 야고보서 2:8). 동시에 마태복음 25장 40절에 나온 것처럼 우리가 형제자매 가운데, 지극히 보잘것없는 사람 하나에 한 것이 곧 주님에게 한 것임을 기억해야 할 것이며 그리스도 안에서 모두가 하나임을 강조해야 할 것이다 (갈라디아서 3:28). 따라서 북한의 강제노동수용소는 속히 해체되어야 하며 그곳에서 억울한 누명을 쓰고 수감된 모든 정치범을 석방해야 할 것이다.

## III. 결론

이 장에서는 주체사상이라고 하는 세계관에 대해 기독교 세계관적으로 고찰해 보았다. 먼저 이 사상은 김일성에 의해 창시되었으며 김정일에 의해 체계화된 것임을 살펴보았다. 나아가 이 두 사람에 대해서도 간략히 다룬 후 이 세계관의 장점에 대해서는 먼저 주체사상은 독립성, 창조성 및 자주성을 강조하며 둘째로 단순한 생활양식을 강조하고 마지막으로 집단의 독립심과 결속력을 강조함을 보았다.

하지만 이 세계관의 단점들에 대해서는 먼저 겉으로는 평등한 사회주의를 표방하지만 실제로 빈부격차는 매우 크며 둘째로 인간을 우상화하고 마지막으로 인권을 침해함을 지적했다. 이러한 약점들에 대해 기독교 세계관은 성경에 나타난 희년 사상 및 초대교회 공동체의 모습을 제시했으며 둘째로 인간은 피조물이지 결코 절대적인 존재가 될 수 없음을 강조했으며 마지막으로 하나님의 형상인 인간의 인권은 존중되어야 함을 제시했다. 하지만 이 주체사상은 현대 사회에 여전히 많은 사람에게 적지 않은 영향을 미치고 있다. 따라서 그리스도인들은 계속해서 이 세계관에 대해 예의주시하면서 올바로 대응해 나가야 할 것이다.

9장

# 도가사상
(道家思想)

# I. 서론

도교(道敎, Taoism)는 도가(道家, Taoist philosophy)와 구분된다. 도교는 고대 중국에서 발생한 민족 종교로, 신선(神仙) 사상을 근본으로 하여 음양(陰陽)·오행(五行)·복서(卜筮)·무축(巫祝)·참위(讖緯) 등을 더하고, 거기에 도가(道家)의 철학을 도입한 후, 다시 불교의 영향을 받아 성립된 세계관으로 하나인 도(道)의 세 가지 모습인 옥청(玉淸: 원시천존), 상청(上淸: 영보천존) 및 태청(太淸: 도덕천존)의 삼청(三淸)을 최고신으로 하는 다신교이다. 경전으로는 도교 성전의 집성인 『도장(道藏)』이 있다.

도교 신자를 도교인 또는 도교도라고 하며, 우화등선(羽化登仙)을 목표로 하는 무리라는 뜻에서 우류(羽流)라고도 한다. 도사(道士)는 도교의 전문적 종교가이며 여성 도사는 여관(女冠)이라고 하며 도교 사원은 도관이라고 한다. 수행을 통해 신선이 되는 길을 가르치는 교단 도교에 비해 민중 도교는 전적으로 현세 이익적이라는 특징이 있다. 도교의 창시자는 오두미도(五斗米道) 또는 천사도(天師道)의 창시자인 후한(後漢, 25-220) 시대의 장도릉(張道陵, 34-156)으로 알려져 있다. 도교라는 말을 최초로 사용한 사람은 북위(北魏, 386-534)의 구겸지(寇謙之, 365-448)로, 구겸지는 도교를 집대성한 사람 또는 최초의 교단 도교의 창시자로 알려져 있다.

도가 또는 노장사상(老莊思想)은 고대 중국의 전설상의 통치자인 황제와 도가의 이론가라 할 수 있는 노자(老子, 기원전 571-?)와 장자(莊子, 기원전 369?-286)를 신봉하며 중국 사상의 여명기인 춘추전국시대 이래 유가(儒家) 사상과 함께 중국 철학의 두 주류를 이루었던 학파이다.

도가는 참된 길이 인위(人爲)를 초월한 곳에 있으며 그것은 직관으로 체득되는 것으로 사람은 그 참된 길로 가지 않으면 안 된다고 가르쳤다. 또 인위를 배제하고 무위자연(無爲自然)이 될 것을 권했는데, 배제해야 할 인위 중에서 주된 것은 유가의 도(道)인 인(仁)이나 예(禮)라고 주장했다. 따라서 도가와 도교는 사상과 신앙의 관계라고 할 수 있다. 도교는 노자를 신선으로, 옥황상제에 버금갈 정도로 신격화하며 그의 저서인 『도덕경(道德經)』에 절대적 권위를 부여하고 경전화하였다. 이 장은 도교보다 도가사상에 초점을 맞추어 고찰하겠다.

지금도 도가는 큰 영향을 미치고 있어 해외에서 이 주제를 다룬 문헌은 많으며(Creel, 1982; Hansen, 2017; Kirkland, 2004; Küng & Ching, 1988 등) 국내에도 출판한 학자는 있으나(朴一峰 역, 1993; 오진탁 역,

1990; 윤찬원, 1998; 차주환, 1997; 김윤경, 2022; 황준식, 2019; 장종원, 2019), 기독교 세계관으로 다룬 학자는 안점식과 이주현을 제외하면 별로 없다(안점식, 1998; 이주현, 2022). 따라서 이 장에서는 성경적 세계관으로 도가를 고찰하되 먼저 그 내용을 분석한 후 대표적인 사상가인 노자와 장자에 대해 살펴보겠다. 나아가 이 세계관의 장점들이 무엇인지 생각해봄과 동시에 이 사상이 가진 단점들은 없는지 살펴보겠다. 그 후 이 단점들에 대해 기독교 세계관은 어떤 대안을 제시할 수 있는지 언급한 후 결론을 맺겠다.

## II. 도가사상에 대한 기독교 세계관적 고찰

### 1. 도가사상의 내용

도가 철학(道家 哲學)은 도(道)와 조화롭게 살아가는 것을 강조하는 중국 전통인 도교의 다양한 철학적 흐름을 의미한다. 도(道)는 우주 전체의 근원이자 패턴이며 본질인 신비롭고 심오한 원리이다(Creel, 1982: 2). 도가사상의 초기 단계부터 다양한 학파가 있었으며 그들은 유교 및 불교와 같은 다른 철학적 전통에서 파생되고 상호 작용했다. 도교는 육체적, 정신적 수양에 더 중점을 두고 정치적 조직에 대해서는 덜 강조한다는 점에서 유교와 다르다. 도가사상은 역사 전반에 걸쳐 무위자연, 기(氣), 무(無), 태극(太極) 및 음양(陰陽) 등을 강조했다. 한편, 홍콩대 명예 교수인 한센(Chad Hansen)은 학자들이 때때로 '도교 철학'과 '도교 종교'를 분리하려 했지만 실제로는 그렇게 된 적이 없으며 도교 문헌에 대해 논평한 문인과 도교 승려들도 '종교적' 사상과 '철학적' 사상, 특히 형이상학과 윤리학에 관련된 사상을 구별하지 않았다고 주장한다(Hansen, 2017). 이 전통의 주요 문헌은 전통적으로 『도덕경』과 『장자(莊子)』로 간주되지만, 이 두 경전은 한 왕조 시대에만 '도교'라는 이름으로 함께 분류되었다.

그런데 다른 철학 전통과 비교하면 도교 철학은 상당히 이질적이다. 미국 조지아 애틀랜타 대학의 커크랜드(Russell Kirkland) 교수는 "도교인들은 일반적으로 자신들을 단일한 가르침이나 관습을 공유하는 단일 종교 공동체의 추종자로 간주하지 않았다"라고 말한다(Kirkland, 2004: 12). 단 하나의 책이나 창시 교주 한 명의 작품을 기리는 대신, 도교는 시간이 지남에 따라 여러 종합적 전통으로 모여 매우 다양한 중국 신앙과 문헌을 발전시켰다. 이들 텍스트에는 몇 가지 공통점이 있었는데, 특히 개인 수양과 삶의 깊은 현실을 본 것과의 통합에 대한 아이디어가 있었다(Kirkland, 2004: 74). 자신을 '도교'라고 의식적으로 식별하는 첫 번째 그룹이 등장한 것은 5세기로 이들은 문헌들을 본격적으로 수집하기 시작했다(Kirkland, 2004: 16). 처음에는 그들의 도교 문헌 모음에 『도덕경』과 『장자』와 같이 일반적으로 '도교'로 간주되는 고전이 포함되지 않았으며 나중에 정경이 확장된 후에야 이 텍스트가 포함되었다(Kirkland, 2004: 18).

노자에 관한 전설은 한 왕조 시대에 전개되었으며 역사적 타당성이 약하다고 커크랜드는 주장한다(Kirkland, 2004: 18). 마찬가지로 도교와 유교라는 꼬리표는 다양한 사상가와 과거의 문헌을 한데 모아 '도교'로 분류하기 위해 한 왕조 시대에 학자들이 개발한 것이다. 비록 이들이 매우 다양하고 저자들이 서로 알지 못했을지라도 말이다(Kirkland, 2004: 75). 따라서 한대 이전 시대에는 '고전 도교'의 일관된 '파'가 없었지만, 나중에 자칭 도교(기원전 500년경)는 한대 시대부터 물려받은 일련의 사고, 관행 및 틀의 영향을 받았다고 그는 본다.

『도덕경』은 전통적으로 도교의 중심이자 기초가 되는 경전으로 여겨져 왔지만, 역사적으로는 도교 사상에 미친 다양한 영향 중 하나일 뿐이며 때로는 미미한 수준이라고 커크랜드는 주장한다(Kirkland, 2004: 53, 67). 이 책은 아마도 구전의 전통에서 비롯된 것으로 시간이 지남에 따라 변화하고 발전했으며, 독자에게 어떻게 살고 통치해야 하는지에 대한 현명한 조언을 제공하려는 다양한 주제에 대한 느슨한 격언 모음집이며 일부 형이상학적인 추측도 포함되어 있다는 것이다(Kirkland, 2004: 58-59, 63). 일부 학자들은 『도덕경』이 여성적, 모성적 이미지를 사용하여 도라고 불리는 미묘한 보편적 현상 또는 우주적 창조력을 두드러지게 언급한다고 주장해 왔고(Kirkland, 2004: 63) 도(道)는 사물이 발생하고 존재하는 자연스럽고 자발적인 방식이며, 우주의 '유기적 질서'로 보았다. 그러나 캐나다의 철학자 질레스(James Giles)는 도(道)란 자신의 인식이 사물이 발생하고 존재하도록 하는 명상적 인식 상태를 의미한다고 주장한다(Giles, 2020: 32-42, 63).

『장자』라고 불리는 또 다른 문헌도 도교의 고전으로 여겨지지만,

중국 도교인들에게는 종종 부차적인 작품이기도 했다(Kirkland, 2004: 68). 여기서 사회와 도덕은 상대적인 문화적 구성물이고, 현자는 그러한 사물에 얽매이지 않으며 어떤 의미에서는 그것을 넘어서는 삶을 산다는 관념 등 다양한 사상이 담겨 있다(Kirkland, 2004: 7). 성자가 되려는 장자의 비전은 전통적인 사회적 가치관과 문화적 사상을 비우고 무위를 수양하는 것을 요구한다. 미국 보스톤 대학 명예 교수인 콘(Livia Kohn)은 장자의 원시주의 사상을 보고 단순한 삶의 형태로의 복귀를 옹호한다고 주장한다(Kohn, 2008: 37). 커클랜드에 따르면 이 두 텍스트의 공통점은 "사회의 더욱 평범한 관심에 기초한 것이 아니라, 삶의 보이지 않는 힘과 미묘한 과정에 따라 사는 법을 배우는 경우에만 인생을 현명하게 살 수 있다"라는 생각이다(Kirkland, 2004: 59). 후기 도교인들은 천(天, 하늘)과 같은 역경(易經)의 개념을 통합했다. 콘에 따르면, 하늘(天)은 "자연의 순환과 패턴을 추상적으로 표현하는 과정이자, 비인격적인 방식으로 인간 세계와 긴밀하게 상호 작용하는 비인간적 힘"이다(Kohn, 2008: 4).

당시 현실적이며 긍정적인 유가가 군주의 통치권을 합리화하여 역대 왕조의 통치이념으로써 사회의 기본사상으로 자리 잡은 것에 비해, 도가사상은 현실 부정적이고 도피적인 성향이 강해 하층민을 중심으로 뿌리 내려 후에 도교로 발전하였고, 주로 민간신앙과 철학적 사고의 원천이 되었다. 이러한 차이로 인해 유가가 지배자의 사상을 대변한다면 도가는 지배층에 대항하는 피지배자의 사상으로 대변되었다. 도가는 한나라 이후 구체적인 모습을 가진 철학 학파로서의 독립성은 잃어버렸지만, 그 사상은 후세 중국 불교에 수용되었고, 도교의 교리 형성을 도왔으며, 문예의 발달을 촉진했다.

도가사상은 보통 노자로부터 시작되었다고 보며 전설에 의하면 노자는 초(楚) 나라(기원전 1030-223) 사람이라고 한다. 남방인 초나라 문화는 북방 문화와 처음부터 달랐다. 북방의 풍토에서 생긴『시경(詩經)』과 초나라의 풍토에서 생겨난『초사(楚辭)』를 비교하여 읽어보면 그 다름을 알 수 있는데 가령『초사』의 한 작품인 〈어부사(漁父辭)〉에서는 홀로 결백함을 지키려 고민하는 굴원에게 어부는 세속의 진애(塵埃)와 탁한 것을 사람들과 함께하라고 권유하는데 이런 사고는 매우 도가적이다.『논어(論語)』에는 초나라의 광인(狂人)을 가장한 접여(接輿)라는 인물이, 정치의 이상에 불타서 여러 나라를 여행하는 공자(孔子)에게 지금의 정세는 정치에 종사하는 것이 위험하니 그만두는 편이 좋다고 초나라 노래로 비판하는 말이 있다. 이런 예로 볼 때 초나라에는 예부터 도가적 사고방식과 연관된 인생관이 유행했던 것으로 보인다. 하지만 노자의 사상을 노자 개인의 철학으로만 보기 어려운 점도 있으며 남방 초나라에서 발생한 생활 철학과 그것을 전한 철학시(哲學詩)가 노자에 나타나는 말과 표현으로 종합되어 응축된 것으로 본다. 그리고 그 철학은 인생 경험을 많이 쌓아 올린 노옹(老翁: 늙은이)의 말이라 하여 추앙되다가 나중에 아예 노자라는 개인의 철학처럼 굳어진 것처럼 보이기도 한다.

노자에 의하면 도는 성질이나 모양을 가지지 않으며, 변하거나 없어지지 않으며, 항상 어디에나 있다. 우리가 눈으로 볼 수 있는 여러 형태의 우주 만물은 다만 도가 밖으로 나타나는 모습에 지나지 않는다는 것이 노자의 사상이다. 그의 사상은 그의 저서 『도덕경』에 있는 '무위자연'이라는 말로 나타낼 수 있다. 사람이 우주의 근본이며, 진리인 도의 길에 도달하려면 자연의 법칙에 따라 살아야 한다는 것이 그의 '무위자연' 사상이다. 즉, 법률·도덕·풍속·문화 등 인위적인 것에 얽매이지 말고 사람의 가장 순수한 양심에 따라, 있는 그대로의 모습을 지키며 살아갈 때 비로소 도에 이를 수 있다고 본다. 그는 후세에 '도교의 시조'로 불리며, 그 사상은 '노장사상' 또는 '도가사상'으로 발전하여 유교와 함께 중국사상사에서 중요한 의의가 있다.

도가에 대해 오늘날까지도 잘 알 수 없는 점이 여러 가지가 있다. 가령, 도가사상은 주로 은자(隱者)의 철학인 것으로 설명되기 때문에 도가사상을 주장한 사람의 성격도 분명하지 않다. 현재 중국 학자들의 평가에 의하면 도가사상은 몰락한 귀족들 사이에서 생겼을 것이라고 한다. 도가 철학에는 준열한 역사와 풍토 위에서 생활한 서민들의 지혜도 혼입되어 있지만, 몰락 귀족들 사이에서도 인기가 있었다. 노자와 장자의 철학을 사랑하여 뛰어난 시를 지은 도연명(陶淵明, 365-427)도 몰락한 귀족이었다.

노자의 사고방식에는 유물적(唯物的)인 요소도 보였지만 열자(列子, 기원전 4세기경)와 장자를 거치면서 매우 유심적(唯心的)인 철학으로 변모해 갔다. 도가사상은 인간에게 분수를 지키고 무욕(無欲)하는 생활을 하라고 가르치고, 또 정치적 혼란에 직면해서는 은둔자로 생활하는 등 일견(一見) 소극적인 태도 속에서 적극적으로 저항할 것을 가르쳐 절대적인 가치를 생각하게 함으로써 현상 세계의 어쩔 수 없는 모순이나 마음에 맺힌 것을 풀어버리는 지혜를 가르쳤다. 그리하여 이러한 도가사상은 후대에 있어서 문학자에게 많이 애호되었다. 예컨대 도연명의 시에 보이듯이 훌륭한 인생의 지혜를 말하는 문학작품을 낳았다. 이처럼 무욕과 은둔의 지혜를 가르친 도가사상은 불교가 중국에 들어와서 중국화되었을 때 불교 철학의 형성에도 많은 영향을 주었다. 중국 불교의 선종(禪宗)과 도가의 사상과는 근저에 있어서 통하는 것이 많이 있다. 중국에서 도가의 중심지는 후베이성 서북부에 있는 무당산(武當山)이다.

무위자연과 더불어 도가의 다른 핵심어는 '상선약수(上善若水)'이다. "上善若水, 水善利萬物而不爭, 處衆人之訴惡, 故幾於道(상선약수, 수선리만물이부쟁, 처중인지소오, 고기어도)", 즉 물은 만물을 이롭게 해주지만 공을 다투지 않는다, 모든 사람이 싫어하는 낮은 곳으로 흐른다는 것이다. 이것은 『도덕경』 8장에 있는 말인데 상선약수에서의 상(上)은 위라는 뜻이고 선(善)은 착하다는 뜻이다. 그러므로 가장 위에 있는 선(善)은 가장 위대한 선(善)이 된다. 약(若)은 '이와 같다' 또는 '그와 같다'라는 의미인데 약수(若水)라 하면 '물과 같다'는 뜻이다. 그러므로 상선약수(上善若水)는 "가장 위대한 선은 물과 같다"라는 말이다. "물은 만물을 이롭게 하면서도 다투지 않으며 뭇 사람들이 싫어하는 곳에 처한다. 그러므로 도(道)에 가깝다. 거할 때는 낮은 곳에 처하기를 잘 하고, 마음을 쓸 때는 그윽한 마음가짐을 잘

하고, 사람들과 함께할 때는 사랑하기를 잘 하며, 말할 때는 믿음직하기를 잘 하고, 다스릴 때는 질서 있게 하기를 잘 하고, 일 할 때는 능력 있게 하기를 잘 하고, 움직일 때는 타이밍 맞추기를 잘 한다. 대저 오로지 다투지 아니하니 허물이 없다." 『도덕경』의 저자였던 노자가 이같이 설파한 대상은 일반인이 아니었다. 당시에는 요즘 같은 종이가 없던 시절이었으며, 대나무로 만든 죽간(竹簡)이나 비단으로 만든 백서에 쓰인 글을 읽을 수 있는 사람은 당대의 최고 위층이었다. 따라서 이것은 일종의 제왕학(帝王學)이라 할 수 있다. 즉, 왕에게 통치의 요결(要訣)을 제시하며 "물처럼 정치하라"고 권했던 것이다. 만물을 이롭게 하면서도 다투지 않는 것, 부쟁(不爭)이 물의 특성이다. 사람들은 낮은 곳에 처하길 싫어한다. 하지만 물은 스스럼없이 낮은 곳으로 간다. 낮은 곳으로 더 낮은 곳으로 가면 절대 다툼이 생길 일이 없다. 높은 곳에 처하면서 내려갈 줄을 모르니 썩고 있다.

이처럼 노자는 자신이 주창한 도의 상징적 이미지로 물을 잘 사용하였다. 『도덕경』 78장에서 "세상에 물보다 더 부드럽고 약한 것은 없지만, 굳고 강한 것을 치는데 물을 이길 수 있는 것은 없다. 약함이 강함을 이기고 유연함이 단단함을 이긴다. 천하에 그것을 알지 못하는 사람은 없다. 그러나 실행하는 사람이 없다"고 말하였다. 노자는 왜 가장 위대한 선을 물에 비유했을까? 그것은 물의 성질에 다음과 같은 특성이 있기 때문일 것이다. 첫째, 물은 공평함을 나타낸다. 물이 위에서 아래로 흐르는 것은 수평(水平)을 유지하기 위함인데 물은 조금만 상하의 차가 있어도 반드시 아래로 흘러 수평(水平)을 유지한다. 수평(水平)은 곧 공평(公平)이다. 둘째, 물은 완전을 나타낸다. 물은 아래로 흐를 때 아주 작은 구덩이가 있어도 그것을 완전하게 채우면서 흘러간다. 그러므로 물이 수평을 이룰 때 그것은 완전함을 의미한다. 셋째, 물은 상황에 따라 한없이 변하면서도 본질을 잃지 않는다. 물이 네모난 그릇에 담기면 네모로 변하고 둥근 그릇에 담기면 둥글게 변한다. 그러나 그렇게 변한 물은 언제나 본래의 성질을 잃지 않고 있다. 자기 자신을 잘 알고 있기 때문이다. 넷째, 물은 겸손(謙遜)하다. 물은 가장 중요한 생명의 근원이지만 언제나 아래로 흐르며 낮게 있는 모든 곳을 적셔준다. 언제나 자신을 내세우지 않으며 조용한 마음으로 기다린다. 알아주면 고맙고 알아주지 않아도 조용히 순종한다. 그래서 겸손이라 했다.

노자는 물처럼 다투지 말고 겸손하게 살라고 하면서 물의 정신을 시처럼 읊고 있다.

거선지(居善地): 물은 낮은 곳으로 임한다.

심선연(心善淵): 물은 연못처럼 깊은 마음을 가지고 있다.

여선인(與善仁): 물은 아낌없이 누구에게나 은혜를 베푼다.

언선신(言善信): 물은 신뢰를 잃지 않는다.

정선치(正善治): 물은 세상을 깨끗하게 해준다.

사선능(事善能): 물은 놀라운 능력을 발휘한다.

동선시(動善時): 물은 얼 때와 녹을 때를 안다.

따라서 상선약수(上善若水)가 뜻하는 바는 첫째, 유연함이다. 자기를 내세우지 않고 자기를 규정하지 않기에 어떤 상대도 받아들인다. 둘째, 겸손함이다. 물은 이롭게 하면서도 그 공로를 다투지 않는다. 다른 사람이 싫어하는 곳까지 즐거이 임하기에 도달하지 못하는 곳이 없다. 셋째, 기다림이다. 물은 흐를 줄을 알기에 멈추어 설 줄도 안다. 웅덩이를 만나면 그곳을 채울 때까지 조용히 기다린다. 넷째, 여유(餘裕)다. 물은 바위를 뚫을 힘을 가졌으나 뚫으려 하지 않고 유유히 돌아간다. 다섯째, 새로움이다. 살아 있는 물은 멈추지 않고 늘 흐른다. 그러기에 언제나 새롭다. 또한, 늘 깨끗하고 청결하고 한결같다. 물처럼 산다는 것. 어쩌면 세상의 변화와 한 호흡으로 사는 자연스러운 인생의 방법일 것이다. 그러나 물처럼 산다는 것은 그리 쉬운 일은 아니다. 공을 세워서 자랑하려 하고 남들 위에 군림하려 하는 것이 상식이 되어버린 세상에선 더더욱 그러할 것이다.

"老子 曰 人法地 地法天 天法道 道法自然(노자 왈 인법지하고 지법천하고 천법도하고 도법자연)"이다. 人法地(사람은 땅에서 본받는다), 즉 땅이 사람한테 선생이 된다는 뜻으로 사람은 땅을 배울 수밖에 없다는 것이다. 地法天(땅은 하늘을 배운다), 즉 땅은 하늘에서 왔다는 것이다. 그래서 땅은 하늘을 본받고, 天法道(하늘은 도를 본받는다)는 것이다. 道法自然(도는 마지막으로 자연을 본받는다)는 것이다. 노자는 자연을 최고의 스승으로 여기고 있다. 자연은 도를 가르치고, 도는 하늘을 가르치고, 하늘은 땅을 가르치고, 땅은 사람을 가르치고, 결국 사람은 땅과 하늘과 도와 자연에서 배우는데, 그중 최고의 선생은 자연이라는 것이다(한국역사문화신문, https://www.ns-times.com/news/view.php?bIdx=2687).

## 2. 대표적인 도가사상가들

### 1) 노자

대표적인 도가사상가들을 보면 첫 번째로 노자는 중국의 고대 철학자로, 도교의 시조로 불리는 인물이다. 그의 성은 이(李)이고, 이름은 이(耳)이며, 시호는 담(聃)이라고 한다. 그는 허난성 주구시 루이 현 사람으로 춘추시대 말기 초나라의 철학자로 전해지고 있으며, 중국에서 우주의 만물에 대하여 생각한 최초의 사람으로, 그가 발견한 우주의 진리를 '도(道)'라고 불렀다. 그의 저서인 『도덕경』은 도교의 대표적인 경전으로, 무위(無爲)와 자연(自然)을 중요한 가치로 삼았다. 노자의 사상은 유교와 불교와 함께 중국 문화와 사상에 큰 영향을 미쳤으며, 동서양에서도 많은 관심과 존경을 받았다. 이 도를 중심으로 하는 신앙을 '도교'라고 한다.

노자
commons.wikimedia.org/wiki/File:Zhang_Lu-Laozi_Riding_an_Ox.jpg

사마천(司馬遷, 기원전 145년경-86년경)은 『사기(史記)』에서 노자로 상정되는 인물이 3인이 있다고 하였다. 즉, 첫째로 이이(李耳, 자는 담(聃)=老聃)를 들었다. 그는 초나라 사람으로 공자가 예(禮)를 배운 사람이며, 도덕의 말 5천여 언(言)을 저작한 사람인데, 그의 최후는 알지 못한다고 한다. 다음에 든 사람은 역시 공자와 동시대의 노래자(老萊子)로서, 저서는 15편 있었다 한다. 세 번째로 주(周)의 태사 담이라는 사람으로, 공자의 사후 100년 이상 지난 때에 진(秦)의 헌공과 회담하였다고 한다. 결론적으로 노자는 '은군자(隱君子)'이며, 세상에서 말하는 노자라고 하는 이는 은자로서 그 사람됨을 정확히 알 수 없다. 후세에 노자라고 하면 공자에게 예를 가르쳤다고 하는 이이(李耳)를 생각하는 것이 상례지만, 이이라고 하는 인물은 도가의 사상이 왕성하던 때에 그 사상의 시조로서 공자보다도 위인(偉人)이었다고 하기 위하여 만들어진 전설일지도 모른다. 중국의 철학자 펑유란(馮友蘭, 1894-1990)은 노자가 전국시대 사람이었다고 하는 것을 강하게 주장한다. 이에 근거하여 노자가 실존 인물이라고 가정한다면 최소한 도덕경 죽간본(기원전 300년경) 이전일 수밖에 없으며, 한비자(기원전 280-233)가 도덕경을 인용하였으므로 한비자보다 앞선다. 또 도덕경에는 유가 사상을 비판하는 내용이 많은데, 이는 백서본(갑본은 전국시대 말기, 을본은 한나라 초기) 이후가 반유가적인 것이며, 죽간본은 덜하다.

노자의 사상은 '무위자연'을 중요한 가치로 삼았다. 그는 도와 일치하면 신선이 되어 불로장생할 수 있으며 인위(人爲)를 배제하고,

사람의 가장 순수한 양심에 따라, 있는 그대로의 모습을 지키며 살아갈 때 비로소 도에 이를 수 있다고 주장하였다. 『도덕경』에 기술되어 있는 사상은 확실히 도(道)의 본질, 현상계의 생활하는 철학이다. 예컨대 노자는 도를 논하며 이렇게 말한다. "도는 만물을 생장시키지만, 만물을 자신의 소유로는 하지 않는다. 도는 만물을 형성시키지만, 그 공(功)을 내세우지 않는다. 도는 만물을 성장시키지만, 만물을 주재하지 않는다"(10장). 이런 사고는 만물의 형성·변화는 원래 스스로 그러한 것이며 또한, 거기에는 예정된 목적조차 없다는 생각에서 유래되었다. 노자의 말에 나타난 사상은 유심론으로 생각되고 있으나 펑유란은 도에 대해서는 사고방식은 일종의 유물론으로서 무신론에 연결되는 것이라고 한다. 또한 "도(道)는 자연(自然)의 순리를 따른다(法)"(55장)고 하는데 이것은 사람이 자기 의지로 자연계를 지배하는 일은 불가능함을 설명한 것이다.

노자의 이러한 사상은 유교와 대립하였다. 그는 유교가 강조하는 인(仁)이나 예(禮)와 같은 인간의 도덕적 행위나 관습을 비판하면서 이러한 인위적인 것들이 도를 가리고, 인간의 본성을 손상한다고 주장하였다. 그는 유교가 추구하는 천인감응(天人感應)이라는 사상도 부정하였으며 그가 보인 인생관은 "유약한 자는 생(生)의 도(徒)이다"(76장), "유약은 강강(剛强)에 승한다."(36장) "상선(上善)은 물과 같다. 물은 흘러서 만물을 이롭게 하지만 다투지 않는다. 그러면서 뭇 사람들이 싫어하는 곳에 처한다. 때문에 도에 가깝다"(8장), "천하에 유약하기는 물보다 더한 것이 없다"(78장) 등의 구절에서 보듯이 어디까지나 나를 내세우지 않고 세상의 흐름을 따라 세상과 함께 사는 일을 권하는 것이다. 그러한 사상을 겸하부쟁(謙下不爭)이라는 말로 환언(換言)하고 있다. 즉 그의 사상은 인위(人爲) 대신 무위(無爲)를 강조하면서 사회 도피적이라기보다는 반문화주의라고 말할 수 있는 반면에 유가 사상은 인위적인 도덕주의라는 것이다(안점식, 1998: 270-71).

노자는 또한 "도(道)는 일(一)을 생하고 일은 이(二)를 생하고 이는 삼(三)을 생하고 삼은 만물을 생한다."(42장)고 하는 식의 일원론적인 우주생성론을 주장했다. 그는 도가 만물의 근원이며, 만물은 도에서 나와 도로 돌아간다고 하였다. 나아가 그는 도가 성질이나 모양을 가지지 않으며, 변하거나 없어지지 않으며, 항상 어디에나 있다고 하였다. 이것은 결국 범신론적 자연철학이라고 할 수 있다(안점식, 1998: 270).

### 2) 장자

장자는 중국 전국시대 송(宋)나라 몽(蒙; 현재의 안휘성 몽성 또는 하남성 상구 추정) 출신의 저명한 중국 철학자로 제자백가 중 도가(道家)의 대표적인 인물이며, 노자(老子) 사상을 계승, 발전시켰다. 본명은 주(周)이다. 후세에 노자와 함께 부를 때 노장(老莊)이라 부른다. 도교에서는 남화진인(南華眞人), 또는 남화노선(南華老仙)이라 부르기도 하며, 그의 대표적인 저서『장자』는『남화진경(南華眞經)』이라 부른다. 장자의 생애에 대한 유일한 기록은 사마천의『대사기(大史記)』63

장자
commons.wikimedia.org/wiki/File:玄門
十子圖_莊子.jpg

장에 나오는 간략한 개요이며, 거기에 포함된 정보 대부분은 단순히 장자 자체의 일화에서 가져온 것으로 보인다(Mair, 1994: xxxi-xxxiii). 장자는 일찍이 몽(蒙) 칠원(漆園)의 관리가 되었으나, 생활은 매우 가난했다. 『장자』 "외편" 〈추수(秋水)〉편에 따르면, 초나라 위왕(威王)이 사람을 보내 정치를 보좌해 주길 청했으나, 장자는 거절하고 혜자(惠子)와 교우했다.

장자는 전통적으로 그의 이름이 붙은 작품 『장자』 중 적어도 일부의 저자로 알려져 있다. 33개 장으로 구성된 이 작품은 전통적으로 세 부분으로 나누어져 있다. "내편"으로 알려진 첫 번째 부분은 처음 7개 장으로 구성되며, 두 번째는 "외편"으로 알려져 있고 다음 15개의 장으로 구성된다. "혼합편"으로 알려진 마지막 부분은 나머지 11개 장으로 구성된다. 이 세 가지 이름의 의미에 대해서는 논쟁의 여지가 있다. 구오 시양(Guo Xiang)에 따르면 "내편"은 장자가 썼고 "외편"은 그의 제자들이 썼으며 "혼합편"은 다른 사람이 썼다. 또 다른 해석은 그 이름이 각 장 제목의 유래를 나타낸다는 것이다. "내편"은 장 내부의 문구에서 제목을 따왔고, "외편"은 장의 시작 단어에서 따왔으며, "혼합편"은 이 두 가지를 혼합한 것으로 본다(Roth, 1993: 56-57).

장자 또한 만물 일원론을 주창하였다. 그 대표적인 예가 소위 '호접몽(胡蝶夢)'이라고 하는 우화인데, 어느 날 그는 자기가 나비가 되어 훨훨 자유로이 날아다니는 꿈을 꾸었다. 그러나 잠을 깨니 자기가 꿈을 꾸고 나비가 된 것인지, 아니면 나비가 꿈을 꾸고 지금의 자신이 되어있는 것인지 모를 일이었다. 장자는 이처럼 주관과 대상의 합일을 강조했는데 이는 인간과 자연을 동일시하는 자연주의적 세계관이며 범신론적 신비주의라고 할 수 있다(안점식. 1998: 273-74). 나아가 그는 상식적 사고방식에 의문을 품고 유학자들이 말하는 도덕적 가르침은 하잘것없는 것이라고 주장하면서 노자처럼 자연으로 돌아갈 것과 무로 돌아갈 것을 주장하였다.

장자의 인생론에서 이상적인 삶이라는 것은 근심의 근원인 자기의 육체·정신을 버리고 '허정(虛靜)', '염담(恬淡)'의 심경에 도달하여 자연의 법칙에 따르고 어떠한 것에도 침해받지 않는 자유·독립을 얻어 세계의 밖에서 초연하게 노니는 것이다. 이것을 실현한 사람을 '진인(眞人)'이라고 하며, 이 인생론의 근저에는 세계는 불가지의 실재인 도의 표상이라는 세계관과 개념적 인식과 가치판단은 불가능할 뿐 아니라 무의미한 것이고, 철저한 무지만 올바른 것이라고 하는 인식론이 깔렸다. 이러한 인식론은 명가(名家)의 궤변이나 전변(田駢)의 제물설(齊物說)의 비판적 섭취에서 성립, 얼마 후에는 세계관과 혼합하여 세계의 존재와 운동은 '도'에 의해 지탱되고 있다는 존재론, 우주 생성의 전설을 받아들여 태초의 '혼돈=도'로부터 세계가 유출했다고 하는 우주생성론 및 음양오행설을 채용하여 물(物)의 생사(生死)를 기(氣)의 집산으로 설명한 자연론 등이 전개되었다. 그는 자신의 삶은 유한하나 인식할 수 있는 것은 무한하며, 유한으로 무한을 추구하는 것은 어리석다고 하였다.

장자의 사상 또한 유교와 대립하였다. 그는 유교가 강조하는 인(仁)이나 예(禮)와 같은 인간의 도덕적 행위나 관습을 비판하였다. 그는 이러한 인위적인 것들이 도를 가리고, 인간의 본성을 손상시킨다고 주장하였다. 또한, 그는 관점주의(perspectivism)와 상대주의(relativism)를 제시하면서 모든 의견은 결국 각자의 관점에서 나오는 것이므로 이른바 보편타당한 객관적 기준이 있을 수 없다고 주장하였다. 우리의 언어, 인식 등은 자신의 관점에 치우쳐 있으므로, 우리가 내린 결론이 모든 것에 대해 동등하게 옳다고 단정할 수는 없다는 것이다. 그는 이러한 주관론을 통해 다문화주의 및 가치체계에 대한 상대주의를 제시하였다.

장자 또한 노자처럼 일원론적 우주생성론을 주장하여 도가 일(一)을 생하고, 일은 이(二)를 생하고, 이는 삼(三)을 생하고, 삼은 만물을 생한다고 하였다. 그는 도가 만물의 근원이며, 만물은 도에서 나와 도로 돌아간다고 하였다. 장자는 도가 성질이나 모양을 가지지 않으며, 변하거나 없어지지 않으며, 항상 어디에나 있다고 말하였다. 장자의 이러한 사상은 중국 불교, 특히 선종에 많은 영향을 주었다.

노자와 장자를 묶어 흔히 노장사상이라고 부르지만, 이 둘 사이에는 차이가 있는데, 노자가 정치와 사회의 현실에 어느 정도 관심이 있었던 데 대해, 장자는 개인의 안심입명(安心立命)에만 몰두했다. 노자가 혼란한 세상을 구하기 위해 무위자연에 처할 것을 가르쳤던 반면, 장자는 속세를 초탈하여 유유자적하고자 했다. 즉 노자는 어느 정도 공동체에 관한 관심을 가졌지만, 장자는 오직 개인에 대한 것을 강조하였다.

노자와 장자는 도의 실현 방법과 관점에도 차이가 있다. 노자는 도와 일치하면 신선이 되어 불로장생할 수 있다고 주장하였으며, 도에 입각하면 모든 사물에는 차별이 없다고 주장하였다. 나아가 그는 인위를 배제하고, 사람의 가장 순수한 양심에 따라, 있는 그대로의 모습을 지키며 살아갈 때 비로소 도에 이를 수 있다고 하였다. 따라서 노자는 현실의 문제와 책임을 회피하지 않고, 세상을 현명하게 헤쳐나가는 처세와 지혜를 내세웠다. 반면에 장자는 도가 시시각각으로 변화하는 유전(流轉) 그 자체라고 생각하였으며, 도안에서는 좋은 것, 나쁜 것, 선한 것, 악한 것이 없으므로, 사물을 저절로 흘러가도록 내버려 두어야 하며, 임의의 가치판단을 해서는 안 된다고 보았다. 그는 세상의 상식에 구애받지 않는 견해와 세속적인 가치관을 초월한 생활방식, 즉 '해탈 사상'을 주장하였다.

마지막으로 노자와 장자의 차이점은 표현방식과 저작성에 있다. 노자는 자신의 사상을 『도덕경』이라고 하는 저서에 담았으며, 이 책은 도교의 대표적인 경전으로, 시로 간결하게 표현하였다. 이처럼 노자는 자신의 사상을 체계적으로 정리하여 도가사상의 창시자로 인정받았다. 반면에 장자는 자신의 이름을 딴 『장자』라는 저서를 남겼으나 이 책은 장자 본인의 집필 여부가 분명하지 않다. 장자는 은

유를 통해 이야기를 풀어가는 형식으로 기록하였고 다양한 우화와 비유를 사용하였다. 장자는 노자의 사상을 계승, 발전시켰으나, 자신만의 독창적인 철학을 완성하지는 못하였다.

## 3. 도가사상의 장점들

그렇다면 도가적 세계관에는 어떤 장점들이 있기에 많은 사람이 여전히 매력을 느낄까? 크게 세 가지로 살펴보겠다. 첫째로 도가사상은 자연과 조화를 이루고, 인간의 본성을 따르는 삶을 추구한다. 도교는 도(道)라는 궁극적인 원리에 따라 만물이 변화하고 발전한다고 믿기에 인간이 도와 일치하면 신선이 되어 불로장생할 수 있다고 주장한다. 이러한 도교 사상은 인간과 자연의 관계를 존중하고, 인생의 가치를 찾는 데 도움이 될 수 있으며 사람들이 삶의 스트레스와 불안을 피하는 데 도움이 될 수 있는 자연성, 자발성 및 단순성을 강조한다. 또한, 이 세계관은 명상, 내부 연금술, 의식 등 다양한 자기 수양 방법을 제공하여 사람들이 영적 불멸과 우주와의 조화를 달성하는 데 도움이 된다.

둘째로 도가사상은 다양한 신앙 요소와 사상을 포용하고, 현세의 길복과 양생을 매우 중요시한다. 도교는 노장사상, 유교, 불교, 음양오행, 참위, 의술, 점성 등 여러 종류의 신앙과 사상을 자신의 교리와 체계에 흡수하고 조절하였다. 도교는 현세의 이익을 위해 기복(祈福)이라는 의식을 행하고, 양생, 의학, 삼재 예방, 입택 등 생활

방면에서 도교의 방법론을 활용하였다. 이러한 도교의 성질은 다양한 문화와 종교를 존중하고, 인간의 건강과 행복을 추구하는 데 유익할 수 있다. 나아가 이 세계관은 평화, 연민, 분리를 촉진하여 다른 사람과 자신에 대해 더 관용적이고 존중하는 태도를 키울 수 있고 활력, 유연성 및 수용성을 장려하여 건강, 창의성 및 적응성을 향상할 수 있다. 나아가 이 사상은 지식과 진실에 대한 보다 개방적이고 겸손한 접근 방식을 조성할 수 있는 인간 관점의 상대성과 다양성을 인식한다.

셋째로 도가사상은 한국의 신선 사상과 융합하여 한국 문화와 사상에 영향을 주었다. 도교는 삼국시대에 한국에 전래된 이후 우리 고유의 신선 사상과 중국의 수련적 도교가 융합하면서 발전해 왔다. 도교는 단군신화와 신선설에 기초하여 우리나라 역사와 문화에 영향을 주었다.

## 4. 도가사상의 단점들

그렇다면 도가사상의 약점들로는 무엇이 있을까? 네 가지로 생각해보겠다. 첫째로 이 사상은 현세의 이익과 길복을 중시하면서, 종종 편협하고 비합리적인 민간신앙과 방술에 의존하였다. 도교는 농민 폭동이나 사회적 혁신 운동과도 연관되어, 국가나 유교의 반대나 적대로 인식되기도 하였다. 도교는 또한 연금술이나 불로장생을 추구하면서, 과학적인 탐구보다는 신비주의나 마법주의에 치우

쳐져 있었다. 이러한 도교의 성질은 현대 사회에서 비판받거나 소외되기 쉬운 요인이 될 수 있다. 즉 노장사상은 현실을 부정하며, 은둔하고, 소극적이다. 노자는 무위와 자연을 중시하면서, 인위를 배제하고, 사회의 도덕이나 관습을 비판하면서 인간이 도와 일치하면 신선이 되어 불로장생할 수 있다고 주장하였다. 하지만 이러한 노자의 사상은 현실 문제와 책임을 회피하고, 세상과 단절하여, 변화와 발전에 무관심하다는 비판을 받는다. 특히 현대 경제와 기술 발전에 그의 세계관은 오히려 부정적으로 작용했다. 가령, 산에 터널을 뚫어 고속도로나 고속철도를 건설하는 것에 대해 그는 자연을 훼손하는 것이라고 하면서 반대했을 것이다. 따라서 도교적 세계관이 강할수록 과학기술이나 경제적 발전을 기대하기는 어렵다. 나아가 인간은 현재 육체로 결코 영생할 수 없으며 죽음을 피할 수 없는 존재임이 분명하다.

둘째로 도가사상은 다양한 신앙 요소와 사상을 포용하면서, 동시에 자신의 정체성과 특성을 잃어버리기도 하였다. 도교는 불교나 유교와의 교류에서 많은 영향을 받았지만, 그 과정에서 자신만의 독창적인 교리나 체계를 확립하지 못하였다. 도교는 또한 자신의 경전이나 신들에 대한 권위나 존경을 확보하지 못하고, 다른 종교들에 비해 열등감이나 낮은 지위를 갖게 되었다. 이러한 도교의 문제점은 자신의 신앙을 확고히 하거나 전파하기 어려운 점으로 나타났다.

셋째로 도가사상은 한국에도 전래되었지만, 한국의 문화와 사상에 큰 영향을 미치지는 못하였다. 즉 도교는 한국에서 교단 체제를 갖추지 못하고, 민간신앙의 차원에 머물러 있었다. 도교는 또한 한국의 유교 사회에서 비난받거나 억압받아, 공공적인 활동이나 사회적인 인정을 얻지 못하였다. 도교는 한국에서도 신선이나 연단 등을 추구하는 수행자들이 있었지만, 그들은 소수였고 주류로 인식되지 않았다. 이러한 도교의 상황은 한국에서 도교가 발전하거나 보급하기 어려운 원인이 되었다.

　마지막으로 노자의 사상은 모순적이고, 비합리적이라는 비판이 있다. 노자는 도를 말할 수 없고, 이름 지을 수 없다고 하면서도, 『도덕경』이라는 저서를 남겼다. 노자는 도가 만물의 근원이며, 만물은 도에서 나와 도로 돌아간다고 하면서도, 도가 어떤 것인지 명확히 설명하지는 않았다. 오히려 그는 이 책 처음에 "도가도 비상도(道可道 非常道)"라고 하면서 도는 불변하는 궁극적 실제가 아니며 이것은 결코 정의에 의해 제한될 수 없다고 주장한다. 다시 말해 자신도 이 도가 무엇인지 정확히 모른다는 의미이다. 나아가 노자는 유교의 인(仁)이나 예(禮)를 비판하면서도, 자신의 사상에도 인(仁)이나 예(禮)와 유사한 개념들을 사용하였다. 이러한 노자의 사상은 모순적이고, 비합리적이라는 것이다. 나아가 노자는 이 세상에 일정한 도, 즉 만물의 질서가 존재한다는 것은 알았으나 그것을 절대화한 나머지 그 도를 만드신 분이 누군지는 알지 못했다. 따라서 추상적인 도를 절대화했으며 그 창시자인 노자를 신격화하였으며 나중에는 장자도 신격화하여 숭배하는 오류를 범했다(이주헌, 2022: 89-90).

## 5. 도가사상의 단점들에 대한 기독교 세계관의 대안

그렇다면 이 도가사상의 약점들에 대한 성경적 대안은 무엇일까? 먼저 도교는 현세의 이익과 길복을 중시하면서, 종종 편협하고 비합리적인 민간신앙과 방술에 의존하였으나 성경이 제시하는 복은 영원한 하나님 나라의 축복이며 그 방법 또한 하나님께서 제시하신 것을 볼 수 있다. 예수 그리스도는 자신이 길(도)이며 진리이고 생명이라고 분명히 선포했다(요한복음 14:6). 만약 노자가 이 사실을 알았다면 그는 분명히 그리스도의 제자가 되었을 것이다. 나아가 성경적 세계관은 창조주께서 지으신 만물을 탐구하여 올바르게 과학을 발전시키며 기술의 향상을 통해 경제 발전을 이루어낼 수 있는 근거를 제공한다. 실제로 성경적 세계관이 확립된 나라들은 경제도 발전한 것을 볼 수 있다. 동시에 인간은 전적으로 타락하여 죽을 수밖에 없었지만 예수 그리스도께서 십자가에 죽으시고 부활하심으로 이루신 구속 사역을 믿음으로 참된 영생을 얻음을 성경적 세계관은 분명히 제시한다.

두 번째로 도가사상은 다양한 신앙 요소와 사상을 포용하면서, 동시에 자신의 정체성과 특성을 잃어버리기도 하였고 혼합주의에 빠졌으나 성경적 세계관은 이러한 것을 분명히 배격한다. 창조, 타락, 구속 및 완성이라고 하는 분명한 내용을 통해 다른 세계관을 분별할 수 있는 능력도 제공한다. 하나님과 동시에 다른 우상을 섬길 수 없기 때문이다. 따라서 그 정체성과 특성을 잃어버리지 않고 오히려 다른 세계관들의 약점을 극복할 수 있는 대안을 제시한다(최용준, 2020). 나아가 도교가 주장하는 유토피아인 선경(仙境)은 존재하지 않으며 인간이 만들어낸 이상향에 불과하지만, 성경적 세계관은 하나님의 나라를 현재적인 동시에 미래적인 실재로 확실히 증거한다.

셋째로 도교는 한국에 전래되었지만, 한국의 문화와 사상에 큰 영향을 미치지 못하여 교단 체제를 갖추지 못하고, 민간신앙의 차원에 머물러 있었으나 기독교 세계관은 이조 말엽에 한국에 소개되면서 기존의 샤머니즘과 불교 그리고 유교의 약점들을 모두 극복하면서 새로운 대안을 제시했고 한국의 문화와 사상에 결정적인 역할을 하여 정치, 경제, 교육, 복지 등 모든 면에서 발전을 이루었다(손봉호, 2012).

마지막으로 도가사상은 이 세상에 일정한 도, 즉 만물의 질서가 존재한다는 것은 알았으나 그것을 절대화한 나머지 그 도를 만드신 분이 누군지는 알지 못했지만, 성경적 세계관은 그 도를 만드신 창조주가 있으며 예수 그리스도가 길, 진리, 생명임을 분명히 가르쳐 준다. 따라서 우리는 도를 절대화할 필요가 없으며 참된 창조주를 알고 그분을 섬기며 그분의 뜻을 따라 살아갈 수 있다. 동시에 노자와 장자는 인간일 뿐 결코 신이 될 수 없다.

## III. 결론

이 장에서는 도가사상에 대해 기독교 세계관적으로 고찰해 보았다. 먼저 이 사상은 우주 만물의 원리를 '도'로 이해한 후 이 도는 참된 길, 즉 인위(人爲)를 초월한 곳에 있으며 그것은 직관으로 체득되는 것으로 사람은 그 참된 길로 돌아가지 않으면 안 된다고 가르쳤다. 즉, 인위를 배제하고 무위자연을 추구하고 상선약수의 삶을 살 것을 강조했다. 그리고 대표적인 사상가로 노자와 장자의 세계관도 분석해 보았다.

나아가 이 세계관의 장점에 대해서는 먼저 도교는 자연과 조화를 이루고, 인간의 본성을 따르는 삶을 추구하며, 둘째로는 다양한 신앙 요소와 사상을 포용하고, 현세의 길복과 양생을 중요시하고 마지막으로 한국의 신선 사상과 융합하여 한국의 정체성과 문화적 다양성을 강화하는 데 어느 정도 이바지했다고 볼 수 있다. 하지만 이 세계관의 단점들에 대해서는 먼저 도교는 현세의 이익과 길복을 중시하면서, 종종 편협하고 비합리적인 민간신앙과 방술에 의존하였으며 둘째로 다양한 신앙 요소와 사상을 포용하면서, 동시에 자신의 정체성과 특성을 잃어버리기도 하였으며, 셋째로 한국에도 전래되었지만, 한국의 문화와 사상에 큰 영향을 미치지는 못하였다. 마지막으로 노자의 사상은 모순적이고, 비합리적이라는 비판이 있다. 그는 도가 만물의 근원이며, 만물은 도에서 나와 도로 돌아간다고 하면서도, 도는 말할 수 없고, 이름 지을 수 없다고 하면서 도가 어떤 것인지 명확히 설명하지는 않았다. 나아가 노자는 이 세상에 일정한 도, 즉 만물의 질서가 존재한다는 것은 알았으나 그것을 절대화한 나머지 그 도를 만드신 분이 누군지는 알지 못했다.

이러한 약점들에 대해 기독교 세계관은 먼저 성경이 제시하는 복은 영원한 하나님 나라의 축복이며 그 방법 또한 하나님께서 제시하신 것을 볼 수 있다. 노자가 말했던 무위자연은 사실상 에덴동산에서 이미 실현되고 있었다고 볼 수 있다(안점식, 1998: 272). 둘째로 성경적 세계관은 창조, 타락, 구속 및 완성이라는 분명한 내용이 있으므로 다른 세계관을 분별하고 극복하는데 그 이유는 하나님과 동시에 다른 우상을 섬길 수 없기 때문이다. 따라서 그 정체성과 특성을 잃어버리지 않고 오히려 다른 세계관들의 약점을 극복할 수 있는 대안을 제시한다. 만약 노자가 이 성경적 세계관을 알았다면 인간의 노력으로 '무위자연'의 세계로 다시 돌아갈 수 없으며 예수 그리스도의 구속이 필요함을 역설했을 것이다. 하지만 그렇지 못했기에 그가 인간의 힘을 통해 '무위자연'으로 돌아갈 수 있다고 생각한 것 자체가 가장 인위적이라고 안점식은 날카롭게 지적한다(안점식, 1998: 273). 셋째로 기독교 세계관은 이조 말엽에 한국에 소개되면서 기존의 전통적인 세계관들인 샤머니즘과 불교 그리고 유교의 약점들을 극복하면서 새로운 대안을 제시하면서 한국의 정치, 경제, 교육, 복지 등 모든 면에서 발전을 이루었다. 마지막으로 성경적 세계관은 도를 만드신 창조주가 있음을 분명히 가르쳐 주며, 따라서 우리는 도를 절대화할 필요가 없고 노자와 장자도 신이 될 수 없으므로 참된 창조주를 알고 그분을 섬기며 그분의 뜻을 따라 살아갈 수 있음을 제시했다. 하지만 이 도교는 현대 사회에 여전히 많은 사람에게 적지 않은 영향을 미치고 있다. 따라서 그리스도인들은 계속해서 이 세계관에 대해 예의주시하면서 올바로 대응해 나가야 할 것이다.

# 참고문헌

憨山 오진탁 역 (1990). 『감산의 老子 풀이』. 서울: 서광사.
憨山 오진탁 역 (1990). 『감산의 莊子 풀이』. 서울: 서광사.
강준호 (2011). 현대 공리주의 동향에 대한 연구. 「철학연구」. vol. no. 93, 175-199.
기세춘 (1997). 『주체 철학 노트』. 세훈.
김국후 (2008). 『평양의 소련 군정』. 한울 아카데미.
김덕영 (2019). 『에밀 뒤르케임: 사회실재론』. 서울: 도서출판 길.
김상일 (2007). 『뇌의 충돌과 문명의 충돌』. 지식산업사.
김영태 (1999). 미국 실용주의의 종교관, 「大同哲學」. Vol. 3, 45-59.
김영화 & 안신 (2021). 포스트코로나 시대에 크리스천 사이언스와 사이언톨로지의 종교적 대응에 관한 고찰. 「신종교연구」. vol. 44, no. 44, 1-25.
김윤경 (2022). 『한국도교사』. 서울: 문사철.
김장민 (2022). 『주체사상과 마르크스주의』. 서울: 공생공략.
김정일 (1982). 『주체사상에 대하여』. 조선로동당 중앙위원회 주체사상연구소.
김정일 (1983). 『마르크스-레닌주의와 주체사상의 기치를 높이 들고 나아가자』. 조선로동당 중앙위원회 주체사상연구소.
김정일 (1987). 『주체사상 교양에서 제기되는 몇 가지 문제에 대하여』. 근로자.

김중웅 (1997). 『세계화와 신인본주의: 21세기 새로운 가치관 정립을 위하여』. 서울 :한국경제신문사.
김창환 (2018). 『인본주의 교육사상』. 서울: 학지사.
김형찬 (1990). 『북한의 주체 교육사상』. 서울: 한백사.
류지한 (2010). 권리에 기초한 공리주의 비판. 「철학 논총」. 제59집, 89-113.
리상걸 (1983). 『친애하는 지도자 김정일 동지의 《주체사상에 대하여》 해석』. 평양 사회과학출판사.
朴一峰 역 (1993). 『老子 道德經』. 서울: 育文社.
박창호 (2004). 스펜서의 사회진화론과 오리엔탈리즘. 「담론 201」. vol. 6, no. 2, 125-162.
북미주 기독학자회 (1989-1992). 기독교와 주체사상: 조국 통일을 위한 남북 해외 기독인과 주체 사상가의 대화. 『연례 대회 자료집』. 서울: 신앙과 지성사.
블라디미르 레닌, 김민호 역 (1988). 『무엇을 할 것인가?』. 백두.
서재진 (2006). 『주체사상의 이반: 지배 이데올로기에서 저항 이데올로기로』. 서울: 박영사.
손봉호 (1986). 『오늘을 위한 철학』. 서울: 志學社.
손봉호 외 (2012). 『한국 사회의 발전과 기독교』. 서울: 예영.
손어람 (2012). 『참 인본주의』. 서울: 바탕 책마을.
스탈린, 김성환 역 (1988). 『변증법적 유물론』. 백두.
신성임 (2020). 샤머니즘 문화권의 이해와 선교적 접근. 「복음과 선교. 한국복음주의선교신학회」, vol. 51, no. 3, 통권 51호, 167-199.
신일철 (2004). 『북한 주체사상의 형성과 쇠퇴』. 서울: 생각의 나무.
안점식 (1998). 『세계관을 분별하라』. 서울: 죠이선교회.
오문석 (2013). 한국시에 나타난 샤머니즘 연구. 「한국시학연구」. 제38호. 101-126.
우남숙 (2011). 사회진화론의 동아시아 수용에 관한 연구: 역사적 경로와 이론적 원형을 중심으로. 「동양 정치사상사」 제10권 제2호. 117-141.

유동식 (1984). 『한국 무교의 역사와 구조』. 서울: 연세대학교.
유명걸 (2005). 미국 실용주의와 한국 실학사상 비교연구. 「범한철학」.
vol. 37, no. 2, 175-211.
윤민재 (2007). 『콩트가 들려주는 실증주의 이야기』. 서울: 자음과 모음.
윤이흠 (2016). 『한국의 종교와 종교사』. 서울: 박문사.
윤찬원 (1998). 『도교 철학의 이해: 태평경의 철학 체계와 도교적 세계관』.
서울: 돌베개.
이부영 (2012). 『한국의 샤머니즘과 분석심리학: 고통과 치유의 상징을 찾
아서』. 파주: 한길사.
이유선 (2010). 실용주의 철학에 대한 이론적 고찰. 「동서사상」. 제8집.
51-84.
이유선 (2012). 『실용주의』. 서울: 살림출판사.
이재율 (1999). 경제학에 미친 공리주의의 영향과 이에 대한 기독교적 반
성. 「신앙과 학문」. 제4권 4호 (통권 16호), 103-128.
이주현 (2022). 『선교적 관점으로 본 중국의 전통종교 도교 세계관』. 서울:
한국학술정보.
장언푸 저, 김영진 역 (2008). 『한 권으로 읽는 도교: 도교의 역사에서 배
우는 개인의 행복한 삶』. 서울: 산책자.
장종원 (2019). 『노자와 장자』. 서울: 서현사.
전복희 (1993). 사회진화론의 19세기 말부터 20세기 초까지 한국에서의
기능. 「한국정치학회보」 제27집 제1호. 405-425.
전호진 (1992). 『종교 다원주의와 타종교 선교 전략』. 서울: 개혁주의 신행
협회.
정치학대사전 편찬위원회 (2010). 사회진화론(社會進化論). 『21세기 정치
학대사전』. 한국사전연구사.
정해창 (2005). 『퍼스의 미완성체계』. 서울: 청계출판사.
차주환 (1997). 『도가사상과 한국 도교』. 서울: 국학자료원.
최용준 (2005). 헤르만 도여베르트: 변혁적 철학으로서의 기독교 철학의
성격을 확립한 철학자. 『하나님을 사랑한 철학자 9인』. 서울: IVP.
최용준 (2020). 『도전하는 현대의 세계관』. 서울: 예영커뮤니케이션.

탁양현 (2019). 『자유민주주의 정치철학, 주체사상과 연관하여: 주체사상 공산주의 사회주의를 알아야 자유민주주의를 지킬 수 있다』. 서울: e퍼플.

탁 진, 김강일, 박홍재 (1984). 『김정일 지도자』. 동방사.

한국사전연구사 (1998). 샤머니즘, 『종교학대사전』.

황준식 (2019). 『자연에서 스트레스 없이 거닐며 노는 도교 철학: 노장이 알려주는 스트레스를 벗어나는 길』. 서울: 생각 나눔.

Alberts, T. (2015). *Shamanism, Discourse, Modernity*. Farnham: Ashgate.

Aldred, L. (2000). "Plastic Shamans and Astroturf Sun Dances: New Age Commercialization of Native American Spirituality" in: *The American Indian Quarterly* issn. 24. 3. 329-352. Lincoln: University of Nebraska Press.

Andersen, P. B. & Wellendorf, R. (2009). "Community in Scientology and among Scientologists". In Lewis, J. R. (ed.). *Scientology*. Oxford and New York: Oxford University Press. 143-163.

Atack, J. (1990). *A Piece of Blue Sky: Scientology, Dianetics and L. Ron Hubbard Exposed*. Fort Lee, N.J.: Lyle Stuart Books.

Bacon, M. (2013). *Pragmatism: An Introduction*. Cambridge: Polity.

Bagehot, W. (1872). *Physics and Politics*. New York: D. Appleton and Company.

Bannister, R. C. (1989). *Social Darwinism: Science and Myth in Anglo-American Social Thought*. Philadelphia: Temple University Press.

Barrett, D. V. (2001). *The New Believers: A Survey of Sects, Cults and Alternative Religions*. London: Cassell and Co.

Bednarowski, M. F. (1995). *New Religions and the Theological Imagination in America* (Religion in North America).

Bloomington: Indiana University Press.

Behar, R. (1991). "Scientology: The Thriving Cult of Greed and Power". *Time*. Beit-Hallahmi, B. (2003). "Scientology: Religion or Racket?". *Marburg Journal of Religion*. University of Marburg. 8 (1): 1-56.

Belke, T. J. (1999). *Juche: A Christian Study of North Korea's State Religion*. Bartlesville: Living Sacrifice Book Company.

Benad, M. (2002). "Bethels Verhältnis zum Nationalsozialismus." In: ders., Regina Mentner (Hrsg.): *Zwangsverpflichtet. Kriegsgefangene und zivile Zwangsarbeiter in Bethel und Lobetal 1939-1945*. Bielefeld.

Bentham, J. (1780). *An Introduction to the Principles of Morals and Legislation*. London: T. Payne and Sons. 강준호 역. (2013). 『도덕과 입법의 원칙에 대한 서론』. 서울: 아카넷.

Bentham, J. (1821). *On the Liberty of the Press and Public Discussion*. London: William Hone.

Biesta, G. J. J. & Burbules, N. (2003). *Pragmatism and educational research*. Lanham, MD: Rowman and Littlefield.

Bigliardi, S. (2016). "New Religious Movements, Technology, and Science: The Conceptualization of the E-Meter in Scientology Teachings". *Zygon*. 51 (3): 661-683.

Bittle, C. N. (1936). *Reality and the mind: epistemology*. New York : Bruce Pub. Co.

Brand, A. (1698). Driejaarige Reize naar China, Amsterdam; transl. (1698) *A Journal of an Ambassy*, London; see Laufer, B. (1917). "Origin of the Word Shaman". American Anthropologist, 19: 361-71 and Bremmer, J. N. (2002). "Travelling souls? Greek shamanism reconsidered", in Bremmer J. N. (ed.), *The Rise and Fall of the Afterlife*, London: Routledge. 7-40.

Brent, J. (1998). *Charles Sanders Peirce: A Life* (2nd ed.). Bloomington, Ind.: Indiana University Press.

Bridge Publications. (2011). 『삶에 대한 새로운 관점: 사이언톨로지』.

_____. (2011). 『사고의 기초: 사이언톨로지』.

Bromley, D. G. (2009). "Making Sense of Scientology". In Lewis, J. R. (ed.). *Scientology*. New York, NY: Oxford University Press. 83-101.

Burke, T. P. (2008). Jeremy Bentham(1748-1832). In Hamowy, R. (ed.). Nozick, Robert (1938-2002). *The Encyclopedia of Libertarianism*. Thousand Oaks, CA: SAGE Publications, Cato Institute.

CBS News. (2012). "French court upholds Scientology fraud conviction". *AFP*, February 2, 2012.

Childers, J. W. & Hentzi, G. (1995). *The Columbia Dictionary of Modern Literary and Cultural Criticism*. New York: Columbia University Press.

Christensen, D. R. (2016). "Rethinking Scientology: A Thorough Analysis of L. Ron Hubbarrd's Formulation of Therapy and Religion in Dianetics and Scientology, 1950-1986". *Alternative Spirituality and Religion Review*. 7 (1): 155-227.

Chryssides, G. D. (1999). *Exploring New Religions*. Continuum International Publishing Group.

Choi, Y. J. (2006). *Dialogue and Antithesis: A Philosophical Study on the Significance of Herman Dooyeweerd's Transcendental Critique*. The Hermit Kingdom Press.

Cohen, L. (2007). "Research Methods In Education". *British Journal of Educational Studies*. Routledge, 55: 9. doi:10.1111/j.1467-8527.2007.00388_4.x

Comte, A. (1830-1842). *Cours de Philosophie Positive*. Paris: Bachelier.

Comte, A. (1844). *Discours sur l'ensemble du positivisme*. Paris: A La Librairie Scientifique-Industrielle De L. Mathias et chez Carilian-Gœury et V. Dalmont. 김점석 역. (2001). 『실증주의 서설』. 서울: 한길사.

Comte, A. (1852). *Catéchisme positiviste*. Paris: Carilian-Gœury et V. Dalmont.

Comte, A. (1851-1854). *Système de politique positive ou Traité de sociologie instituant la religion de l'Humanité, édition originale en quatre tomes*. Paris: Carilian-Gœury et V. Dalmont.

Cooper, P. (1971). *The Scandal of Scientology*. New York: Tower Publications.

Cowan, D. E. & Bromley, D. G. (2006). "The Church of Scientology". In Gallagher, E. V. & Ashcraft, W. M. ed. *Introduction to new and alternative religions in America*. Westport, Connecticut: Greenwood Publishing Group. 169-196.

Creel, H. G. (1982). *What Is Taoism?: And Other Studies in Chinese Cultural History*. Chicago: University of Chicago Press.

Cusack, C. M. (2009). "Celebrity, the Popular Media, and Scientology: Making Familiar the Unfamiliar". In Lewis, J. R. (ed.). *Scientology*. New York, NY: Oxford University Press. 389-409.

Dacey, A. (2003). *The Case for Humanism An Introduction*. Washington, DC: Rowman & Littlefield.

Darwin, C. (1859). *On the Origin of Species by Means of Natural Selection, or the Preservation of Favoured Races in the Struggle for Life*. London: John Murray. 장대익 역. (2019). 『종의 기원』. 서울: 사이언스북스.

Davies, T. (1997). *Humanism*. London: Psychology Press.

d'Holbach, P. T. (1770). *Système de la Nature ou Des Loix du*

　　　　　Monde Physique et du Monde Moral. London.
DeChant, D. & Jorgenson, D. L. (2003). "Chapter 14: The Church of Scientology: A Very New American Religion". In Neusner, J. (ed.). *World Religions in America*. Westminster: John Knox Press.
Dericquebourg, R. (2009). "How Should We Regard the Religious Ceremonies of the Church of Scientology?" *Scientology*. Oxford and New York: Oxford University Press. 165–182.
Dericquebourg, R. (2014). "Acta Comparanda". *Affinities between Scientology and Theosophy*. International Conference – Scientology in a scholarly perspective 24–25th January 2014(in English and French). Antwerp, Belgium: University of Antwerp, Faculty for Comparative Study of Religions and Humanism.
Dewey, J. & Moore, A. W. et. al. (1917). *Creative intelligence: essays in the pragmatic attitude*. New York: Henry Holt and Company.
Dewey, J. (1899). *The School and Society: Being Three Lectures*. Chicago: University of Chicago. 송도선 역. (2022). 『학교와 사회』. 서울: 교육과학사.
Dewey, J. (1916). *Democracy and Education: An Introduction to the Philosophy of Education*. New York: Macmillan. 이홍우 역. (2007). 『민주주의와 교육』. 서울: 교육과학사.
Dewey, J. (1925). The Development of American Pragmatism. In: *Philosophy and Civilization*. New York: Capricorn Books.
Dewey, J. (1938). Logic: *The theory of Inquiry*. New York: Holt, Rinehart, and Winston.
Duran, J. (1993). The intersection of pragmatism and feminism. *Hypatia*, 8.
Duran, J. (2001). A holistically Deweyan feminism. *Metaphilosophy*.

32, 279-292.

Dooyeweerd, H. (1953). *A New Critique of Theoretical Thought*. Philadelphia, Pa.: Presbyterian & Reformed Pub Co.

Durkheim, E. (1897). *Le Suicide*. Paris: Félix Alcan. 변광배 역. (2022). 『자살: 사회학적 연구』. 서울: 세창출판사.

Eliade, M. (1967). *Myths, Dreams and Mysteries* (trans. Philip Mairet). New York: Harper & Row.

Eliade, M. (1972). *Shamanism, Archaic Techniques of Ecstasy*. Bollingen Series LXXVI, Princeton, NJ.: Princeton University Press. 이윤기 역 (1992). 『샤머니즘』. 서울: 까치.

Engels, F. (1878). *Herrn Eugen Dühring's Umwälzung der Wissenschaft. Philosophie, politische Oekonomie, Sozialismus*. Leipzig: Verlag der Genossenschafts-Buchdruckerei.

Eskildsen, S. (2004). *The Teachings and Practices of the Early Quanzhen Taoist Masters*. SUNY series in Chinese Philosophy and Culture. SUNY Press.

Farley, R. (2004). "Scientologists settle death suit". *St. Petersburg Times*.

Farley, R.(2006). "The unperson". *St. Petersburg Times*. 1A, 14A.

Fiedler, M. (2018). *Die Juche-Philosophie in Nordkorea. Eine Einführung in Entstehung und politische Denken der nordkoreanischen Staatsideologie*. Nordhausen: Verlag Traugott Bautz.

Flinn, F. K. (2009). "Scientology as Technological Buddhism". *Scientology*. Oxford and New York: Oxford University Press. 209-223.

Fowler, J. D. (1999). *Humanism: Beliefs and Practices*. Eastbourne: Sussex Academic Press.

Galten, F. (1869). *Hereditary Genius, its Laws and Consequences*.

London: Macmillan.

Galten, F. (1874). *English Men of Science: their Nature and Nurture*. London: Macmillan.

Galten, F. (1883). *Inquiries into Human Faculty and its Development*. London: Macmillan.

Galten, F. (1884). *Life-History Album*. London: Macmillan.

Galten, F. (1884). *Record of Family Faculties*. London: Macmillan.

Galten, F. (1889). *Natural Inheritance*. London: Macmillan.

George, H. (1879). *Progress and Poverty: An Inquiry into the Cause of Industrial Depressions and of Increase of Want with Increase of Wealth. The Remedy*. New York: D. Appleton and company. 김윤상, 박창수 역. (2008). 『진보와 빈곤』. 서울: 살림.

Giddens, A. (1974). *Positivism and Sociology*. Portsmouth, New Hampshire: Heinemann.

Giles, J. (2020). *The Way of Awareness in Daoist Philosophy*. St. Petersburgh, Florida: Three Pines Press.

Gillies, D. (1998). "The Duhem Thesis and the Quine Thesis". In Curd, M.; Cover, J.A. (eds.). *Philosophy of Science: The Central Issues*. New York: Norton. 302-319.

Goodman, L. E. (2003). *Islamic Humanism*. Oxford: Oxford University Press.

Goodman, P. S. (2005). "For Tsunami Survivors, A Touch of Scientology (washingtonpost.com)". *Washington Post*.

Grünschloß, A. (2009). "Scientology, a "New Age" Religion?". *Scientology*. Oxford and New York: Oxford University Press. 225-243.

Haack, S. & Lane, R. E. (2006). *Pragmatism, old & new: selected writings*. New York: Prometheus Books.

Halifax, J. (1982). *Shaman: The Wounded Healer*. London: Thames

& Hudson.

Hansen, C. (2017). Zalta, E. N. (ed.). "Daoism". *The Stanford Encyclopedia of Philosophy*.

Hardie, G. M. (2000). *Humanist history: a selective review*. Humanist in Canada. Gale Academic OneFile (132): 24-29, 38.

Hare, R. M. (1952). *The Language of Morals*. Oxford: Clarendon Press.

Hare, R. M. (1963). *Freedom and Reason*. Oxford: Clarendon Press.

Hare, R. M. (1981). *Moral Thinking: its levels, method, and point*. Oxford, New York: Clarendon Press, Oxford University Press.

Harley, G. M. & Kieffer, J. (2009). "The Development and Reality of Auditing". In Lewis, J. R. (ed.). *Scientology*. Oxford and New York: Oxford University Press. 183-205.

Harner, M. (1980). *The Way of the Shaman*. San Francisco, California: Harper.

Hawkins, M. (1997). *Social Darwinism in European and American thought, 1860-1945: nature as a model and nature as a threat*. New York, Cambridge University Press.

Hitchcock, J. (1982). *What is Secular Humanism? Why Humanism Became Secular and How It Is Changing Our World*. Ann Arbor, MI: Servant Books.

Hobbes, T. (1651). *Leviathan, or The Matter, Forme and Power of a Common-Wealth Ecclesiastical and Civil*. London: Andrew Crooke. 진석용 역 (2008). 『리바이어던』. 서울: 나남출판사.

Hofstadter, R. (1944). *Social Darwinism in American Thought, 1860-1915*. Philadelphia: University of Pennsylvania Press.

Hoppál, M. (2005). *Sámánok Eurázsiában(Shamans in Eurasia, in Hungarian)*. Budapest: Akadémiai Kiadó.

Hildebrand, D. L. (2008). Public Administration as Pragmatic, Democratic and Objective. *Public Administration Review*. 68(2), 222-229.

Hookway, C. (2000). *Truth, Rationality and Pragmatism*. Oxford: OUP.

Hubbard, L. R. (1950). *Dianetics: The Modern Science of Mental Health*. New Castle, PA: Hermitage House.

Hubbard, L. R. (1951). *Science of Survival*. Wichita, Kansas: The Hubbard Dianetic Foundation, Inc.

Jakelić, S. (2020). "Humanism and Its Critics". In Anthony B. Pinn (ed.). *The Oxford Handbook of Humanism*. London: Pemberton. 264-293.

James, W. (1907). *Pragmatism: A New Name for Some Old Ways of Thinking*. New York: Longman Green and Co. 정해창 편역. (2008). 『실용주의』. 서울: 아카넷.

James, W. (1909). *The Meaning of Truth: A Sequel to "Pragmatism"*. London: Longmans, Green and Co.

James, W. (1912). *Essays in Radical Empiricism*. New York: Longmans, Green and Co. 정유경 역. (2018). 『근본적 경험론에 관한 시론』. 서울: 갈무리.

Kant, I. (1788). *Critik der practischen Vernunft*. Riga: Hartknoch. 백종현 역. (2019). 『실천이성비판』. 서울: 아카넷.

Kaye, H. L. (1986). *The Social Meaning of Modern Biology: From Social Darwinism to Sociobiology*. New Haven, Conn.: Yale University Press. 생물학의 역사와 철학 연구모임 역. (2008). 『현대 생물학의 사회적 의미: 사회다윈주의에서 사회생물학까지』. 서울: 뿌리와 이파리.

Kelly, P. J. (1990). *Utilitarianism and distributive justice: Jeremy Bentham and the civil law*. Oxford: Oxford University Press.

Kent, S. A. (1999). "Scientology - Is this a Religion?". *Marburg*

*Journal of Religion*. University of Marburg. 4 (1): 1-56.
Kim, T. G. (1972). "Components of Korean Shamanism", *Korea Journal* (Dec. 1972), 19-21.
Kirkland, R. (2004). *Taoism: The Enduring Tradition*. Abingdon, Oxfordshire: Routledge.
Koff, S. (1988). "Scientology church faces new claims of harassment". *St. Petersburg Times*. 1, 6 - via Newspapers.com.
Kohn, L. (2008). *Introducing Daoism*. Abingdon, Oxfordshire: Routledge.
Küng, H. & Ching, J. (1988). *Christentum und Chinesische Religion*. München: Piper. 이낙선 역. (1994).『중국 종교와 그리스도교』. 경북: 분도출판사.
Kuhn, T. S. (1962). *The Structure of Scientific Revolutions*. Chicago: University of Chicago Press. 김명자 역. (2002).『과학혁명의 구조』. 서울: 까치글방.
Lamont, C. (1982). *The Philosophy of Humanism*. New York: Frederick Ungar.
Laplace, P.-S. (1799-1825) *Traité de mécanique céleste*. Paris: J. B. M. Duprat, Libraire pour les Mathematiques, quai des Augustins.
Law, S. (2011). *Humanism: A Very Short Introduction*. Oxford: Oxford University Press.
Leiby, R. (1994). "Scientology Fiction: The Church's War Against Its Critics - and Truth". *The Washington Post*.
Levi, A. W. (1969). *Humanism & Politics: Studies in the Relationship of Power and Value in the Western Tradition*. Bloomington, Indiana: Indiana University Press.
Lewis, J. R. (2009a). "Introduction". In Lewis, J. R. (ed.). *Scientology*. Oxford and New York: Oxford University Press.

3-14.

Lewis, J. R. (2012). "Scientology: Up Stat, Down Stat". In Hammer, O.; Rothstein, M. (eds.). *The Cambridge Companion to New Religious Movements*. New York: Cambridge University Press. 133-149.

Los Angeles Times staff. (February 29, 2008). "Kids against Scientology". Web Scout. *Los Angeles Times*.

Lovejoy, A. O. (1908). The Thirteen Pragmatisms, *Journal of Philosophy, Psychology and Scientific Methods* 5(1): 5-12.

Mackerras, C. (1985). "The 'Juche' idea and the thought of Kim Il Sung". In: Mackerras, C. Nick Knight: *Marxism in Asia*. London: Croom Helm.

Mair, V. H. (1994). *Wandering on the Way: Early Taoist Tales and Parables of Chuang Tzu*. New York: Bantam Books.

Malthus, T. R. (1798). *An Essay on the Principle of Population*. London: J. Johnson. 이서행 역. (2016). 『인구론』. 서울: 동서문화사.

Mann, N. (1996). "The origins of humanism". In Kraye, J. (ed.). (1996). *The Cambridge Companion to Renaissance Humanism*. Cambridge: Cambridge University Press.

Mark, M. (September 21, 2019). "Lawsuits against the Church of Scientology are piling up, alleging a vast network of human trafficking, child abuse, and forced labor". *Insider Inc*.

Menand, L. (1997). *Pragmatism: A Reader*. New York: Vintage.

Miller, R. (1987). *Bare-faced Messiah: The True Story of L. Ron Hubbard* (1st American ed.). New York: H. Holt.

Mill, J. S. (1863). *Utilitarianism*. London: Parker, Son, and Bourn, West Strand. 이종인 역. (2021). 『공리주의』. 서울: 현대지성.

Mill, J. S. (1865). *Auguste Comte and Positivism*. London: N. Trübner & Co.

Mill, J. S. (1897). *Early Essays of John Stuart Mill*. London: George Bell and Sons.

Mises, R. von. (1956). *Positivism: A Study In Human Understanding*. New York: G. Braziller.

Monfasani, J. (2020). "Humanism and the Renaissance". In Pinn, A. B. (ed.). (2020). *The Oxford Handbook of Humanism*. Oxford: Oxford University Press. 150-175.

Morain, L. & Morain, M. (1998). *Humanism as the Next Step*. Washington, DC: Humanist Press.

Myers, B. R. (2015). *North Korea's Juche Myth*. Busan: Sthele Press.

Nattiez, J. J. *Inuit Games and Songs / Chants et Jeux des Inuit. Musiques & musiciens du monde / Musics & musicians of the world*. Montreal: Research Group in Musical Semiotics, Faculty of Music, University of Montreal. https://www.ubu.com/ethno/soundings/inuit.html

Neusner, J. (2009). *World Religions in America* (4th ed.). Westminster: John Knox Press.

New York Post staff. (June 29, 2005). "Abort-Happy Folks". *New York Post*. News Corporation.

Niebuhr, R. (1932). *Moral Man and Immoral Society: A Study in Ethics and Politics*. New York: Charles Scribner's Sons. 이한우 역. (2017). 『도덕적 인간과 비도덕적 사회』. 서울: 문예출판사.

Noel, D. C. (1997). *Soul Of Shamanism: Western Fantasies, Imaginal Realities*. London: Continuum International Publishing Group.

Noll, R.; Shi, K. (2004). "Chuonnasuan (Meng Jin Fu), The Last Shaman of the Oroqen of Northeast China". *韓國宗敎硏究* (Journal of Korean Religions). Vol. 6. Seoul KR: 西江大學校 宗敎硏究所. 135-62.

Norman, R. (2004). *On Humanism*. Abingdon, Oxfordshire: Routledge.

O'Connell, J. & Ruse, M. (2021). *Social Darwinism (Elements in the Philosophy of Biology)*. Cambridge: Cambridge University Press.

Oluniyi, O. (2023). *Darwin Comes to Africa: Social Darwinism and British Imperialism in Northern Nigeria*. Seattle: Discovery Institute Press.

Oosten, J. Laugrand, F. Remie, C. (2006). "Perceptions of Decline: Inuit Shamanism in the Canadian Arctic". *Ethnohistory*. 53 (3): 445-447.

Paine, T. (1794). *The Age of Reason: Being an Investigation of True and Fabulous Theology*. Philadelphia. 정귀영 역. (2018). 『이성의 시대』. 서울: 돋을새김.

Peirce, C. S. (1877). The Fixation of Belief. *Popular Science Monthly* 12 (Nov.). 1-15.

Peirce, C. S. (1878). How to make our ideas clear. *Popular Science Monthly* 12 (Jan.). 286-302.

Perrault, M. (March 26, 2009). "Suit alleges wing of Church of Scientology violated labor laws". *The Press-Enterprise*. The Press-Enterprise Co.

Pickering, M. (1993). *Auguste Comte: an intellectual biography*. Cambridge: Cambridge University Press.

Popper, K. (1934). *Logik der Forschung: Zur Erkenntnistheorie der modernen Naturwissenschaft*. Berlin: Julius Springer.

Popper, K. (1963). *Conjectures and Refutations: The Growth of Scientific Knowledge*. London: Routledge and Kegan Paul.

Pressley, K. S. (2017). *Escaping Scientology: An Insider's True Story*. Oconto, Wisconsin: Bayshore Publications.

Priestly, J. (1771). *An Essay on the First Principles of Government:*

And on the Nature of Political, Civil, and Religious Liberty. London: J. Johnson.

Putnam, H. (1995). *Pragmatism. An Open Question*. Oxford: Blackwell.

Rashed, R. (2007). "The Celestial Kinematics of Ibn al-Haytham". *Arabic Sciences and Philosophy*. Cambridge: Cambridge University Press. 17: 7-55 [19].

Rescher N. (2000). *Realistic Pragmatism: An Introduction to Pragmatic Philosophy*. Albany, NY: SUNY Press.

Robinet, I. (1997). *Taoism: Growth of a Religion*. Stanford: Stanford University Press.

Roth, H. D. (1993). "Chuang tzu(莊子)". In Loewe, M. (ed.). *Early Chinese Texts: A Bibliographical Guide*. Berkeley: Society for the Study of Early China; Institute of East Asian Studies, University of California Berkeley. 56-66.

Rothstein, M. (2009). "'His Name was Xenu. He used Renegades…': Aspects of Scientology's Founding Myth". *Scientology*. Oxford and New York: Oxford University Press. 365-387.

Russell, B. (1927). *Why I Am Not a Christian*. London: Watts. 이재황 역. (1996). 『나는 왜 기독교인이 아닌가』. 서울: 범우사.

Russell, B. (1945). *A History of Western Philosophy: And its connection with Political and Social Circumstances from the Earliest Times to the Present Day*. London: George Allen and Unwin Ltd. 서상복 역. (2009). 『서양철학사』. 서울: 을유문화사.

Saint-Simon, C.-H. de. (1816-1817). *L'Industrie*. Paris: Hez Verdière, Libraire.

Saint-Simon, C.-H. de. (1822). *Du système industriel*. Paris: chez Antoine-Augustin Renouard.

Saint-Simon, C.-H. de. (1825). *Nouveau christianisme-Dialogues entre un conservateur et un novateur*. Paris: Bossange Père. 박선주 역. (2018). 『새로운 그리스도교』. 서울: 좁쌀 한알.

Sandel, M. J. (2009). *Justice: What's the Right Thing to Do?* New York: Farrar, Straus and Giroux. 이창신 역. (2011). 『정의란 무엇인가?』. 서울: 김영사.

Scalapino, R. A. 이정식. 한홍구 역. (2015). 『한국 공산주의 운동사』. 돌베개.

Schipper, K.M. (1993). *The Taoist Body*. Translated by Duval, K. C. University of California Press.

Shermer, M. (2020). "The Curious Case of Scientology". *Giving the Devil his Due*. Cambridge: Cambridge University Press. 93–103.

Shields, P. M. (2008). Rediscovering the Taproot: Is Classical Pragmatism the Route to Renew Public Administration? *Public Administration Review*. 68(2), 205–221.

Seigfried, C. H. (1992). Where are all the pragmatists feminists? *Hypatia*, 6, 8–21.

Seigfried, C. H. (1996). *Pragmatism and feminism: Reweaving the social fabric*. Chicago: The University of Chicago Press.

Seigfried, C. H. (2001). *Feminist interpretations of John Dewey*. University Park: Pennsylvania State University Press.

Sidgwick, H. (1874). *The Methods of Ethics*. London: Macmillan and Co.

Singer, P. (1975). *Animal Liberation: A New Ethics for Our Treatment of Animals*. New York: HarperCollins. 김성한 역. (2012). 『동물 해방』. 서울: 연암 서가.

Singer, P. & Lazari-Radek, K. de. (2014). *The Point of View of the Universe*. Oxford: Oxford University Press.

Singh, M. (2018). "The cultural evolution of shamanism". *Behavioral and Brain Sciences*. 41: e66: 1–61.

Soper, K. (1986). *Humanism and Anti-humanism*. Chicago and LaSalle, Illinois: Open Court.

Stafford, C. (1979). "Scientology: An in-depth profile of a new force in Clearwater". *St. Petersburg Times*.

Suh, J. J. ed. (2012). *Origins of North Korea's Juche: Colonialism, War, and Development*. Lanham: Lexington Books.

Swancutt, K. & Mazard, M. (2018). *Animism beyond the Soul: Ontology, Reflexivity, and the Making of Anthropological Knowledge*. New York: Berghahn Books.

The Times of India staff. (July 17, 2003). "Tom Cruise and the Church of Scientology".

Thomas, A. (2021). *Free Zone Scientology: Contesting the Boundaries of a New Religion*. London: Bloomsbury.

Tomaskova, S. (2013). *Wayward Shamans: The Prehistory of an Idea*. Oakland, California: University of California Press.

Turner, R. P.; Lukoff, D.; Barnhouse, R. T. & Lu, F. G. (1995). Religious or Spiritual Problem. A Culturally Sensitive Diagnostic Category in the DSM-IV. *Journal of Nervous and Mental Disease*, Vol. 183, No. 7, 435-44.

Smith, A. (1776). *An Inquiry into the Nature and Causes of the Wealth of Nations*. London: W. Strahan and T. Cadell. 김수행 역 (2007). 『국부론』, 서울: 비봉출판사.

Spencer, H. (1851). *Social Statics: or The Conditions essential to Happiness specified, and the First of them Developed*. London: John Chapman.

Spencer, H. (1855). *Principles of Psychology*. London: Longman, Brown, Green and Longmans.

Spencer, H. (1857). "Progress: Its Law and Cause", *The Westminster Review*, Vol. 67 (April 1857), 445-447, 451, 454-456, 464-65.

Spencer, H. (1862). *First Principles*. London: Williams and Norgate.
Spencer, H. (1864-67). *Principles of Biology*. London: Williams and Norgate.
Unger, R. M. (2019). *The Knowledge Economy*. London & New York: Verso.
Urban, H. B. (2011). *The Church of Scientology: A History of a New Religion*. Princeton and Oxford: Princeton University Press.
Urban, H. B. (2012). "The Occult Roots of Scientology? L. Ron Hubbard, Aleister Crowley, and the Origins of a Controversial New Religion". In Bogdan, H.; Starr, M. P. (eds.). *Aleister Crowley and Western Esotericism*. Oxford and New York: Oxford University Press. 335-68.
Vitebsky, P. (1995). *The Shaman: Voyages of the Soul - Trance, Ecstasy and Healing from Siberia to the Amazon*. London: Duncan Baird; Boston: Little Brown. 김성례, 홍석준 공역. (2005). 『샤머니즘』. 서울: 창해(새우와 고래).
Vitebsky, P. (2017). *Living without the Dead: Loss and Redemption in a Jungle Cosmos*. Chicago: University of Chicago Press.
Vos, F. (1977). *Die Religionen Koreas*. Stuttgart: Verlag W. Kohlhammer.
Wallis, R. J. (2003). *Shamans/Neo-Shamans: Ecstasies, Alternative Archaeologies and Contemporary Pagans*. London: Routledge.
Weikart, R. (2022). *Darwinian Racism: How Darwinism Influenced Hitler, Nazism, and White Nationalism*. Seattle: Discovery Institute Press.
Weiß, K. (1998). *Lothar Kreyssig, Prophet der Versöhnung*. Gerlingen: Bleicher.
Westbrook, D. A. (2019). *Among the Scientologists: History, Theology, and Praxis*. Oxford Studies in Western

Esotericism. Oxford and New York: Oxford University Press.

Westbrook, D. A. (2022). *L. Ron Hubbard and Scientology Studies*. Cambridge Elements: New Religious Movements. Cambridge: Cambridge University Press.

Wilbert, J. & Vidal, S. M. (2004). Whitehead, N. L.; Wright, R. (eds.). *In Darkness and Secrecy: The Anthropology of Assault Sorcery and Witchcraft in Amazonia*. Durham, NC: Duke University Press.

Willms, G. (2009). "Scientology: "Modern Religion" or "Religion of Modernity"?". In Lewis, J. R. (ed.). *Scientology*. New York, NY: Oxford University Press. 245-265.

Wright, L. (2013). *Going Clear: Scientology, Hollywood and the Prison of Belief*. New York: Alfred A. Knopf.

Yoon, Y. H. (1996). "The Role of Shamanism in Korean Culture" in *Koreana: Korean Cultural Heritage*, Vol. II (thought and religion), ed. by Kim, J. W. Seoul: Korean Foundation.

www.ns-times.com/news/view.php?bIdx=2687